决策理论与方法

主　编　张杰勇　程海燕　周义建
副主编　唐　剑　周翔翔　马　腾

電子工業出版社
Publishing House of Electronics Industry
北京·BEIJING

内 容 简 介

本书比较全面地介绍了基本的决策理论与方法，主要内容包括决策概述、确定型决策、非确定型决策、多目标决策、模糊决策、智能决策、竞争型决策——博弈论，并在附录部分给出了几个课程实验的MATLAB仿真程序。书中采用大量军事案例和实验来说明各种决策理论与方法的原理及应用，相比同类教材，本书增加了仿真内容，突出军事应用，便于读者加深对决策理论与方法的理解，具有很强的实用性。

本书可作为高等院校相关专业的本科生教材，也可供研究生学习参考。

图书在版编目（CIP）数据

决策理论与方法 / 张杰勇，程海燕，周义建主编.
北京 : 电子工业出版社, 2025. 1. -- ISBN 978-7-121
-49379-9

Ⅰ. C934

中国国家版本馆 CIP 数据核字第 2025P237D2 号

责任编辑：赵玉山
印　　刷：三河市良远印务有限公司
装　　订：三河市良远印务有限公司
出版发行：电子工业出版社
　　　　　北京市海淀区万寿路 173 信箱　　　　邮编：100036
开　　本：787×1092　1/16　印张：13.5　字数：346 千字
版　　次：2025 年 1 月第 1 版
印　　次：2025 年 1 月第 1 次印刷
定　　价：44.00 元

凡所购买电子工业出版社图书有缺损问题，请向购买书店调换。若书店售缺，请与本社发行部联系，联系及邮购电话：（010）88254888，88258888。

质量投诉请发邮件至 zlts@phei.com.cn，盗版侵权举报请发邮件至 dbqq@phei.com.cn。

本书咨询联系方式：zhaoys@phei.com.cn。

前　言

决策一直是军事指挥控制中的核心内容，随着信息时代的到来，海量的信息给迅速、准确地决策带来了越来越大的压力，要在这种情况下实现有效的决策，就必须掌握正确的决策理论与方法。本书比较全面地介绍了基本的决策理论与方法，通过对这些内容的学习，能够为读者进一步深入学习决策理论打下一个良好的基础。

全书分为七个专题，第一专题介绍决策的基本概念，同时对决策问题的基本描述进行了讨论；第二专题讲解确定型决策问题，确定型决策问题的求解就是运筹学中的线性规划（Linear Programming）问题的求解，该专题对其中最常用的单纯形法进行了介绍；第三专题集中讨论非确定型决策，主要包括风险型决策问题、贝叶斯决策、不确定型决策准则及效用决策；第四专题详细介绍多目标决策的目标准则体系和两种常用方法；第五专题介绍模糊决策的基本知识，对模糊综合评判法和模糊层次分析法进行了重点讨论；考虑到军事决策的复杂性，第六专题专门介绍智能决策及其在军事方面的应用；第七专题介绍博弈论的基本知识，博弈问题解决的是人与人之间具有竞争性质的决策问题，是决策理论中很重要的一部分内容。为了加深读者对内容的理解，附录部分给出了 4 个课程实验，内含 MATLAB 仿真程序。

本书是指挥信息系统教研室在近几年给本科生讲授“决策理论与方法”课程的基础上，参考国内外同类教材及有关文献编写而成的，可作为相关专业的本科生教材，也可供研究生学习参考。

限于编者的水平，书中难免有不妥之处，恳请读者提出宝贵意见。

编　者

2024 年 6 月

目　　录

第一专题　决策概述

无论是个人还是军队、企业和政府部门，无论是在日常生活中还是在管理过程中，都会遇到各种各样的需要人们做判断和选择的问题，这些问题都是决策问题。常见的决策问题如下。

1）出门带伞问题

晴雨未卜，出门是否带伞？如果不下雨，那么带伞是个累赘；如果下雨，那么带伞可以避免挨淋，不带伞就要淋雨。

2）空降作战突破点选择问题

空降作战是一种以迅速猛烈的行动在敌防御阵地薄弱部分打开缺口的战斗行动，其是应急作战的重要组成部分，在多个可供突破的点中选择一个最优的突破点，是作战指挥人员面临的重要问题。

3）进货问题

某个零售商准备进一批易腐农产品，进了货若不能在当天内售完，则产品就会腐败变质，造成损失。零售商并不知道当天顾客对这种产品的需求量，进货太多卖不掉有损失；进货太少满足不了顾客需求，不但钱少赚，而且影响顾客的回头率。但是无论如何他都必须事先确定进货的数量。

上面所举的例子都是简化了的决策问题，实际的决策问题远比它们复杂。那么，究竟什么是决策问题？有哪些类型的决策问题？决策的过程和方法有哪些呢？针对这些问题，本专题主要介绍决策的概述。

1.1　决策的概念

20 世纪 40 年代，美国著名的经济与管理学家西蒙（Simon）提出了现代决策理论，他指出“管理就是决策”，突出了决策在现代管理中占有的核心地位。可以说，军事、政治、经济、社会等各个领域中的管理工作都离不开决策。大到国家的“五年规划”，小到个人的高考志愿填报，都需要做出合理的决策，决策的正确与否，直接影响完成各项事业的最终目标。因此，决策的发展一直和管理科学发展交织在一起。

近代以来，生产规模、集约程度和自动化程度的不断提高，给管理工作带来很大的困难，也向管理工作者提出了更高的要求。为了适应时代的需求，从20世纪开始出现并逐渐形成了现代管理学，它属于社会科学的范畴，而社会科学的规律一直很难用严格的数量关系来描述，因为很难找到衡量这些关系的手段，因此，这个时候的决策是一种超群的、把握某种复杂变化的、不易被定量描述的、不易被人们学到的特有规律的能力与技巧。而后随着当代科学的发展，尤其是信息论、控制论与系统论的出现，管理科学开始逐渐与自然科学结合。当前社会的发展，也需要管理科学与自然科学的结合，其使得决策呈现出定量化的描述，这就产生了决策的科学。自然科学驾驭着自然，而管理科学驾驭着社会与经济中的管理，两者紧密结合起来，必将使决策更加科学，也使人们具备制定出更加有力的决策的能力，以提高对未来的控制能力。

关于决策的概念，不同的领域与应用给出了不同的解释，但是各有各的道理。大体上，人们对决策通常有如下两种理解。

一种是狭义的理解，认为决策就是做出决定，仅限于人们从不同的备选方案中做出最优选择，即通常意义上所说的“拍板”。

另一种是广义的理解，相当于决策分析，它把决策看作一个过程，即人们为了实现某一特定目标，在占有一定信息和经验的基础上，根据主客观条件的可能性，提出各种可行备选方案，采用一定的科学方法和手段，进行比较、分析和评价，按照决策准则，从中筛选出最满意的方案；简单来说，就是包括设定目标、理解问题、确定备选方案、评估备选方案、选择、实施的全过程。

1.2 决策的要素

决策问题专指决策过程中已经通过某种方式描述出来的可提交给分析者运用数学模型进行优化分析的问题。一个完整的决策问题，应该具备以下六个要素。

1. 决策主体

决策主体是指做出决策的个体或个体集合。很少有决策是在个体完全不考虑其他个体观点的情况下做出的，即使有组织的正式规程中规定了个体具有制定决策的权力，但是该个体在决策时肯定也要听取其他相关个体的意见、建议。当考虑其他个体的观点时，他们就成为决策主体的一部分，在军事领域更是如此，很多指挥决策都是由一个指挥班子集体做出的。从以上描述可以得出，当决策主体是个体集合时，在做出决策的过程中，每一个个体对决策的影响力是不同的。决策主体是决策中最为重要的一个要素，它能控制决策的整个过程。

2. 决策目标

决策目标是指决策主体通过决策希望达到的明确的目的，决策目标可以是单个目标，也可以是多个目标。决策目标一般隐含在决策问题中，是就问题进行决策的出发点，决策目标明确与否直接影响决策的优劣。决策目标既体现了决策主体的主观意愿，也反映了客观事实，没有决策目标就无从决策。

3．备选方案

备选方案是指决策问题存在的可供选择的行动方案集合，该集合包含两种或者两种以上的行动方案。

解决某一决策问题，如果只有一种备选方案，那么就不需要进行决策，只需照办就行，这样的问题也就不能被称为决策问题。关于只有一种备选方案的决策，历史上有一个“霍布森选择”的故事。这个故事讲的是在 1631 年，英国剑桥有个名叫霍布森的马匹商人，他对前来买马的人承诺：只要给一个合适的价格，就可以在他的马匹中随意挑选。但他附加了一个条件，就是只允许挑选距离圈门最近的马。由于对选马的过程附加了一个条件，所以买马的人只有一个选项，没有办法进行决策。因此，在很多问题的决策过程中，要防止这种“霍布森选择”类的决策问题出现。

关于备选方案，也有很经典的军事领域的决策事件。1962 年，在加勒比海上爆发了震惊世界的“古巴导弹危机”。当时美国国家安全委员会执行委员会就如何迫使苏联撤走导弹，提出了六种备选方案：①不做任何反应。②通过外交途径施加压力，迫使其撤走。③迫使卡斯特罗阻止苏联在古巴部署导弹。④武装入侵古巴。⑤实施空中打击，摧毁苏联的古巴导弹基地。⑥实施海上封锁。为化解“古巴导弹危机”，有了六种备选方案，该问题就成了一个决策问题，当然最后的结果是美国一方面为了进一步巩固自身国家安全，另一方面为了不进一步激化矛盾，选择了第六种方案，对苏联运输导弹的舰队实施海上封锁。

4．自然状态

自然状态是指决策问题存在着不以决策主体的主观意志为转移的客观环境条件。决策主体在对备选方案进行评价和选优的过程中，不涉及改变自然状态的问题，只涉及如何对它们进行数学表述或预测、估计它们出现的概率大小、量值问题，并且自然状态的出现概率往往是主观概率，由决策主体结合以往的经验数据给出。例如，开发新产品有可能成功，也可能失败，这是不同的自然状态；新产品的销路有好、较好或者不好等多种市场状态，这些都是自然状态。每一种自然状态的出现与否都是不以决策主体或者分析者的主观意志为转移的，就是说，它在求解问题的过程中是客观存在的。

5．后果

后果是指每一种备选方案在每一种可能出现的自然状态下的结果值。备选方案和自然状态的每一种组合都对应着一个后果，如果有 N 种可供选择的备选方案和 M 种相互独立的自然状态，就会产生 $M \times N$ 个可能的后果。有些后果并不是使用数值来表示的，需要将这些不能用数值表示的后果转换成数值型后果，数值型后果可以是确定数、区间数、模糊数等。

6．决策准则

决策准则是为实现决策目标而对备选方案进行选择所依据的价值标准和行为准则，它是评价方案是否达到决策目标的价值标准，也是选择方案的依据。一般来说，决策准则依赖于决策主体的价值取向或偏好态度。

1.3 决策问题的类型

常言说，物以类聚。决策问题也可以进行分类，从不同的角度和维度出发可以得出不同的决策问题类型。为了便于研究和掌握决策的特点和规律性，以有助于决策主体更为正确地选择决策方案，做出更为科学的决策，可以从以下维度对决策问题进行分类。

1. 按照决策目标的多少

决策问题按照决策目标的多少分为单目标决策问题和多目标决策问题。

（1）单目标决策问题。单目标决策问题是指决策过程所要达到的目标只有一个。这种决策问题目标单一，制定和实施较为容易，但多数带有片面性。例如，企业单纯地追求自身经济利益的最大化或者个人一味地追求高收入等，这些现象通常并不是社会所提倡的。

（2）多目标决策问题。多目标决策问题是指决策过程所要达到的目标不止一个。一般来说，这些目标之间具有相互联系与相互制约的关系。例如，消费者总是希望其购买的商品既“物美”又“价廉”，企业总是既希望以较高的价格销售更多的商品或者降低库存费用，又期望能够保证生产的及时供应等，这些都是多目标决策问题。在这种情况下，就需要决策主体全面考虑各个目标之间的综合平衡，以求做出总体最优决策。实际中，多目标决策问题比单目标决策问题更具有实用价值，单目标决策问题向多目标决策问题发展是决策发展的趋势。

2. 按照自然状态的类型

决策问题按照自然状态的类型分为确定型决策问题、风险型决策问题和不确定型决策问题。

（1）确定型决策问题。确定型决策问题的自然状态是完全确定的，也就是自然状态只有一种，从而在决策过程中可以不考虑自然状态对决策的影响。决策主体对这类决策问题的自然状态掌握着充分的、完全的信息，可以按决策目标和决策准则选择备选方案。这种决策问题目标清楚、状态明确、约束条件已知，可以通过建立数学模型求出其最优解。确定型决策问题示例如表 1-1 所示，该示例中的自然状态是确定的，就是下大雨（θ_1）。

表 1-1 确定型决策问题示例

方案	θ_1（下大雨）情况下的损失值
A_1（走大路）	20
A_2（走小路）	24

（2）风险型决策问题。风险型决策问题的自然状态是不确定的，也就是自然状态有两种或者两种以上，但是决策主体在决策过程中对自然状态并不是一无所知的，决策主体对自然

状态的出现概率是已知的（可以通过某种方法确定下来）。风险型决策问题需要利用自然状态的出现概率来进行决策，因此，风险型决策问题又称为统计型决策问题或者随机型决策问题。风险型决策问题示例如表 1-2 所示，该示例中的自然状态有两种，分别是下大雨（θ_1）和晴天（θ_2），并且它们的出现概率是已知的，分别是 40%和 60%。

表 1-2　风险型决策问题示例

方案	损失值	
	θ_1（下大雨）40%	θ_2（晴天）60%
A_1（走大路）	20	30
A_2（走小路）	24	28

（3）不确定型决策问题。不确定型决策问题与风险型决策问题比较相似，该决策问题的自然状态也是不确定的，也就是自然状态有两种或者两种以上，并且决策主体在决策过程中对自然状态的出现概率是未知的。不确定型决策问题示例如表 1-3 所示，该示例中的自然状态有两种，分别是下大雨（θ_1）和晴天（θ_2），但是它们的出现概率是未知的。

表 1-3　不确定型决策问题示例

方案	损失值	
	θ_1（下大雨）	θ_2（晴天）
A_1（走大路）	20	30
A_2（走小路）	24	28

3．按照决策过程的连续性

决策问题按照决策过程的连续性分为单阶段决策问题和多阶段决策问题。

（1）单阶段决策问题。单阶段决策问题也称为静态决策问题，它所解决的是某个时刻点或某段时期的决策问题，它所要求的决策次数往往只有一次，如计划某种产品的年产量，决策只有一个。

（2）多阶段决策问题。多阶段决策问题也称为动态决策问题或序贯决策问题，它是指一系列在时间上有先后顺序的决策问题，这些决策问题相互关联，前一个决策直接影响后一个决策。决策主体关注的不是其中某一个决策的优劣，而是这一系列决策的整体合理性。例如，一次作战行动往往分为多个时间阶段，每个时间阶段都有需要达到的目标，一般是将这一次作战行动的总目标细化成每一个时间阶段应达到的具体目标并制定相应的行动措施，后一个时间阶段根据前一个时间阶段目标的实现情况对计划做出调整，直至总目标实现。

此外，还有其他的决策问题分类维度。例如，按照决策主体，决策问题分为个体决策问题和组织决策问题，或者单人决策问题和群决策问题；按照决策结构，决策问题分为程序性决策问题和非程序性决策问题；按照决策问题的量化程度，决策问题分为定性决策问题和定量决策问题；按照决策对象的性质，决策问题分为军事决策问题、政治决策问题、经济决策问题等；按照军事领域决策问题的层次，决策问题分为战略决策问题、战役决策问题、战术决策问题、战斗决策问题等。

当然，还可以对上述分类维度进行综合从而进一步对决策问题进行划分。例如，对决策目标与自然状态两种划分维度进行综合，决策问题分为六种：单目标确定型决策问题、单目标风险型决策问题、单目标不确定型决策问题、多目标确定型决策问题、多目标风险型决策问题和多目标不确定型决策问题。

1.4 决策的原则

在决策过程中，每个决策主体最关心的问题就是如何进行科学决策，一般来讲，科学决策除了需要科学的决策理论与方法，还要求决策主体在决策过程中遵循正确的决策原则。科学决策的基本原则包括以下几个方面。

1．可行原则

可行原则主要是指决策问题的备选方案在现有主客观条件下必须是切实可行的，这样备选方案的实施才能达到预期的效果，备选方案的设计应充分考虑整个决策问题相关人才、资金、设备、原料、技术等方面的限制。

2．系统原则

系统原则是指决策问题都是复杂的系统工程问题，需要把决策对象看作一个系统，而系统中的各个要素是相互影响和相互作用的，系统中的各个要素应协调地、平衡地变化发展，在决策过程中以系统的观点来分析它的内部结构、运动机理及其与外部环境的联系。

3．最优原则

最优原则是指决策的制定都应该以追求和实现效益的最大化为目标，因此，在决策过程中必须善于运用各学科中最优化的相关知识，善于采用来自数学与自然科学的技术与方法，尤其是运用运筹学、计算技术、概率统计等方面的知识做出定量化的最优决策。

4．满意原则

满意原则是指当决策问题存在某些限制情况时，不能以“最优原则”来进行决策，可以对决策问题做“令人满意”的决策。比如，在军事作战过程中，突发事件的发生往往需要对原来的作战方案进行调整，由于得出最优调整方案往往需要很长的时间，而在作战过程中调整方案需要的时间是有很大限制的，因此这个时候可以采用满意原则，得出满意的作战方案即可。显然，一种满意的次优的方案，比一种最优的但是“迟到了”的方案，更为有用。

5．动态原则

动态原则是指在决策过程中采用动态的、变化的观点和模式去决策，而不能采用固定的、一成不变的观点和模式去决策。对于很多决策问题，为了不断地完善决策达到决策目标，就必须根据决策执行过程中动态反馈回来的信息适时对决策进行补充、修改和调整，甚至必要时做出各种应变对策。

6．集体原则

集体原则是指决策不是靠少数领导主观臆断，也不是找几个专家简单讨论一下做出的，而是需要依靠和充分利用集体（如智囊团）对要决策的问题进行系统的调查研究，弄清历史、现状，掌握第一手资料，最后通过方案论证和综合评估，提出切实可行的方案。例如，军事领域的指挥决策班子，一般由指挥人员和各个业务的参谋人员组成，其决策是指挥人员和参谋人员的集体智慧。

1.5　决策的过程

作为西方决策理论学派的创始人，西蒙对决策科学有着深刻的认识和理解。依据西蒙的观点，可将决策过程分为四个阶段：情报活动、设计活动、抉择活动、实施活动，并且整个决策过程是一个不断动态反馈的过程，如图 1-1 所示。

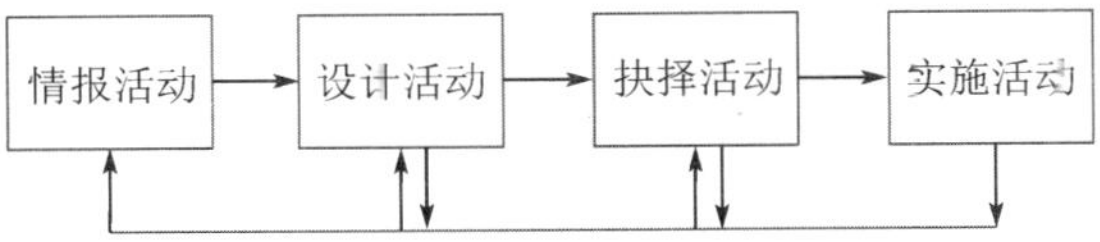

图 1-1　西蒙提出的决策过程

1．情报活动

情报活动包括对决策环境的识别、获取和处理决策所需的信息、理解所需要解决的问题等。情报活动的目的是识别问题、理解问题，准确地界定问题的性质、特点、范围、背景和条件等，进一步分析问题产生的原因，并在此基础上确定决策主体（组建怎样的决策团队）和决策目标（达到什么样的效果）。该活动主要解决“由谁来做决策”“做什么决策”“决策环境如何”等问题。

2．设计活动

设计活动主要是设计决策问题的备选方案，是实现目标、解决问题的方法和途径。设计活动是一个富于启发性的创造过程，需要勇于创新和精心设计，需要决策主体在总结过去经验教训的基础上，大胆探索、勇于创新、集思广益，尽可能多地设计备选方案。设计活动大致可以分为三个步骤：一是寻找可能方案，通过大胆的创新、创造性思维及丰富的想象力寻求解决问题的各种可能的途径；二是设计备选方案，对寻找到的可能方案进一步加工，填充实施细节，以形成具有实际效果的具体的备选方案；三是预测方案结果，就是预测各种备选方案在各种可能的自然状态下所产生的结果。该活动主要解决“可以怎么做”的问题。

3．抉择活动

抉择活动是决策过程中最关键的一个步骤，是指根据决策目标和评价标准，应用科学的方法和有效的手段对拟订的备选方案进行分析、比较和评价，预估各种备选方案的后果，做出结论性的评价，得出备选方案的优劣顺序，从中挑选出一两种最满意的方案，供决策者最后抉择。由于各种备选方案后果的多样性和后果评价标准的多样性，很难找到一种对所有标准都满足的方案，并且很多决策问题都是风险事件，决策主体对风险的态度不同，会导致对同一种方案有不同的选择结果。此外，最终的抉择取决于决策主体的习惯、传统、经验、信念等，因此如何对备选方案的优劣进行判断是一个复杂的问题，并不是弄清各种备选方案的后果就能马上做出回答的，这就造成了理性评价方案的困难，符合理性准则的方案不一定能使决策者满意。该活动主要是评价备选方案、选择备选方案，主要解决“确立什么样的评价标准”“打算怎么做”的问题。

4．实施活动

实施活动是指对选择的方案进行实施，在实践中检验方案的真正优劣性，并对其进行审查和修正。实践是检验真理的唯一标准，要保证选择的方案最终可行，必须将方案付诸实施，而方案的实施过程需要被跟踪、监督，以应对实施过程中出现的一些预料不到的新情况和新问题，并对这些新的信息及时反馈，以便对决策方案及时进行必要的修正。该活动主要解决“如何具体实施”“如何反馈”的问题。

总之，决策是一个动态的过程，一般可以按照情报活动、设计活动、抉择活动和实施活动四个阶段的顺序进行，前面的阶段不断从后面的阶段得到反馈信息。例如，设计活动分析研究的结果可能修正情报活动提出的决策目标，抉择活动也可能对设计活动提出的各种备选方案提出补充和修改，实施活动中的反馈信息最重要，实施结果可能对整个决策过程做出评价和修正。

习题

1. 什么是决策？决策有哪些要素？
2. 决策问题有哪些基本类型？
3. 科学决策的基本原则有哪些？
4. 简述决策的过程，列举一个军事决策的例子来具体说明决策的过程。

第二专题　确定型决策

确定型决策，是指在已知的完全确定的自然状态下，选择出满足目标要求的最优方案。构成一个确定型决策问题必须具备以下4个条件。

（1）存在一个明确的决策目标。

（2）存在一种明确的自然状态。

（3）存在可供决策主体选择的多种备选方案。

（4）可求得各种方案在确定的自然状态下的益损值。

确定型决策问题的自然状态只有一种，决策环境完全确定，问题的未来发展只有一个确定的结果，决策主体只要通过分析、比较各种方案的结果就能选出最优方案。例如，一个简单的日常生活中的“出门是否带伞”问题：如果出门时正在下雨，那么带伞；如果出门时天气晴朗，那么不带伞。在这种情况下，自然状态是明确的，属于确定型决策问题。但是，如果天气变化无常，出门时不能确定下雨与否，那么这种情况下的决策问题属于非确定型决策问题。

确定型决策分析适用于方案实施中遇到的客观情况只有一种的场合，即在确定的环境下只有一种自然状态的场合。在这类确定的自然状态下的决策问题中，决策主体需要拟定多种可行的方案，通过分析、评价，从中选出最优方案并进行实施，主要有两种情况。

（1）当方案集有限且各种方案益损值已知时，可以依据简单的排序方法进行决策（选择）。

（2）当方案不是有限种，即其中某些可控因素是可以连续变化的，或者虽然有限但不易列举，或者益损值计算困难、复杂时，问题就转换为优化问题了。

在作战指挥决策应用中的许多问题都属于优化问题，因此，最优化理论是指挥决策理论与方法的基础。上述第二种情况的求解是运筹学中的一个重要分支，即线性规划，本章将介绍线性规划的有关内容。

2.1　概述

自1947年丹齐格（Dantzig）提出了求解一般线性规划问题的单纯形法之后，线性规划在理论上趋向成熟，在实用中日益广泛与深入，单纯形法是几十年来求解线性规划问题最主要、最实用而又非常有效的方法。线性规划是运筹学的一个重要分支，运筹学强调最优决策，这一点在确定型决策问题分析中得到了良好的体现。数学规划是在一系列约束条件下，寻找某个目标函数的极值，其包含的内容十分丰富，运筹学的线性规划、非线性规划、动态规划、整数规划、随机规划、图与网络等，成为解决确定型决策问题的常用方法，运筹学为确定型决策问题分析提供了丰富的科学方法。在军队作战的组织指挥和后勤保障中遇到的一系列问题，如兵力快速集中与疏散问题、兵力/兵器的分配问题、军用物资运输问题、武器系统的合理配置问题等，常常可以用数学规划方法求得最优方案。线性规划是数学规划中起源最早、理论最成熟、应用最广泛的分支之一。

对由一组线性方程或线性不等式构成约束条件的系统进行规划，使由系统诸因素构成的线性方程表示的目标函数达到极值（极大值或极小值），从而求得系统诸因素的最优参数的数学方法，称为线性规划。

线性规划是决策系统静态最优化数学规划法之一。它作为经营管理决策中的数学手段，在当代决策问题中的应用是非常广泛的。这种用于决策的定量分析技术适用于制造、销售方法，原材料的配合、合成，人员配备计划、输送计划等许多方面，是一种有效利用有限资源的决策定量分析技术。

2.2 线性规划问题

线性规划问题属于数学规划问题的一种，是在一系列约束条件下，寻找某个目标函数的极值问题，广泛应用在军队作战的组织指挥和后勤保障中，如兵力/兵器的编组问题、目标分配指派问题、军用物资运输问题等，通常采用规划方法获得最优方案。

2.2.1 线性规划问题的提出

在生产管理和物资安排中常常会遇到一类问题，即如何合理安排人力、物力、财力等资源，以便获得最优经济效益。

例 2.1 生产安排问题。某工厂在计划期内要安排Ⅰ、Ⅱ两种产品的生产，生产单位产品所需的设备台时及 A、B 两种原材料的消耗，以及资源的限制，如表 2-1 所示，问工厂应分别生产多少单位产品Ⅰ、Ⅱ才能使工厂获利最多？

表 2-1 资源分配表

资源	产品Ⅰ	产品Ⅱ	资源限制
设备台时/h	1	2	8
原材料 A/kg	4	0	16
原材料 B/kg	0	4	12
单位产品利润/元	2	3	

该厂每生产一件产品Ⅰ可获利 2 元，每生产一件产品Ⅱ可获利 3 元，问如何安排生产可获利最多？设 x_1、x_2 分别表示计划期内产品Ⅰ、Ⅱ的产量，因为设备的有效台时是有限制的，为 8h，在确定产品的产量时，应考虑不超过设备的有效台时，用不等式表示为

$$x_1 + 2x_2 \leqslant 8$$

同理，因为原材料的限制，可以得到下面的不等式：

$$4x_1 \leqslant 16$$

$$4x_2 \leqslant 12$$

该厂的目的是在不超过所有资源限制的条件下，确定产量 x_1 、 x_2 以获取最大利润。假设用 z 表示利润，则

$$z = 2x_1 + 3x_2$$

该生产安排问题可以建立以下数学模型。

目标函数：

$$\max \quad z = 2x_1 + 3x_2$$

约束条件：

$$\begin{cases} x_1 + 2x_2 \leqslant 8 \\ 4x_1 \leqslant 16 \\ 4x_2 \leqslant 12 \\ x_1, x_2 \geqslant 0 \end{cases}$$

例 2.2　环境保护问题。靠近某河流有两个化工厂（见图 2-1），流经第一个化工厂的河水流量是 500 万立方米每天；在两个化工厂之间有一条流量为 200 万立方米每天的支流。两个化工厂均向临近的河流中排放工业污水，第一个化工厂每天排放工业污水 2 万立方米；第二个化工厂每天排放工业污水 1.4 万立方米。从第一个化工厂排出的污水流到第二个化工厂之前，有 20%可被自然净化。根据环境保护标准，河水中工业污水的含量应不超过 0.2%。若这两个化工厂都各自处理一部分污水，第一个化工厂处理污水的成本是 1000 元每万立方米，第二个化工厂处理污水的成本是 800 元每万立方米。现在要问，在符合环境保护标准的条件下，每个化工厂各应处理多少污水才能使两个化工厂总的污水处理费用最小？

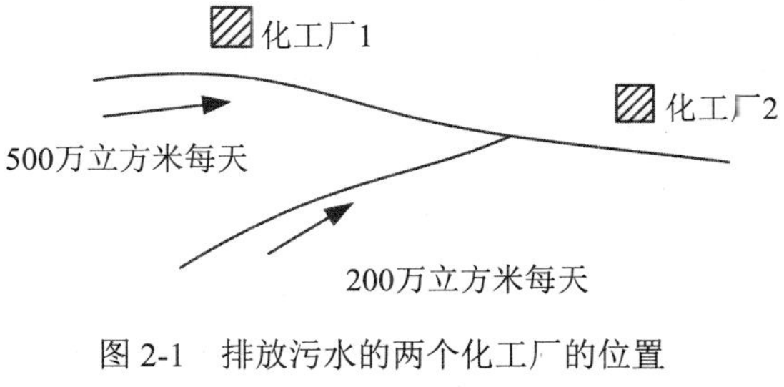

图 2-1　排放污水的两个化工厂的位置

设第一个化工厂每天处理污水 x_1 万立方米，第二个化工厂每天处理污水 x_2 万立方米。若从第一个化工厂到第二个化工厂之间河水中的污水含量不大于 0.2%，则必须使

$$\frac{2 - x_1}{500} \leqslant \frac{2}{1000}$$

流经第二个化工厂后，若仍要求河水中的污水量不大于 0.2%，则还须使

$$\frac{0.8(2-x_1)+(1.4-x_2)}{700} \leqslant \frac{2}{1000}$$

由于每个化工厂每天处理的污水量不会大于每天的排放量，故有

$$x_1 \leqslant 2 \text{，} \quad x_2 \leqslant 1.4$$

该环境保护问题的目标是两个化工厂用于处理污水的总费用最小。若以 z 表示总费用，则

$$z = 1000x_1 + 800x_2$$

综上所述，这一环境保护问题可归纳为下述线性规划问题。
目标函数：

$$\min \quad z = 1000x_1 + 800x_2$$

约束条件：

$$\begin{cases} x_1 \geqslant 1 \\ 0.8x_1 + x_2 \geqslant 1.6 \\ x_1 \leqslant 2 \\ x_2 \leqslant 1.4 \\ x_1, x_2 \geqslant 0 \end{cases}$$

例 2.3 战役作战最关心的问题是如何获得最大战果（歼敌数量）。为获得最大战果，在战役准备阶段应该为作战部队配备三种轻便型战斗车各多少台？根据以往战役规模统计需求得知，Ⅰ、Ⅱ、Ⅲ三种轻便型战斗车最少各需 200 台、250 台和 100 台。另外，在下一个战役阶段，三种轻便型战斗车库存可用的 A、B 型弹药最多为 20000 单位和 10000 单位。表 2-2 列出了各类型产品的弹药配备与需求情况，如每一台Ⅱ轻便型战斗车需配备 15 单位 A 型弹药和 12 单位 B 型弹药。

表 2-2 各类型产品的弹药配备与需求情况

产品类型	A 型弹药/单位	B 型弹药/单位	最小需求/台	杀伤/单位
Ⅰ轻便型战斗车	10	20	200	10
Ⅱ轻便型战斗车	15	12	250	14
Ⅲ轻便型战斗车	40	10	100	12
弹药总量/单位	20000	10000		

解：设 x_i 代表 i $(i = \text{I,II,III})$ 轻便型战斗车的台数。本例中，为达到最大战果，得到线性规划模型如下。

目标函数：

$$\max \quad z = 10x_1 + 14x_2 + 12x_3$$

约束条件：

$$\begin{cases} 10x_1 + 15x_2 + 40x_3 \leqslant 20000 \\ 20x_1 + 12x_2 + 10x_3 \leqslant 10000 \\ x_1 \geqslant 200 \\ x_2 \geqslant 250 \\ x_3 \geqslant 100 \\ x_1, x_2, x_3 \geqslant 0 \end{cases}$$

从上面三个例子可以看出，它们属于同一类优化问题，具有的共同特征如下。

（1）每一个问题都用一组决策变量 $(x_1, x_2, \cdots, x_n)$ 表示某种方案，决策变量是规划问题中需要确定的能用数量表示的量。

（2）都有一个明确的目标函数，它是关于决策变量的函数，也是决策者优化的目标，根据所研究问题的不同，追求最大值或最小值。

（3）决策问题应存在一定的限制条件（又称为约束条件），如可用资源的限制等，限制条件通常表示为关于决策变量的等式或不等式。

考虑一个一般的线性规划模型。假定其中包括 n 个决策变量，用 $x_j (j = 1, 2, \cdots, n)$ 来表示。在目标函数中，x_j 对应的系数为 c_j（称为目标函数系数）。规划模型包括 m 个约束条件，用 $b_i (i = 1, 2, \cdots, m)$ 表示第 i 个约束条件对应的右端项，用 a_{ij} 表示第 i 个约束中决策变量 x_j 对应的系数。一般的线性规划模型可表示如下。

目标函数：

$$\max 或 \min \quad z = c_1x_1 + c_2x_2 + \cdots + c_nx_n \tag{2-1}$$

约束条件：

$$\text{s.t.} \begin{cases} a_{11}x_1 + a_{12}x_2 + \cdots + a_{1n}x_n \leqslant (或 =、\geqslant) b_1 \\ a_{21}x_1 + a_{22}x_2 + \cdots + a_{2n}x_n \leqslant (或 =、\geqslant) b_2 \\ \qquad \cdots \\ a_{m1}x_1 + a_{m2}x_2 + \cdots + a_{mn}x_n \leqslant (或 =、\geqslant) b_m \\ x_1, x_2, \cdots, x_n \geqslant 0 \end{cases} \tag{2-2}$$

上述模型可简写为

$$\max 或 \min \quad z = \sum_{j=1}^{n} c_j x_j$$

$$\text{s.t.} \begin{cases} \sum_{j=1}^{n} a_{ij} x_j \leqslant (或=、\geqslant)\ b_i, & i = 1, 2, \cdots, m \\ x_j \geqslant 0, & j = 1, 2, \cdots, n \end{cases} \tag{2-3}$$

引入向量/矩阵符号，记

$$\boldsymbol{X}=(x_1,x_2,\cdots,x_n)^{\mathrm{T}}，\ \boldsymbol{C}=(c_1,c_2,\cdots,c_n)，\ \boldsymbol{b}=(b_1,b_2,\cdots,b_m)^{\mathrm{T}}，\ \boldsymbol{P}_j=(a_{1j},a_{2j},\cdots,a_{mj})^{\mathrm{T}}$$

$$\boldsymbol{A}=\begin{bmatrix} a_{11} & a_{12} & \cdots & a_{1n} \\ a_{21} & a_{22} & \cdots & a_{2n} \\ \vdots & \vdots & & \vdots \\ a_{m1} & a_{m2} & \cdots & a_{mn} \end{bmatrix}=(\boldsymbol{P}_1,\boldsymbol{P}_2,\cdots,\boldsymbol{P}_n)$$

则线性规划问题［式（2-3）］可以进一步简写为

$$\max 或 \min \quad z=\boldsymbol{CX}$$
$$\text{s.t.}\begin{cases} \sum_{j=1}^{n}\boldsymbol{P}_j x_j \leqslant (或=、\geqslant)\ \boldsymbol{b} \\ \boldsymbol{X}\geqslant 0 \end{cases} \tag{2-4}$$

或

$$\max 或 \min \quad z=\boldsymbol{CX}$$
$$\text{s.t.}\begin{cases} \boldsymbol{AX} \leqslant (或=、\geqslant)\ \boldsymbol{b} \\ \boldsymbol{X}\geqslant 0 \end{cases} \tag{2-5}$$

在本书的后续章节，称向量$\boldsymbol{C}$为目标函数系数，向量$\boldsymbol{b}$为约束条件右端项，矩阵$\boldsymbol{A}$为约束条件的系数矩阵，向量$\boldsymbol{P}_j$对应系数矩阵中决策变量x_j的列向量。从数学意义上讲，有些决策变量是可以取负数的，但在绝大多数管理问题中，决策变量只能取非负数，因此，在本书中通常会加上决策变量的非负性约束。

2.2.2 线性规划问题的标准型

由 2.2.1 节可知，线性规划问题有多种不同的形式。目标函数有的求极大值，有的求极小值；约束条件可以是小于或等于、大于或等于的不等式，也可以是等式；决策变量一般有非负约束，但也允许无约束，即在$(-\infty,\infty)$取值。为了便于分析线性规划问题的性质，这里规定的标准型为

$$\max \quad z=c_1x_1+c_2x_2+\cdots+c_nx_n$$
$$\text{s.t.}\begin{cases} a_{11}x_1+a_{12}x_2+\cdots+a_{1n}x_n=b_1 \\ a_{21}x_1+a_{22}x_2+\cdots+a_{2n}x_n=b_2 \\ \qquad\cdots \\ a_{m1}x_1+a_{m2}x_2+\cdots+a_{mn}x_n=b_m \\ x_j\geqslant 0,\quad j=1,2,\cdots,n \end{cases} \tag{2-6}$$

其中，所有的$b_i\geqslant 0$ $(i=1,2,\cdots,m)$。该标准型对应的矩阵形式为

$$\max \quad z = \boldsymbol{CX}$$

$$\text{s.t.}\begin{cases} \boldsymbol{AX} = \boldsymbol{b} \\ \boldsymbol{X} \geqslant 0 \end{cases} \tag{2-7}$$

可以看出，线性规划模型的规范形式有如下 4 项特征。

（1）目标函数为求极大值。

（2）约束方程等号右端的常数项非负。

（3）所有约束方程都是等式。

（4）决策变量满足非负约束条件。

实际碰到的各种线性规划问题都可以转换为标准型去求解。线性规划问题数学模型表达的一般形式转换成标准型，其转换过程包含三部分，即目标函数的变换、约束方程的变换和决策变量非负约束条件的变换。

1）目标函数的变换

在线性规划模型的一般形式中，当目标函数为

$$\min \quad z = \sum_{j=1}^{n} c_j x_j \tag{2-8}$$

时，可将目标函数乘以 −1，转换为求极大值问题，即令 $z' = -z$ 可得到

$$\max \quad z' = -z = -\sum_{j=1}^{n} c_j x_j \tag{2-9}$$

以上极大化问题与极小化问题的最优解相同，但最优值相差一个负号，即 $\min \quad z = -\max \quad z'$。

2）约束方程的变换

把约束条件中的不等式化为等式，方法是引入松弛变量（Slack Variable）和剩余变量（Surplus Variable），使约束方程由原来的不等式变为等式。

若不等式具有如下形式：

$$a_{i1}x_1 + a_{i2}x_2 + \cdots + a_{in}x_n \leqslant b_i \tag{2-10}$$

则在不等式较小的一端加入一个新的非负松弛变量 x_{n+1}，使式（2-10）变为下列等式：

$$a_{i1}x_1 + a_{i2}x_2 + \cdots + a_{in}x_n + x_{n+1} = b_i \tag{2-11}$$

若不等式为如下形式：

$$a_{i1}x_1 + a_{i2}x_2 + \cdots + a_{in}x_n \geqslant b_i \tag{2-12}$$

则在不等式较大的一端减去一个新的非负剩余变量（也可称为松弛变量）x_{n+1}，使式（2-12）变为下列等式：

$$a_{i1}x_1 + a_{i2}x_2 + \cdots + a_{in}x_n - x_{n+1} = b_i \tag{2-13}$$

在约束条件中引入松弛变量 x_{n+1} 后，还必须考虑目标函数中松弛变量的系数。由于松弛变量只表示未被利用的生产能力，如人力、设备、原材料、能源、资金等，不表示产品的产量、产值，因而不产生利润，故松弛变量的系数在目标函数中应取零值。

3）决策变量非负约束条件的变换

如果决策变量没有非负约束条件，则可根据表 2-3 给出的处理方式进行处理。

表 2-3　所有决策变量满足非负约束条件所需的各种处理方式

决策变量	处理方式	目标函数和约束方程
x_j 无约束	令 $x_j = s_{j+1} - s_j$，$s_{j+1} \geqslant 0$，$s_j \geqslant 0$	在目标函数中用 $s_{j+1} - s_j$ 代替 x_j，在约束方程中用 $s_{j+1} - s_j$ 代替 x_j，在非负约束条件中用 $s_{j+1} \geqslant 0$、$s_j \geqslant 0$ 代替 $x_j \geqslant 0$

例 2.4　将如下线性规划模型表达的一般形式转换成标准型。

$$\min \quad z = 2x_1 - 3x_2 + 4x_3$$

$$\text{s.t.}\begin{cases} 3x_1 + 4x_2 - 5x_3 \leqslant 6 \\ 2x_1 + x_3 \geqslant 8 \\ x_1 + x_2 + x_3 = -9 \\ x_1, x_2 \geqslant 0 \end{cases}$$

解：转换包含以下操作。

（1）用 $(x_4 - x_5)$ 替换原线性规划模型中目标函数、约束方程和非负约束条件中的 x_3，且 $x_4, x_5 \geqslant 0$。

（2）在第一个约束不等式左端加上松弛变量 x_6，x_6 满足非负约束条件，即 $x_6 \geqslant 0$。

（3）在第二个约束不等式左端减去剩余变量 x_7，x_7 满足非负约束条件，即 $x_7 \geqslant 0$。

（4）将第三个约束方程两边乘以 -1。

（5）将目标函数乘以 -1，目标函数由求极小值变为求极大值。

通过上述操作，获得线性规划模型的标准型如下：

$$\max \quad z' = -2x_1 + 3x_2 - 4(x_4 - x_5) + 0x_6 + 0x_7$$

$$\text{s.t.}\begin{cases} 3x_1 + 4x_2 - 5(x_4 - x_5) + x_6 = 6 \\ 2x_1 + (x_4 - x_5) - x_7 = 8 \\ -x_1 - x_2 - (x_4 - x_5) = 9 \\ x_1, x_2, x_4, x_5, x_6, x_7 \geqslant 0 \end{cases}$$

2.3　线性规划问题解的性质

本节将在如下标准型的基础上讨论线性规划问题解的一般性质：

$$\max \quad z = \sum_{j=1}^{n} c_j x_j \qquad (2\text{-}14)$$

$$\text{s.t.}\begin{cases} \sum_{j=1}^{n} a_{ij}x_j = b_i, & i=1,2,\cdots,m \\ x_j \geqslant 0, & j=1,2,\cdots,n \end{cases} \qquad (2\text{-}15)$$

在上述问题中，约束条件系数矩阵 $\boldsymbol{A}$ 是一个 $m\times n$ 阶的矩阵，一般 $m\leqslant n$，否则约束式（2-15）的 m 个方程中至少有 $m-n$ 个方程是多余的。此外，还假设矩阵 $\boldsymbol{A}$ 的秩为 m，否则也存在多余方程。

2.3.1　线性规划问题解的基本概念

1. 可行解与最优解

可行解（Feasible Solution）：满足线性规划模型约束条件［式（2-15）］的解。

可行域（Feasible Region）：所有可行解构成的集合。

最优解（Optimal Solution）：在可行域中，使目标函数［式（2-14）］达到最大的解。

2. 基、基向量和基变量

因为矩阵 $\boldsymbol{A}$ 的秩为 m，从列向量的角度看，$\boldsymbol{A}$ 的 n 列中至少存在 m 列线性无关。因此，矩阵 $\boldsymbol{A}$ 中存在一个 $m\times m$ 阶的子矩阵 $\boldsymbol{B}$，其秩为 m。不失一般性，设

$$\boldsymbol{B}=\begin{bmatrix} a_{11} & a_{12} & \cdots & a_{1m} \\ \vdots & \vdots & & \vdots \\ a_{m1} & a_{m2} & \cdots & a_{mm} \end{bmatrix}=(\boldsymbol{P}_1,\boldsymbol{P}_2,\cdots,\boldsymbol{P}_m)$$

称该满秩子矩阵 $\boldsymbol{B}$ 为一个基阵，简称为**基（Base）**。基阵中的每一个列向量 $\boldsymbol{P}_j(j=1,2,\cdots,m)$ 称为一个**基向量**，秩为 m 的矩阵 $\boldsymbol{A}$ 中应该有 m 个基向量；与基向量 $\boldsymbol{P}_j$ 对应的变量 x_j 称为**基变量**。矩阵 $\boldsymbol{A}$ 中除了基向量的其他列向量称为**非基向量**，除了基变量的其他变量则称为**非基变量**。例如，

$$\boldsymbol{A}=\begin{bmatrix} a_{11} & a_{12} & \cdots & a_{1n} \\ a_{21} & a_{22} & \cdots & a_{2n} \\ \vdots & \vdots & & \vdots \\ a_{m1} & a_{m2} & \cdots & a_{mn} \end{bmatrix}=(\boldsymbol{P}_1,\boldsymbol{P}_2,\cdots,\boldsymbol{P}_m,\boldsymbol{P}_{m+1},\cdots,\boldsymbol{P}_n)=(\boldsymbol{B},\boldsymbol{N})$$

式中，$\boldsymbol{P}_{m+1},\boldsymbol{P}_{m+2},\cdots,\boldsymbol{P}_n$ 为非基向量，与其对应的 $x_{m+1},x_{m+2},\cdots,x_n$ 为非基变量。

3. 基解、基可行解与可行基

为方便说明，现将变量 $\boldsymbol{X}$ 分为两个部分 $\boldsymbol{X}=\begin{bmatrix}\boldsymbol{X}_B \\ \boldsymbol{X}_N\end{bmatrix}$，其中

$$\boldsymbol{X}_B=(x_1,x_2,\cdots,x_m)^{\mathrm{T}},\quad \boldsymbol{X}_N=(x_{m+1},x_{m+2},\cdots,x_n)^{\mathrm{T}}$$

考虑约束条件 $\boldsymbol{AX}=\boldsymbol{b}$，根据上述符号定义，方程组等价于

$$(\boldsymbol{B},\boldsymbol{N})\begin{bmatrix}\boldsymbol{X}_B\\\boldsymbol{X}_N\end{bmatrix}=\boldsymbol{b}$$

即

$$\boldsymbol{B}\boldsymbol{X}_B+\boldsymbol{N}\boldsymbol{X}_N=\boldsymbol{b}$$

由于 $\boldsymbol{B}$ 是满秩子矩阵，可逆，因此有

$$\boldsymbol{X}_B=\boldsymbol{B}^{-1}\left(\boldsymbol{b}-\boldsymbol{N}\boldsymbol{X}_N\right)$$

对应于基 $\boldsymbol{B}$，如果令 $\boldsymbol{X}_N=\boldsymbol{0}$，可以得到一个解 $\boldsymbol{X}=\begin{bmatrix}\boldsymbol{B}^{-1}\boldsymbol{b}\\0\end{bmatrix}$，称该解是对应于基 $\boldsymbol{B}$ 的**基解**。当然，$\boldsymbol{B}^{-1}\boldsymbol{b}$ 不一定所有分量都非负，当 $\boldsymbol{B}^{-1}\boldsymbol{b}\geqslant 0$ 时，解 $\boldsymbol{X}=\begin{bmatrix}\boldsymbol{B}^{-1}\boldsymbol{b}\\0\end{bmatrix}$ 才是原线性规划问题的一个可行解。我们把满足变量非负约束（$\boldsymbol{B}^{-1}\boldsymbol{b}\geqslant 0$）的基解称为**基可行解**，对应于基可行解的基阵称为一个**可行基**。

4．凸集与凸组合

已知 n 维欧几里得空间中的一个点集 D，若 D 中任意两点 $\boldsymbol{X}_1$ 和 $\boldsymbol{X}_2$ 的连线上的所有点也属于集合 D，则称集合 D 为一个**凸集**。

因为两点 $\boldsymbol{X}_1$ 和 $\boldsymbol{X}_2$ 之间的连线可以表示为

$$\lambda\boldsymbol{X}_1+(1-\lambda)\boldsymbol{X}_2,\quad 0<\lambda<1$$

因此，凸集用数学语言描述为：对于集合 D 中任意两点 $\boldsymbol{X}_1$ 和 $\boldsymbol{X}_2$，如果对任意 $\lambda\in(0,1)$，均有 $\lambda\boldsymbol{X}_1+(1-\lambda)\boldsymbol{X}_2\in D$，则称集合 D 为一个凸集。根据定义，空集 $\varnothing$ 为凸集，平面上的凸多边形、空间中的实心球或凸多面体都是凸集，从感官上判断，凸集不存在凹入，其内部没有气泡孔洞，并且多个凸集的交集仍然是凸集。凸集识别例图如图 2-2 所示，由凸集的定义可知，图 2-2（a）和图 2-2（b）所示的图形是凸集，图 2-2（c）和图 2-2（d）所示的图形不是凸集。

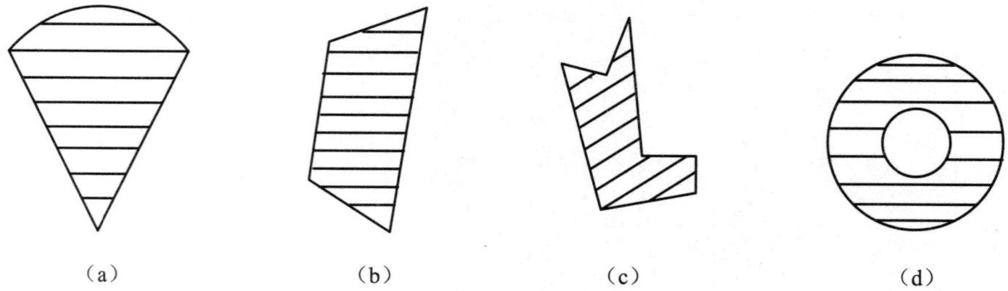

图 2-2　凸集识别例图

设 $\boldsymbol{X}_i\ (i=1,2,\cdots,k)$ 是 n 维欧几里得空间中的 k 个点，若存在一组数 $\mu_i\ (i=1,2,\cdots,k)$ 满足 $\mu_i\in[0,1]$，且 $\mu_1+\mu_2+\cdots+\mu_k=1$，那么

$$\boldsymbol{X}=\mu_1\boldsymbol{X}_1+\mu_2\boldsymbol{X}_2+\cdots+\mu_k\boldsymbol{X}_k$$

是点 $\boldsymbol{X}_1, \boldsymbol{X}_2, \cdots, \boldsymbol{X}_k$ 的**凸组合**。

凸组合的实质是凸集概念在 n 维空间上的扩展。

相应地，对于一个凸集 D 中的点 $\boldsymbol{X}$，如果不存在两个不同的点 $\boldsymbol{X}_1 \in D$ 和 $\boldsymbol{X}_2 \in D$，使得 $\boldsymbol{X}$ 成为这两个点连线上的一个点，则称点 $\boldsymbol{X}$ 为一个**顶点**。换句话说，如果对任何点 $\boldsymbol{X}_1 \in D$ 和 $\boldsymbol{X}_2 \in D$，不存在常数 $\lambda \in (0,1)$，使得 $\boldsymbol{X} = \lambda \boldsymbol{X}_1 + (1-\lambda)\boldsymbol{X}_2$，那么点 $\boldsymbol{X}$ 为凸集 D 的一个顶点。

凸集顶点示例如图 2-3 所示，图 2-3（a）所示的点 A、B、C、D 是顶点，而图 2-3（b）所示的圆弧线段 AB 上的每一个点和圆心点 O 都是顶点。

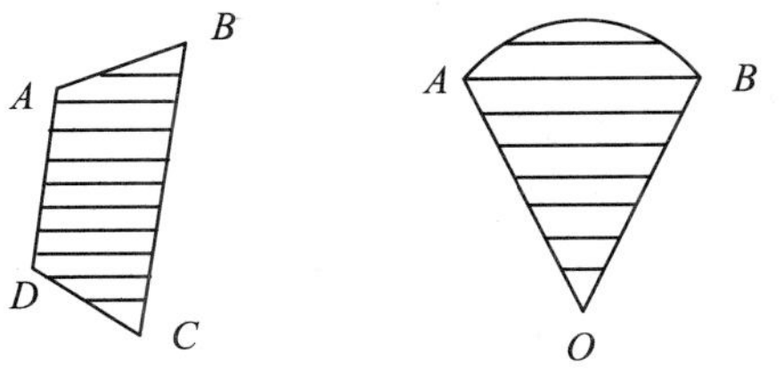

（a）　　（b）

图 2-3　凸集顶点示例

2.3.2　线性规划问题解的基本定理

定理 2.1　若线性规划问题存在可行域，则其可行域 $D=\left\{\boldsymbol{X}\left|\sum_{j=1}^{n}\boldsymbol{P}_j x_j = \boldsymbol{b}, x_j \geqslant 0\right.\right\}$ 是凸集。

证明：要证明满足线性规划问题约束条件

$$\sum_{j=1}^{n}\boldsymbol{P}_j x_j = \boldsymbol{b}, \quad x_j \geqslant 0, \quad j=1,2,\cdots,n$$

的所有点（可行解）组成的集合是凸集，只需要证明 D 中任意两点连线上的点也位于 D 内即可。

任取可行域 D 内的两点 $\boldsymbol{X}^{(1)} = (x_1^{(1)}, x_2^{(1)}, \cdots, x_n^{(1)})^{\mathrm{T}}$ 和 $\boldsymbol{X}^{(2)} = (x_1^{(2)}, x_2^{(2)}, \cdots, x_n^{(2)})^{\mathrm{T}}$（$\boldsymbol{X}^{(1)} \neq \boldsymbol{X}^{(2)}$），则

$$\sum_{j=1}^{n}\boldsymbol{P}_j x_j^{(1)} = \boldsymbol{b}, \quad x_j^{(1)} \geqslant 0, \quad j=1,2,\cdots,n$$

$$\sum_{j=1}^{n}\boldsymbol{P}_j x_j^{(2)} = \boldsymbol{b}, \quad x_j^{(2)} \geqslant 0, \quad j=1,2,\cdots,n$$

令 $\boldsymbol{X} = (x_1, x_2, \cdots, x_n)^{\mathrm{T}}$ 为 $\boldsymbol{X}^{(1)}$ 和 $\boldsymbol{X}^{(2)}$ 连线上的任意一点，则存在 $\lambda \in [0,1]$，使得

$$\boldsymbol{X} = \lambda \boldsymbol{X}^{(1)} + (1-\lambda)\boldsymbol{X}^{(2)}$$

即 $\boldsymbol{X}$ 的每一个分量是 $x_j = \lambda x_j^{(1)} + (1-\lambda)x_j^{(2)}$，很显然 $x_j \geqslant 0$，将它代入约束条件，则

$$\begin{aligned}\sum_{j=1}^{n}\boldsymbol{P}_j x_j &= \sum_{j=1}^{n}\boldsymbol{P}_j[\lambda x_j^{(1)}+(1-\lambda)x_j^{(2)}]\\ &=\lambda\sum_{j=1}^{n}\boldsymbol{P}_j x_j^{(1)}+\sum_{j=1}^{n}\boldsymbol{P}_j x_j^{(2)}-\lambda\sum_{j=1}^{n}\boldsymbol{P}_j x_j^{(2)}\\ &=\lambda\boldsymbol{b}+\boldsymbol{b}-\lambda\boldsymbol{b}\\ &=\boldsymbol{b}\end{aligned}$$

因此$\boldsymbol{X}\in D$，由凸集定义可知，D为凸集。

引理 2.1 线性规划问题的可行解$\boldsymbol{X}$为基可行解的充分必要条件是：$\boldsymbol{X}$的非零分量对应的系数列向量是线性无关的。

证明：(1) 必要性。由基可行解定义可知。

(2)充分性。若向量$\boldsymbol{P}_1,\boldsymbol{P}_2,\cdots,\boldsymbol{P}_k$线性无关，则必有$k\leqslant m$（因为矩阵$\boldsymbol{A}$的秩为$m$）。当$k=m$时，它们正好构成一个基，因此$\boldsymbol{X}=(x_1,x_2,\cdots,x_k,0,\cdots,0)$为相应于基$\boldsymbol{B}=(\boldsymbol{P}_1,\boldsymbol{P}_2,\cdots,\boldsymbol{P}_k)$的基可行解。当$k<m$时，一定可以从其余的列向量中找出$m-k$个列向量，它们与$\boldsymbol{P}_1,\boldsymbol{P}_2,\cdots,\boldsymbol{P}_k$正好构成一个满秩子矩阵$\boldsymbol{B}$。此时可行解$\boldsymbol{X}$为对应于基$\boldsymbol{B}$的基可行解。

定理 2.2 线性规划问题的基可行解$\boldsymbol{X}$正好对应可行域D上的某个顶点。

此定理的含义是：可行域D的所有顶点都必然是基可行解，基可行解也一定是可行域D中的顶点，这为我们发现搜索路径并最终找到最优解指明了方向。

假设基可行解$\boldsymbol{X}$的前m个分量为正，则

$$\sum_{j=1}^{m}\boldsymbol{P}_j x_j=\boldsymbol{b} \tag{2-16}$$

现在把定理2.2分为下述两个命题来证明，分别采用反证法。

命题 2.1 若$\boldsymbol{X}$不是基可行解，则它一定不是可行域D的顶点。

根据引理 2.1，如果$\boldsymbol{X}$不是基可行解，则其正分量所对应的系数列向量$\boldsymbol{P}_1,\boldsymbol{P}_2,\cdots,\boldsymbol{P}_m$线性相关，即存在一组不全为零的数$\alpha_i\ (i=1,2,\cdots,m)$，使得

$$\alpha_1\boldsymbol{P}_1+\alpha_2\boldsymbol{P}_2+\cdots+\alpha_m\boldsymbol{P}_m=0 \tag{2-17}$$

用一个数$\mu>0$乘以式（2-17），再分别与式（2-16）相减和相加，可以得到

$$(x_1-\mu\alpha_1)\boldsymbol{P}_1+(x_2-\mu\alpha_2)\boldsymbol{P}_2+\cdots+(x_m-\mu\alpha_m)\boldsymbol{P}_m=\boldsymbol{b}$$

$$(x_1+\mu\alpha_1)\boldsymbol{P}_1+(x_2+\mu\alpha_2)\boldsymbol{P}_2+\cdots+(x_m+\mu\alpha_m)\boldsymbol{P}_m=\boldsymbol{b}$$

选取

$$\boldsymbol{X}^{(1)}=[(x_1-\mu\alpha_1),(x_2-\mu\alpha_2),\cdots,(x_m-\mu\alpha_m),0,\cdots,0]$$

$$\boldsymbol{X}^{(2)}=[(x_1+\mu\alpha_1),(x_2+\mu\alpha_2),\cdots,(x_m+\mu\alpha_m),0,\cdots,0]$$

由$\boldsymbol{X}^{(1)}$、$\boldsymbol{X}^{(2)}$可以得到$\boldsymbol{X}=\dfrac{1}{2}\boldsymbol{X}^{(1)}+\dfrac{1}{2}\boldsymbol{X}^{(2)}$，即$\boldsymbol{X}$是$\boldsymbol{X}^{(1)}$、$\boldsymbol{X}^{(2)}$连线的中点。

另外，当 μ 充分小时，可保证

$$x_i \pm \mu\alpha_i \geqslant 0, \quad i = 1,2,\cdots,m$$

即 $\boldsymbol{X}^{(1)}$、$\boldsymbol{X}^{(2)}$ 是可行解。这证明了 $\boldsymbol{X}$ 不是可行域的顶点。

命题 2.2　若 $\boldsymbol{X}$ 不是可行域 D 的顶点，则它一定不是基可行解。

$\boldsymbol{X}$ 不是可行域 D 的顶点，因此在可行域 D 中可找到不同的两点 $\boldsymbol{X}^{(1)} = (x_1^{(1)}, x_2^{(1)}, \cdots, x_n^{(1)})^{\mathrm{T}}$ 和 $\boldsymbol{X}^{(2)} = (x_1^{(2)}, x_2^{(2)}, \cdots, x_n^{(2)})^{\mathrm{T}}$，使得

$$\boldsymbol{X} = \alpha\boldsymbol{X}^{(1)} + (1-\alpha)\boldsymbol{X}^{(2)}, \quad 0 < \alpha < 1$$

设 $\boldsymbol{X}$ 是基可行解，对应向量组 $\boldsymbol{P}_1, \boldsymbol{P}_2, \cdots, \boldsymbol{P}_m$ 线性无关。当 $j > m$ 时，有 $x_j = x_j^{(1)} = x_j^{(2)} = 0$，由于 $\boldsymbol{X}^{(1)}$、$\boldsymbol{X}^{(2)}$ 是可行域的两点，所以应满足

$$\sum_{j=1}^{m} \boldsymbol{P}_j x_j^{(1)} = \boldsymbol{b}\text{，}\quad \sum_{j=1}^{m} \boldsymbol{P}_j x_j^{(2)} = \boldsymbol{b}$$

将上面的两式相减得到

$$\sum_{j=1}^{m} \boldsymbol{P}_j (x_j^{(1)} - x_j^{(2)}) = 0 \qquad (2\text{-}18)$$

因为 $\boldsymbol{X}^{(1)} \neq \boldsymbol{X}^{(2)}$，所以式（2-18）中的系数 $(x_j^{(1)} - x_j^{(2)})$ 不全为零，故向量组 $\boldsymbol{P}_1, \boldsymbol{P}_2, \cdots, \boldsymbol{P}_m$ 线性相关，与假设矛盾，即 $\boldsymbol{X}$ 不是基可行解，命题 2.2 成立。

定理 2.3　如果线性规划问题的可行域有界，则其最优值必可在某个顶点处获得。

证明：设 $\boldsymbol{X}^{(1)}, \boldsymbol{X}^{(2)}, \cdots, \boldsymbol{X}^{(k)}$ 是可行域的顶点，若 $\boldsymbol{X}^{(0)}$ 不是顶点，则目标函数在 $\boldsymbol{X}^{(0)}$ 处达到最优 $z^* = \boldsymbol{CX}^{(0)}$（标准型为 $z^* = \max \quad z$）。

因为 $\boldsymbol{X}^{(0)}$ 不是顶点，所以它可以用 D 的顶点线性表示为

$$\boldsymbol{X}^{(0)} = \sum_{i=1}^{k} \alpha_i \boldsymbol{X}^{(i)}, \quad \alpha_i > 0, \quad \sum_{i=1}^{k} \alpha_i = 1$$

因此

$$\boldsymbol{CX}^{(0)} = \boldsymbol{C}\sum_{i=1}^{k} \alpha_i \boldsymbol{X}^{(i)} = \sum_{i=1}^{k} \alpha_i \boldsymbol{CX}^{(i)} \qquad (2\text{-}19)$$

在所有的顶点中必然能找到某一个顶点 $\boldsymbol{X}^{(m)}$，使得 $\boldsymbol{CX}^{(m)}$ 是所有 $\boldsymbol{CX}^{(i)}$ 中的最大者。用 $\boldsymbol{X}^{(m)}$ 代替式（2-19）中的所有 $\boldsymbol{X}^{(i)}$，就得到

$$\sum_{i=1}^{k} \alpha_i \boldsymbol{CX}^{(i)} \leqslant \sum_{i=1}^{k} \alpha_i \boldsymbol{CX}^{(m)} = \boldsymbol{CX}^{(m)}$$

由此得到

$$\boldsymbol{CX}^{(0)} \leqslant \boldsymbol{CX}^{(m)}$$

根据假设 $\boldsymbol{CX}^{(0)}$ 是最大值，所以只能有

$$\boldsymbol{CX}^{(0)}=\boldsymbol{CX}^{(m)}$$

即目标函数在顶点 $\boldsymbol{X}^{(m)}$ 处也达到最大值，矛盾产生，这意味着线性规划的最优值点至少可以在某个顶点处找到。

有时目标函数可能在多个顶点处达到最大值，这时在这些顶点的凸组合上也达到最大值，称这种线性规划问题有无限多个最优解。

假设 $\hat{\boldsymbol{X}}^{(1)},\hat{\boldsymbol{X}}^{(2)},\cdots,\hat{\boldsymbol{X}}^{(k)}$ 是目标函数达到最大值的顶点，若 $\hat{\boldsymbol{X}}$ 是这些顶点的凸组合，即

$$\hat{\boldsymbol{X}}=\sum_{i=1}^{k}\alpha_i\hat{\boldsymbol{X}}^{(i)},\quad \alpha_i>0,\quad \sum_{i=1}^{k}\alpha_i=1$$

则

$$\boldsymbol{C}\hat{\boldsymbol{X}}=\boldsymbol{C}\sum_{i=1}^{k}\alpha_i\hat{\boldsymbol{X}}^{(i)}=\sum_{i=1}^{k}\alpha_i\boldsymbol{C}\hat{\boldsymbol{X}}^{(i)}$$

设 $\boldsymbol{C}\hat{\boldsymbol{X}}^{(i)}=m,\quad i=1,2,\cdots,k$，得

$$\boldsymbol{C}\hat{\boldsymbol{X}}=\sum_{i=1}^{k}\alpha_i m=m$$

另外，若可行域无界，则可能无最优解，也可能有最优解，即使有也必定在某顶点上得到。根据以上讨论，可以得到以下结论。

线性规划问题的所有可行解构成的集合是凸集，也可能为无界域；当可行域为凸集时，它们有有限个顶点，线性规划问题的每个基可行解对应可行域的一个顶点；若线性规划问题有最优解，则必在某顶点上得到。

2.4　线性规划问题的求解方法

2.4.1　线性规划问题的图解法

线性规划问题的图解法，是指用几何图形分析的方法求解线性规划问题。它的基本思路：首先，在二维（三维）坐标平面内，画出满足约束条件（含资源约束条件和非负约束条件）的诸决策变量可行解的可行域；然后，绘制目标函数在可行域的等值线（面）[由目标函数直线（平面）平行移动得到]；最后，结合目标函数的等值线（面）以可视化的方法在可行域内求得满足约束条件和目标函数的最优解。

线性规划问题的图解法简单、直观，适用于只有两个（三个）变量的线性规划问题。对于有三个以上变量的线性规划问题，图解法就无能为力了。图解法的意义在于理解求解线性规划问题的实质，对深刻理解单纯形法的原理进而用其解决线性规划问题很有帮助。下面通过一个具体例子介绍线性规划问题的图解法。

例 2.5　用三种原材料 M_1、M_2、M_3 制造两种产品 Ⅰ、Ⅱ，制造每吨产品所需的原材料吨数及每月供应原材料的限量均列于表 2-4 中。现求每月生产产品 Ⅰ、Ⅱ 各多少吨，能获得最大利润（每吨产品的利润额也分别列入了表 2-4 中）。

表 2-4　产品 Ⅰ、Ⅱ 的利润基值、原材料消耗及限量

原材料	产品 Ⅰ/吨	产品 Ⅱ/吨	每月供应原材料的限量/吨
M_1	2	9	18
M_2	2	4	10
M_3	3	2	12
利润/（万元 / 吨）	3	4	

解：用图解法求解此线性规划问题。

设产品 Ⅰ、Ⅱ 的月生产吨数分别为 x_1、x_2，则原材料 M_1、M_2、M_3 的用量分别为 $2x_1+9x_2$、$2x_1+4x_2$ 和 $3x_1+2x_2$，根据表 2-4 可得该线性规划问题的目标函数和约束条件。

目标函数：

$$\max \quad z=3x_1+4x_2 \tag{2-20}$$

约束方程：

$$\begin{cases}2x_1+9x_2\leqslant 18\\2x_1+4x_2\leqslant 10\\3x_1+2x_2\leqslant 12\\x_1\geqslant 0,\quad x_2\geqslant 0\end{cases} \tag{2-21}$$

在以 x_1、x_2 为坐标轴的直角坐标系中，非负约束条件 $x_1\geqslant 0$ 代表包括 x_2 轴和它右侧的半平面；非负约束条件 $x_2\geqslant 0$ 代表包括 x_1 轴和它上面的半平面；$x_1\geqslant 0$ 和 $x_2\geqslant 0$ 两个条件同时存在时，代表直角坐标系中包括 x_1 轴和 x_2 轴的第一象限。同理，式（2-21）中的每一个约束条件都代表一个半平面，如约束条件 $2x_1+9x_2\leqslant 18$ 代表以直线 $2x_1+9x_2=18$ 为边界的左下方的半平面。若平面上一点同时满足式（2-21）所示的所有约束条件，则该点必然落在 5 个半平面完全重叠的区域内（其中有两个半平面重叠的区域是 $x_1\geqslant 0$ 和 $x_2\geqslant 0$ 构成的第一象限），如图 2-4（a）所示，即满足约束条件式（2-21）的可行域是图 2-4（a）所示的凸五边形 $ABCDE$，通常把点 A、B、C、D、E 称为顶点。

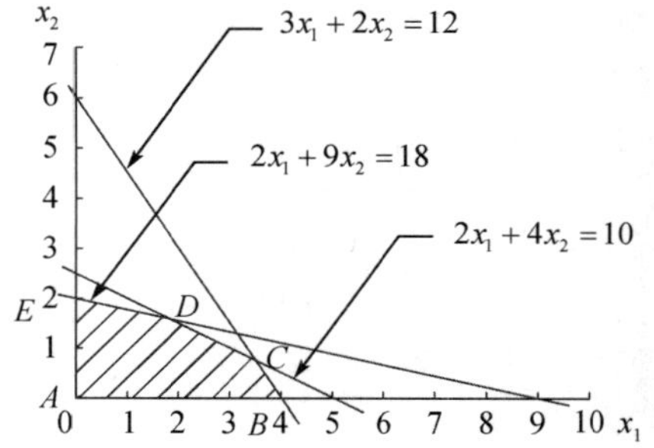

（a）可行域

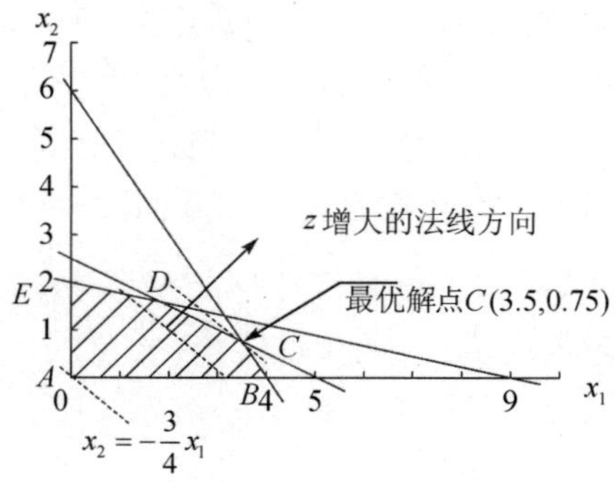

（b）最优解点

图 2-4　图解法求解的可行域与最优解点

对于目标函数 $z=3x_1+4x_2$，在坐标平面内，它可表示为以 z 为可变参数、斜率为 $-3/4$ 的一簇平行线 $x_2=-\frac{3}{4}x_1+\frac{z}{4}$，位于同一直线上的点具有相同的目标函数值，因而称这样的直线为“等值线”。当 z 值由小变大时，直线 $x_2=-\frac{3}{4}x_1+\frac{z}{4}$ 沿其法线方向向右上方移动，当移动到 C 点时，z 的取值最大，如图 2-4（b）所示。也就是说，目标函数等值线离开可行域之前的点就是该线性规划问题的最优解。此处，最优解就是点 C 的坐标 $(x_{1C},\ x_{2C})$，其值分别为

$$x_{1C}=3.5,\quad x_{2C}=0.75$$

这时，目标函数值

$$z=3x_{1C}+4x_{2C}=3\times3.5+4\times0.75=13.5$$

即此线性规划问题所能获得的最大利润值。为获得这一最大利润，应采取的决策是每月生产 3.5 吨产品Ⅰ，生产 0.75 吨产品Ⅱ。

例 2.5 中线性规划问题的最优解是唯一的，但对于一般的线性规划问题，求解结果还可能出现以下几种情况。

1. 无穷多最优解

例 2.6　求解下述线性规划问题。

$$\max\quad z=x_1+2x_2$$
$$\begin{cases}x_1+2x_2\leqslant 6\\3x_1+2x_2\leqslant 12\\x_2\leqslant 2\\x_1\geqslant 0,\ \ x_2\geqslant 0\end{cases}$$

对上述线性规划问题，用图解法求解的过程如图 2-5 所示。由于目标函数中以 z 为参数、斜率为 $-1/2$ 的这簇平行直线与约束条件 $x_1+2x_2\leqslant 6$ 的边界线平行，当 z 值由小变大时，将和线段 CD 重合。线段 CD 上任意一点都使 z 取得相同的最大值，该线性规划问题有无穷多最优解。

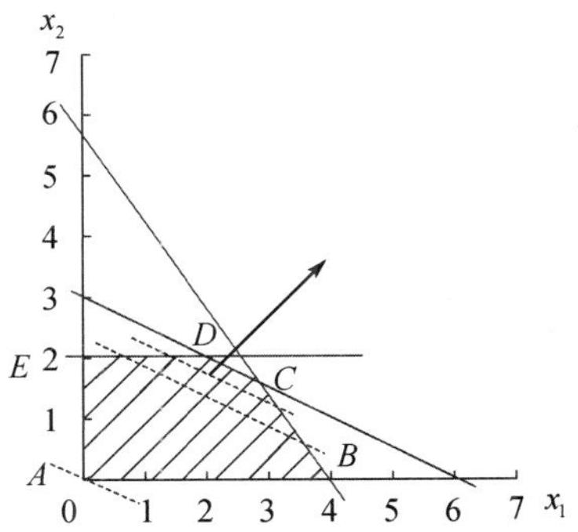

图 2-5　例 2.6 用图解法求解的过程

2. 无界解

例 2.7　求解下述线性规划问题。

$$\max \quad z = x_1 + x_2$$

$$\begin{cases} x_1 + 2x_2 \geqslant 2 \\ x_1 - x_2 \geqslant -1 \\ x_1, x_2 \geqslant 0 \end{cases}$$

对上述线性规划问题，用图解法求解的过程如图 2-6 所示。从图 2-6 中可以看出，该问题的可行域无界，目标函数值可以增大到无穷大。这种问题的解被称为无界解。

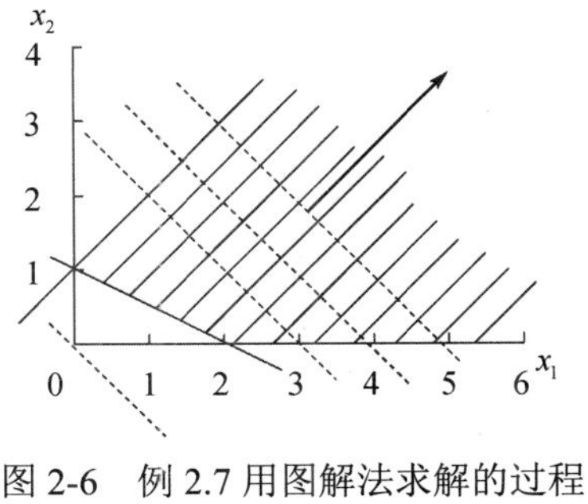

图 2-6　例 2.7 用图解法求解的过程

3. 无可行解

例 2.8　求解下述线性规划问题。

$$\max \quad z = -3x_1 + 2x_2$$

$$\begin{cases} x_1 + x_2 \leqslant 1 \\ 2x_1 + 3x_2 \geqslant 6 \\ x_1, x_2 \geqslant 0 \end{cases}$$

对上述线性忙规划问题，用图解法求解的过程如图 2-7 所示。从图 2-7 中可以看出，该问题的可行域为空集，即无可行解，也不存在最优解。

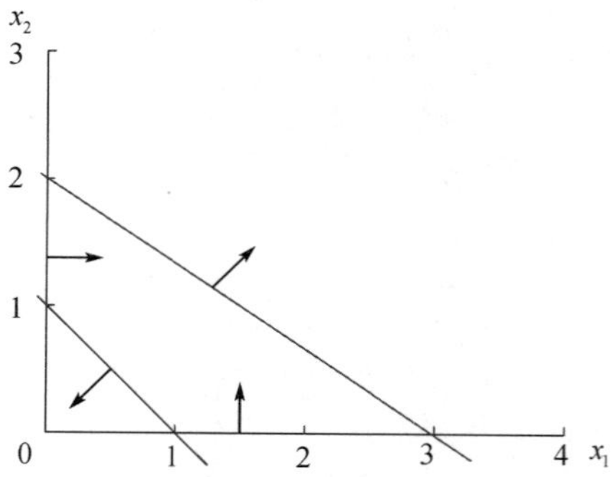

图 2-7 例 2.8 用图解法求解的过程

当求解结果为无界解或无可行解时，一般说明线性规划问题的数学模型有问题，前者说明缺乏必要的约束条件，后者说明存在有矛盾的约束条件，建模时应该注意。

从图解法可以直观地看出，当线性规划问题的可行域非空时，它是有界或无界凸多边形。如果线性规划问题存在最优解，那么它一定在有界可行域的某个顶点上得到；如果在两个顶点上同时得到最优解，那么它们连线上的任意一点都是最优解，即有无穷多最优解。

图解法虽然直观、简单，但当决策变量个数超过 3 时，它就无能为力了。因此在 2.4.2 节将介绍另一种求解线性规划问题的方法——单纯形法。

2.4.2 线性规划问题的单纯形法

1. 单纯形法的基本思路

由 2.3.2 节的定理可知，线性规划问题的可行域是一个凸集，凸集的每一个顶点都是一个基可行解，如果该线性规划问题存在最优解，那么最优解必然是位于凸集顶点的某一个基可行解。单纯形法就是在这些基可行解中找到最优解的方法，也可以说，单纯形法是一种寻找满足目标函数的凸集顶点的算法，它并非通过计算凸集的所有顶点的目标函数值来确定最优解，而是从凸集的一个初始基可行解出发，按照特定的规则，沿凸集的边缘逐个验算所遇到的顶点，直到找到使目标函数最优的顶点为止。

单纯形法的基本思路：采取逐步逼近最优解的循环迭代算法。单纯形法的求解思路示意图如图 2-8 所示，当可行域 $K \neq \varnothing$ 时，从 K 的一个初始基可行解（某一顶点）开始，沿着使目标函数值逐步增大（或减小）的路径，转到另一个相邻顶点（基可行解），逐步改善可行解逼近最优解，直到目标函数达到极值（最大值或最小值），就找到了该问题的最优解。

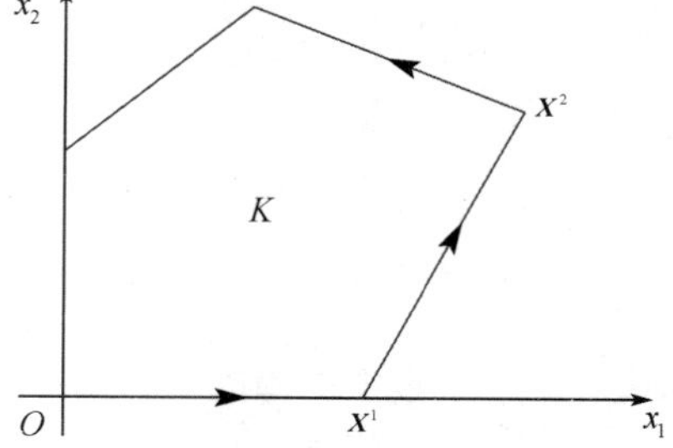

图 2-8 单纯形法的求解思路示意图

下面结合例 2.1 来介绍如何采用单纯形法求解。例 2.1 的标准型为

$$\max \quad z = 2x_1 + 3x_2 + 0x_3 + 0x_4 + 0x_5 \tag{2-22}$$

$$\begin{cases} x_1 + 2x_2 + x_3 = 8 \\ 4x_1 + x_4 = 16 \\ 4x_2 + x_5 = 12 \\ x_j \geqslant 0, \quad j = 1,2,\cdots,5 \end{cases} \tag{2-23}$$

约束方程式（2-23）的系数矩阵为

$$\boldsymbol{A} = (\boldsymbol{P}_1, \boldsymbol{P}_2, \boldsymbol{P}_3, \boldsymbol{P}_4, \boldsymbol{P}_5) = \begin{bmatrix} 1 & 2 & 1 & 0 & 0 \\ 4 & 0 & 0 & 1 & 0 \\ 0 & 4 & 0 & 0 & 1 \end{bmatrix}$$

从式（2-23）可以看出，x_3、x_4、x_5 的系数列向量 $\boldsymbol{P}_3$、$\boldsymbol{P}_4$、$\boldsymbol{P}_5$ 线性无关，它们构成一个单位矩阵的基 $\boldsymbol{B}$：

$$\boldsymbol{B} = (\boldsymbol{P}_3, \boldsymbol{P}_4, \boldsymbol{P}_5) = \begin{bmatrix} 1 & 0 & 0 \\ 0 & 1 & 0 \\ 0 & 0 & 1 \end{bmatrix}$$

对应于基 $\boldsymbol{B}$ 的变量 x_3、x_4、x_5 为基变量，从式（2-23）可以得到

$$\begin{cases} x_3 = 8 - x_1 - 2x_2 \\ x_4 = 16 - 4x_1 \\ x_5 = 12 - 4x_2 \end{cases} \tag{2-24}$$

将式（2-24）代入目标函数式（2-22）得

$$z = 0 + 2x_1 + 3x_2 \tag{2-25}$$

令非基变量 $x_1 = x_2 = 0$，得到 $z = 0$。这时对应于基 $\boldsymbol{B} = (\boldsymbol{P}_3, \boldsymbol{P}_4, \boldsymbol{P}_5)$ 的基可行解为 $\boldsymbol{X}^{(0)}$：

$$\boldsymbol{X}^{(0)} = (0, 0, 8, 16, 12)^{\mathrm{T}}$$

这个基可行解表示：工厂没有安排生产产品 I 和 II，资源没有被利用，因此工厂利润指标 $z = 0$。

分析目标函数［式（2-25）］可以看出，非基变量 x_1、x_2（没有安排生产产品 I 和 II）的系数都是正数，因此将非基变量变换为基变量，目标函数的值就可能增大，即安排生产产品就可以使工厂利润增加。所以，只要在目标函数的表达式中还存在正系数的非基变量，就表示目标函数值还有增大的可能，需要将非基变量与基变量进行对换。一般选择正系数最大（使目标函数增大速度最快）的那个非基变量 x_2 为换入变量，将它换入基变量，同时有一个基变

量要被换出来成为非基变量，可按以下方法确定换出变量。

分析式（2-24），当把 x_2 定为换入变量时，必须从 x_3、x_4、x_5 中确定一个换出变量，并保证 $x_3, x_4, x_5 \geqslant 0$。

当 $x_1 = 0$ 时，由式（2-24）得到

$$\begin{cases} x_3 = 8 - 2x_2 \geqslant 0 \\ x_4 = 16 \geqslant 0 \\ x_5 = 12 - 4x_2 \geqslant 0 \end{cases} \tag{2-26}$$

从式（2-26）可以看出，令 $x_3=0$，得 $x_2=4$，式（2-26）不成立；令 $x_5=0$，得 $x_2=3$，式（2-26）成立。因此只有选择 $x_2 = \min(8/2, -, 12/4) = 3$，基变量 $x_5=0$，式（2-26）才成立，这就决定了用 x_2 替换 x_5。以上数学描述说明，每生产一单位产品II，需要用到的各种资源数为 $(2,0,4)$，由这些资源中的薄弱环节就确定了产品II的产量，这里就是由原材料 B 的数量确定了产品II的产量 $x_2 = 12/4 = 3$ 件。

为了求得以 x_3、x_4、x_2 为基变量的一个基可行解和进一步分析问题，需将式（2-24）中 x_2 的位置与 x_5 的位置对换，得到

$$\begin{cases} x_3 + 2x_2 = 8 - x_1 & ① \\ x_4 = 16 - 4x_1 & ② \\ 4x_2 = 12 - x_5 & ③ \end{cases} \tag{2-27}$$

用高斯消元法将式（2-27）中 x_2 系数列向量变换为单位列向量，其运算步骤如下。

③' = ③/4，①' = ① − 2×③'，②' = ②，将结果仍按原顺序排列，有

$$\begin{cases} x_3 = 2 - x_1 + 0.5x_5 & ①' \\ x_4 = 16 - 4x_1 & ②' \\ x_2 = 3 - 0.25x_5 & ③' \end{cases} \tag{2-28}$$

再将式（2-28）代入目标函数式（2-22）得

$$z = 9 + 2x_1 - 0.75x_5 \tag{2-29}$$

令非基变量 $x_1 = x_5 = 0$，得到 $z = 9$，相应地，基可行解 $\boldsymbol{X}^{(1)}$ 为

$$\boldsymbol{X}^{(1)} = (0,3,2,16,0)^{\mathrm{T}}$$

从目标函数［式（2-29）］中可以看出，非基变量 x_1 的系数是正的，说明目标函数值还可以增大，$\boldsymbol{X}^{(1)}$ 不一定是最优解。于是再用上述方法确定换入变量、换出变量，继续迭代，再得到另一个基可行解 $\boldsymbol{X}^{(2)}$ 为

$$\boldsymbol{X}^{(2)} = (2,3,0,8,0)^{\mathrm{T}}$$

再经过一次迭代，得到一个基可行解 $\boldsymbol{X}^{(3)}$ 为

$$\boldsymbol{X}^{(3)} = (4,2,0,0,4)^{\mathrm{T}}$$

这时目标函数表达式为

$$z = 14 - 1.5x_3 - 0.125x_4 \tag{2-30}$$

检查式（2-30），此时所有非基变量 x_3、x_4 的系数都是负数，说明提高 x_3 或 x_4 的取值将不能增大目标函数值。所以当 $x_3 = x_4 = 0$ 时，即不再利用这些资源时，目标函数达到最大值。因此 $\boldsymbol{X}^{(3)}$ 是最优解，即生产产品Ⅰ4 单位，生产产品Ⅱ2 单位，工厂得到最大利润。通过上例可以了解利用单纯形法求解线性规划问题的思路，现将每步迭代得到的结果与图解法进行对比，其几何意义就更加清楚了。

例 2.1 的线性规划问题是二维的，即有两个变量 x_1、x_2；当加入松弛变量 x_3、x_4、x_5 后，问题变换为高维的，这时可以想象满足所有约束条件的可行域是高维空间的凸多面体（凸集），这个凸多面体上的顶点就是基可行解。图 2-9 所示为例 2.1 用图解法求解示意图，初始基可行解 $\boldsymbol{X}^{(0)} = (0,0,8,16,12)^{\mathrm{T}}$ 就相当于图 2-9 中的原点 $(0,0)$，$\boldsymbol{X}^{(1)} = (0,3,2,16,0)^{\mathrm{T}}$ 相当于图 2-9 中的点 $E(0,3)$，$\boldsymbol{X}^{(2)} = (2,3,0,8,0)^{\mathrm{T}}$ 相当于图 2-9 中的点 $D(2,3)$，最优解 $\boldsymbol{X}^{(3)} = (4,2,0,0,4)^{\mathrm{T}}$ 相当于图 2-9 中的点 $C(4,2)$。从初始基可行解 $\boldsymbol{X}^{(0)}$ 开始迭代，依次得到 $\boldsymbol{X}^{(1)}$、$\boldsymbol{X}^{(2)}$、$\boldsymbol{X}^{(3)}$。这相当于图 2-9 所示的目标函数平移时，从原点开始，首先碰到点 E，然后碰到点 D，最后达到点 C。

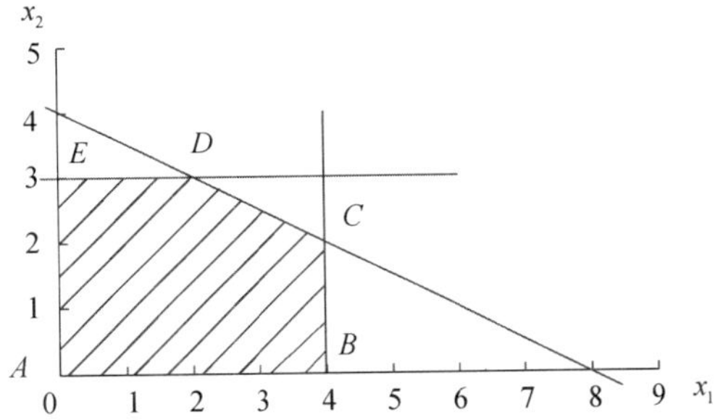

图 2-9　例 2.1 用图解法求解示意图

下面讨论一般线性规划问题的求解。

2．初始基可行解的确定

为了确定初始基可行解，首先要找出初始可行基，下面介绍具体方法。

（1）若线性规划问题

$$\max \quad z = \sum_{j=1}^{n} c_j x_j \tag{2-31}$$

$$\begin{cases} \sum_{j=1}^{n} \boldsymbol{P}_j x_j = \boldsymbol{b} \\ x_j \geqslant 0, \quad j = 1,2,\cdots,n \end{cases} \tag{2-32}$$

的系数矩阵 $\boldsymbol{P}_j\,(j = 1,2,\cdots,n)$ 中含有一个子矩阵是单位矩阵 $\boldsymbol{I}_m$，则可取 $\boldsymbol{I}_m$ 为一个初始可行基

$$\boldsymbol{B}=(\boldsymbol{P}_1,\boldsymbol{P}_2,\cdots,\boldsymbol{P}_m)=\begin{bmatrix}1&0&\cdots&0\\0&1&\cdots&0\\\vdots&\vdots&&\vdots\\0&0&\cdots&1\end{bmatrix}=\boldsymbol{I}_m$$

（2）对于所有约束条件是"≤"形式的不等式，可以利用化为标准型的方法，在每个约束条件的左端加上一个松弛变量。经过整理，重新对 x_j 及 $a_{ij}(i=1,2,\cdots,m;j=1,2,\cdots,n)$ 进行编号，可得到下列方程组

$$\begin{cases}x_1\quad\quad +a_{1,m+1}x_{m+1}+\cdots+a_{1n}x_n=b_1\\ \quad x_2\quad +a_{2,m+1}x_{m+1}+\cdots+a_{2n}x_n=b_2\\ \quad\quad\cdots\\ \quad\quad x_m+a_{m,m+1}x_{m+1}+\cdots+a_{mn}x_n=b_m\\ x_j\geqslant 0,\quad j=1,2,\cdots,n\end{cases}\tag{2-33}$$

显然得到一个单位矩阵 $\boldsymbol{I}_m$，令

$$\boldsymbol{B}=(\boldsymbol{P}_1,\boldsymbol{P}_2,\cdots,\boldsymbol{P}_m)=\boldsymbol{I}_m$$

以 $\boldsymbol{B}$ 作为可行基。将式（2-33）的每个等式移项得

$$\begin{cases}x_1\quad\quad =b_1-a_{1,m+1}x_{m+1}-\cdots-a_{1n}x_n\\ \quad x_2\quad =b_2-a_{2,m+1}x_{m+1}-\cdots-a_{2n}x_n\\ \quad\quad\cdots\\ \quad\quad x_m=b_m-a_{m,m+1}x_{m+1}-\cdots-a_{mn}x_n\end{cases}\tag{2-34}$$

令 $x_{m+1}=x_{m+2}=\cdots=x_n=0$，由式（2-34）可得

$$x_i=b_i,\quad i=1,2,\cdots,m$$

又因为 $b_i\geqslant 0$，所以得到一个初始基可行解

$$\begin{aligned}\boldsymbol{X}&=(x_1,x_2,\cdots,x_m,\underbrace{0,\cdots,0}_{n-m个})^{\mathrm{T}}\\&=(b_1,b_2,\cdots,b_m,\underbrace{0,\cdots,0}_{n-m个})^{\mathrm{T}}\end{aligned}$$

（3）对于所有约束条件是"≥"形式的不等式及等式约束情况，若不存在单位矩阵，则采用人造基方法。对不等式约束减去一个非负的剩余变量，再加上一个非负的人工变量；对等式约束加上一个非负的人工变量，总能得到一个单位矩阵。这个方法将在 2.4.3 节中进一步讨论。

3．最优性检验和解的判别

线性规划问题的求解结果可能出现唯一最优解、无穷多最优解、无界解和无可行解 4 种情况，为此需要建立对解的判别准则。一般情况下，经过迭代后式（2-34）变成

$$x_i = b_i' - \sum_{j=m+1}^{n} a_{ij}' x_j, \quad i=1,2,\cdots,m \tag{2-35}$$

将式（2-35）代入目标函数［式（2-31）］，整理后得

$$z = \sum_{i=1}^{m} c_i b_i' + \sum_{j=m+1}^{n} (c_j - \sum_{i=1}^{m} c_i a_{ij}') x_j \tag{2-36}$$

令

$$z_0 = \sum_{i=1}^{m} c_i b_i', \quad z_j = \sum_{i=1}^{m} c_i a_{ij}', \quad j = m+1, m+2, \cdots, n$$

则

$$z = z_0 + \sum_{j=m+1}^{n} (c_j - z_j) x_j \tag{2-37}$$

再令

$$\sigma_j = c_j - z_j, \quad j = m+1, m+2, \cdots, n$$

则

$$z = z_0 + \sum_{j=m+1}^{n} \sigma_j x_j \tag{2-38}$$

称 σ_j 为检验数。

1）唯一最优解判别定理

若 $\boldsymbol{X}^{(0)} = (b_1', b_2', \cdots, b_m', 0, \cdots, 0)^{\mathrm{T}}$ 为对应基 $\boldsymbol{B}$ 的一个基可行解，且对于一切 $j = m+1, m+2, \cdots, n$，有检验数 $\sigma_j < 0$，即非基变量的检验数都小于零，则 $\boldsymbol{X}^{(0)}$ 为唯一最优解。

2）无穷多最优解判别定理

若 $\boldsymbol{X}^{(0)} = (b_1', b_2', \cdots, b_m', 0, \cdots, 0)^{\mathrm{T}}$ 为对应基 $\boldsymbol{B}$ 的一个基可行解，且对于一切 $j = m+1, m+2, \cdots, n$，有 $\sigma_j \leqslant 0$，即存在非基变量的检验数等于零，则线性规划问题有无穷多最优解。

证明：只需将非基变量 x_{m+k} 换入基变量中，找到一个新的基可行解 $\boldsymbol{X}^{(1)}$。设存在非基变量 x_{m+k} 使得检验数 $\sigma_{m+k} = 0$，由式（2-38）得 $z = z_0$，故 $\boldsymbol{X}^{(1)}$ 也是最优解。由 2.3.2 节的定理 2.3 可知，$\boldsymbol{X}^{(0)}$、$\boldsymbol{X}^{(1)}$ 连线上的所有点都是最优解。

3）无界解判别定理

若 $\boldsymbol{X}^{(0)} = (b_1', b_2', \cdots, b_m', 0, \cdots, 0)^{\mathrm{T}}$ 为一个基可行解，有一个 $\sigma_{m+k} > 0$，并且对 $i = 1, 2, \cdots, m$，有 $a_{i,m+k} \leqslant 0$，那么该线性规划问题具有无界解（或称无最优解）。

证明：构造一个新的解 $\boldsymbol{X}^{(1)}$，它的分量为

$$x_i^{(1)} = b_i' - \lambda a_{i,m+k}', \quad \lambda > 0$$

$$x_{m+k}^{(1)}=\lambda$$

$$x_j^{(1)}=0,\quad j=m+1,m+2,\cdots,n,\quad j\neq m+k$$

因为$a_{i,m+k}\leqslant 0$，所以对任意的$\lambda>0$都是可行解，把$\boldsymbol{X}^{(1)}$代入目标函数得

$$z=z_0+\lambda\sigma_{m+k}$$

因为$\sigma_{m+k}>0$，所以当$\lambda\to+\infty$时，$z\to+\infty$，故该问题的目标函数无界。

4）无可行解判别定理

若$\boldsymbol{X}^{(0)}=(b_1',b_2',\cdots,b_m',0,\cdots,0)^{\mathrm{T}}$为一个基可行解，且对于一切$j=m+1,m+2,\cdots,n$，有$\sigma_j\leqslant 0$，当基变量中有人工变量时，该问题无可行解。

以上讨论都是针对标准型为求目标函数极大值时的情况。当求目标函数极小值时，如前所述，可将其转换为求极大值的标准型再进行判别。如果不转换为标准型，那么只需要将检验数σ_j由c_j-z_j改为z_j-c_j即可。

4．基变换

如果初始基可行解$\boldsymbol{X}^{(0)}$不是最优解且不能判别无界，那么需要找一个新的基可行解。具体做法是，从原可行基中换一个列向量（仍然要保证线性无关），得到一个新的可行基，这称为基变换。为了换基，先要确定换入变量，再确定换出变量，将它们相应的系数列向量进行对换，就得到一个新的基可行解。

1）确定换入变量

由式（2-38）可以看出，当某些$\sigma_j>0$时，x_j增大而目标函数值还可以增大，此时要将某个非基变量x_j换到基变量中（称为换入变量）。若有两个以上的$\sigma_j>0$，则如何选择呢？为了使目标函数值增加得快，从直观上一般选$\sigma_j>0$中的最大者，即

$$\max_j\,(\sigma_j>0)=\sigma_k$$

则对应x_k为换入变量。

2）确定换出变量

设$\boldsymbol{P}_1,\boldsymbol{P}_2,\cdots,\boldsymbol{P}_m$是一组线性无关的向量组，它们对应的基可行解是$\boldsymbol{X}^{(0)}$。将它代入约束方程组（2-32）得

$$\sum_{i=1}^{m}x_i^{(0)}\boldsymbol{P}_i=\boldsymbol{b}\tag{2-39}$$

其他向量$\boldsymbol{P}_{m+1},\boldsymbol{P}_{m+2},\cdots,\boldsymbol{P}_{m+t},\cdots,\boldsymbol{P}_n$都可以用$\boldsymbol{P}_1,\boldsymbol{P}_2,\cdots,\boldsymbol{P}_m$线性表示，如果确定非基变量$\boldsymbol{P}_{m+t}$为换入变量，必然可以找到一组不全为0的数，使得

$$\boldsymbol{P}_{m+t}-\sum_{i=1}^{m}\beta_{i,m+t}\boldsymbol{P}_i=\boldsymbol{0}\tag{2-40}$$

在式（2-40）两端同乘以一个正数θ，将它加到式（2-39）上得

$$\sum_{i=1}^{m} x_i^{(0)} \boldsymbol{P}_i + \theta(\boldsymbol{P}_{m+t} - \sum_{i=1}^{m} \beta_{i,m+t} \boldsymbol{P}_i) = \boldsymbol{b}$$

整理后得

$$\sum_{i=1}^{m} (x_i^{(0)} - \theta\beta_{i,m+t}) \boldsymbol{P}_i + \theta \boldsymbol{P}_{m+t} = \boldsymbol{b} \tag{2-41}$$

当θ取值合适时，就能得到满足约束条件的一个可行解（非零分量的数目不大于m个），使$x_i^{(0)} - \theta\beta_{i,m+t}\ (i=1,2,\cdots,m)$中的某一个为零，并保证其余的分量非负。这个要求可以用以下方法实现：比较各比值$\dfrac{x_i^{(0)}}{\beta_{i,m+t}}(i=1,2,\cdots,m)$，因为$\theta$必须是正数，所以只选择$\dfrac{x_i^{(0)}}{\beta_{i,m+t}}>0\ (i=1,2,\cdots,m)$中比值最小的值等于$\theta$。以上描述用数学式表示为

$$\theta = \min_i \left(\frac{x_i^{(0)}}{\beta_{i,m+t}} \middle| \beta_{i,m+t} > 0 \right) = \frac{x_l^{(0)}}{\beta_{l,m+t}}$$

这时x_l为换出变量。这种按最小比值确定θ的方法，称为最小比值规则。将$\theta = \dfrac{x_l^{(0)}}{\beta_{l,m+t}}$代入$\boldsymbol{X}$中，便得到新的基可行解

$$\boldsymbol{X}^{(1)} = \left(x_1^{(0)} - \frac{x_l^{(0)}}{\beta_{l,m+t}}\beta_{1,m+t},\ \cdots,\ \underset{\substack{\uparrow \\ \text{第}l\text{个分量}}}{0},\ \cdots,\ x_m^{(0)} - \frac{x_l^{(0)}}{\beta_{l,m+t}}\beta_{m,m+t},\ 0,\ \cdots,\ \underset{\substack{\uparrow \\ \text{第}m+t\text{个分量}}}{\frac{x_l^{(0)}}{\beta_{l,m+t}}},\ \cdots,\ 0 \right)$$

由此得到由$\boldsymbol{X}^{(0)}$转换到$\boldsymbol{X}^{(1)}$的各分量的转换公式：

$$x_i^{(1)} = \begin{cases} x_i^{(0)} - \dfrac{x_l^{(0)}}{\beta_{l,m+t}}\beta_{i,m+t}, & i \neq l \\ \dfrac{x_l^{(0)}}{\beta_{l,m+t}}, & i = l \end{cases}$$

式中，$x_i^{(0)}$是原基可行解$\boldsymbol{X}^{(0)}$的各分量；$x_i^{(1)}$是新基可行解$\boldsymbol{X}^{(1)}$的各分量；$\beta_{i,m+t}$是换入向量$\boldsymbol{P}_{m+t}$对应原来一组基向量的坐标。现在的问题是，新解$\boldsymbol{X}^{(1)}$的m个非零分量对应的列向量是否线性无关？因为$\boldsymbol{X}^{(0)}$的第l个分量对应于$\boldsymbol{X}^{(1)}$的相应分量是零，即

$$x_l^{(0)} - \theta\beta_{l,m+t} = 0$$

式中，$x_l^{(0)}$、θ均不为0，根据θ最小比值规则，$\beta_{l,m+t} \neq 0$。$\boldsymbol{X}^{(1)}$中的m个非零分量对应的m个列向量是$\boldsymbol{P}_j\ (j=1,2,\cdots,m,\ j \neq l)$和$\boldsymbol{P}_{m+t}$。若这组向量不是线性无关的，则一定可以找到不全为零的数α_j，使得

$$\boldsymbol{P}_{m+t}=\sum_{j=1}^{m}\alpha_j\boldsymbol{P}_j,\quad j\neq l \tag{2-42}$$

成立。又因为

$$\boldsymbol{P}_{m+t}=\sum_{j=1}^{m}\beta_{j,m+t}\boldsymbol{P}_j \tag{2-43}$$

将式（2-43）减去式（2-42）得

$$\sum_{\substack{j=1\\j\neq l}}^{m}(\beta_{j,m+t}-\alpha_j)\boldsymbol{P}_j+\beta_{l,m+t}\boldsymbol{P}_l=\boldsymbol{0} \tag{2-44}$$

式（2-44）中至少有 $\beta_{l,m+t}\neq 0$，所以式（2-44）表明 $\boldsymbol{P}_1,\boldsymbol{P}_2,\cdots,\boldsymbol{P}_m$ 线性相关，这与假设矛盾。

由此可见，$\boldsymbol{X}^{(1)}$ 的 m 个非零分量对应的列向量 $\boldsymbol{P}_j\ (j=1,2,\cdots,m,\ j\neq l)$ 与 $\boldsymbol{P}_{m+t}$ 是线性相关的，即经过基变换得到的解是基可行解。实际上，从一个基可行解到另一个基可行解的变换，就是一次基变换。从几何意义上讲，就是从可行域的一个顶点转向另一个顶点。

5．迭代运算

上述讨论的基可行解的转换方法是用向量方程来描述的，在实际计算中不太方便，接下来采用系数矩阵法进行描述。考虑以下形式的约束方程组

$$\begin{cases}x_1 \qquad\qquad +a_{1,m+1}x_{m+1}+\cdots+a_{1k}x_k+\cdots+a_{1n}x_n=b_1\\ \quad x_2 \qquad\quad +a_{2,m+1}x_{m+1}+\cdots+a_{2k}x_k+\cdots+a_{2n}x_n=b_2\\ \qquad\qquad\qquad\qquad \cdots\\ \qquad x_l \qquad +a_{l,m+1}x_{m+1}+\cdots+a_{lk}x_k+\cdots+a_{ln}x_n=b_l\\ \qquad\qquad\qquad\qquad \cdots\\ \qquad\qquad x_m+a_{m,m+1}x_{m+1}+\cdots+a_{mk}x_k+\cdots+a_{mn}x_n=b_m\end{cases} \tag{2-45}$$

在一般线性规划问题的约束方程组中加入松弛变量或人工变量，很容易得到上述形式。

设 $x_1,x_2,\cdots,x_m$ 为基变量，对应的系数矩阵是 $m\times m$ 阶的单位矩阵 $\boldsymbol{I}$，它是可行基。令非基变量 $x_{m+1},x_{m+2},\cdots,x_n$ 为零，即可得到一个基可行解。若它不是最优解，则要另找一个使目标函数值增大的基可行解。这时从非基变量中确定 x_k 为换入变量。显然，此时 θ 为

$$\theta=\min_i\left(\frac{b_i}{a_{ik}}\middle|a_{ik}>0\right)=\frac{b_l}{a_{lk}}$$

在迭代过程中 θ 可表示为

$$\theta=\min_i\left(\frac{b_i'}{a_{ik}'}\middle|a_{ik}'>0\right)=\frac{b_l'}{a_{lk}'}$$

式中，b_i'、a_{ik}' 是经过迭代后对应于 b_i、a_{ik} 的元素值。

按 θ 规则确定 x_l 为换出变量，x_k、x_l 的系数列向量分别为

$$\boldsymbol{P}_k=\begin{bmatrix}a_{1k}\\a_{2k}\\\vdots\\a_{lk}\\\vdots\\a_{mk}\end{bmatrix},\quad \boldsymbol{P}_l=\begin{bmatrix}0\\\vdots\\1\\0\\\vdots\\0\end{bmatrix}\leftarrow \text{第}l\text{个分量}$$

为了使 x_k 与 x_l 进行对换，须把 P_k 变为单位向量，这可以通过对式（2-45）的系数矩阵的增广矩阵进行初等变换来实现。

$$\begin{matrix} x_1 & \cdots & x_l & \cdots & x_m & x_{m+1} & \cdots & x_k & \cdots & x_n & b \end{matrix}$$
$$\begin{bmatrix} 1 & & & & & a_{1,m+1} & \cdots & a_{1k} & \cdots & a_{1n} & b_1 \\ & \ddots & & & & & & & & & \\ & & 1 & & & a_{l,m+1} & \cdots & a_{lk} & \cdots & a_{ln} & b_l \\ & & & \ddots & & & & & & & \\ & & & & 1 & a_{m,m+1} & \cdots & a_{mk} & \cdots & a_{mn} & b_m \end{bmatrix} \tag{2-46}$$

变换的步骤如下。

（1）将增广矩阵［式（2-46）］中的第 l 行除以 a_{lk}，得到

$$\left(0,\ \cdots,\ \frac{1}{a_{lk}},\ \cdots,\ 0,\ \frac{a_{l,m+1}}{a_{lk}},\ \cdots,\ 1,\ \cdots,\ \frac{a_{ln}}{a_{lk}}\ \left|\frac{b_l}{a_{lk}}\right.\right) \tag{2-47}$$

（2）将式（2-46）中 x_k 列的 a_{lk} 变换为 1，其他都变换为零。其他行的变换是将式（2-47）乘以 $a_{ik}\ (i\neq l)$，从式（2-46）的第 i 行减去，得到新的第 i 行。

$$\left(0,\ \cdots,\ -\frac{a_{ik}}{a_{lk}},\ \cdots,\ 0,\ a_{i,m+1}-\frac{a_{l,m+1}}{a_{lk}}a_{ik},\ \cdots,\ 0,\ \cdots,\ a_{ln}-\frac{a_{ln}}{a_{lk}}a_{ik}\ \left|b_i-\frac{b_l}{a_{lk}}a_{ik}\right.\right)$$

由此可得到变换后系数矩阵各元素的变换关系为

$$a_{ij}'=\begin{cases}a_{ij}-\dfrac{a_{lj}}{a_{lk}}a_{ik}, & i\neq l\\ \dfrac{a_{lj}}{a_{lk}}, & i=l\end{cases},\quad b_i'=\begin{cases}b_i-\dfrac{a_{ik}}{a_{lk}}b_l, & i\neq l\\ \dfrac{b_l}{a_{lk}}, & i=l\end{cases}$$

式中，a_{ij}'、b_i' 是变换后的新元素。

（3）经过初等变换后得到新增广矩阵

$$
\begin{array}{c}
\begin{matrix} x_1 & \cdots & x_l & \cdots & x_m & x_{m+1} & \cdots & x_k & \cdots & x_n & & b \end{matrix} \\
\left[\begin{array}{cccccccccc|c}
1 & \cdots & -\dfrac{a_{1k}}{a_{lk}} & \cdots & 0 & a'_{1,m+1} & \cdots & 0 & \cdots & a'_{1n} & b'_{1n} \\
\vdots & & \vdots & & & \vdots & & \vdots & & \vdots & \vdots \\
0 & \cdots & +\dfrac{1}{a_{lk}} & \cdots & 0 & a'_{l,m+1} & \cdots & 1 & \cdots & a'_{ln} & b'_l \\
\vdots & & \vdots & & & \vdots & & \vdots & & \vdots & \vdots \\
0 & \cdots & -\dfrac{a_{mk}}{a_{lk}} & \cdots & 1 & a'_{m,m+1} & \cdots & 0 & \cdots & a'_{mn} & b'_m
\end{array}\right]
\end{array}
\tag{2-48}
$$

（4）由式（2-48）可以看出，$x_1, x_2, \cdots, x_k, \cdots, x_m$ 的系数列向量构成 $m \times m$ 阶的单位矩阵，它是可行基，当非基变量 $x_{m+1}, x_{m+2}, \cdots, x_l, \cdots, x_n$ 为零时，就得到一个基可行解 $\boldsymbol{X}^{(1)}$：

$$\boldsymbol{X}^{(1)} = (b'_1, \cdots, b'_{l-1}, 0, b'_{l+1}, \cdots, b'_m, 0, \cdots, b'_k, 0, \cdots, 0)^{\mathrm{T}}$$

在上述系数矩阵的变换中，元素 a_{lk} 被称为主元素，它所在的列被称为主元列，所在的行被称为主元行，元素 a_{lk} 位置变换后为 1。

例 2.9 试用上述方法计算例 2.1 的两个基变换。

解：例 2.1 的标准型为

$$\max \quad z = 2x_1 + 3x_2 + 0x_3 + 0x_4 + 0x_5$$

$$\begin{cases} x_1 + 2x_2 + x_3 & = 8 \\ 4x_1 + x_4 & = 16 \\ 4x_2 + x_5 & = 12 \\ x_j \geqslant 0, \quad j = 1, 2, \cdots, 5 \end{cases}$$

将其约束方程组的系数矩阵写成增广矩阵

$$
\begin{array}{c}
\begin{matrix} x_1 & x_2 & x_3 & x_4 & x_5 & b \end{matrix} \\
\left[\begin{array}{ccccc|c}
1 & 2 & 1 & 0 & 0 & 8 \\
4 & 0 & 0 & 1 & 0 & 16 \\
0 & 4 & 0 & 0 & 1 & 12
\end{array}\right]
\end{array}
$$

当以 x_3、x_4、x_5 为基变量，x_1、x_2 为非基变量时，令 $x_1 = x_2 = 0$，可得到一个基可行解

$$\boldsymbol{X}^{(0)} = (0, 0, 8, 16, 12)^{\mathrm{T}}$$

用 x_2 替换 x_5，将 x_3、x_4、x_2 的系数矩阵变换为单位矩阵，经变换后得

$$
\begin{array}{c}
\begin{matrix} x_1 & x_2 & x_3 & x_4 & x_5 & b \end{matrix} \\
\left[\begin{array}{ccccc|c}
1 & 0 & 1 & 0 & -1/2 & 2 \\
4 & 0 & 0 & 1 & 0 & 16 \\
0 & 1 & 0 & 0 & 1/4 & 3
\end{array}\right]
\end{array}
$$

令非基变量 $x_1 = x_5 = 0$，得到新的基可行解

$$X^{(\ )} = (0,3,2,16,0)^{\mathrm{T}}$$

6．单纯形表

为了更直观地进行换基迭代运算，将上述基可行解搜索过程用表格方式描述，称为单纯形表，其功能与增广矩阵相似，下面来建立这种表。

将式（2-33）与目标函数组成 $n+1$ 个变量、$m+1$ 个方程的方程组：

$$\begin{cases} x_1 \quad + a_{1,m+1}x_{m+1} + \cdots + a_{1n}x_n = b_1 \\ \quad x_2 \quad + a_{2,m+1}x_{m+1} + \cdots + a_{2n}x_n = b_2 \\ \qquad \cdots \\ \qquad x_m + a_{m,m+1}x_{m+1} + \cdots + a_{mn}x_n = b_m \\ -z + c_1x_1 + c_2x_2 + \cdots + c_mx_m + c_{m+1}x_{m+1} + \cdots + c_nx_n = 0 \end{cases}$$

为了方便迭代，将上述方程组写成增广矩阵

$$\begin{array}{cccccccc|c} -z & x_1 & x_2 & \cdots & x_m & x_{m+1} & \cdots & x_n & b \\ 0 & 1 & 0 & \cdots & 0 & a_{1,m+1} & \cdots & a_{1n} & b_1 \\ 0 & 0 & 1 & \cdots & 0 & a_{2,m+1} & \cdots & a_{2n} & b_2 \\ \vdots & \vdots & \vdots & & \vdots & \vdots & & \vdots & \vdots \\ 0 & 0 & 0 & \cdots & 1 & a_{m,m+1} & \cdots & a_{mn} & b_m \\ 1 & c_1 & c_2 & \cdots & c_m & c_{m+1} & \cdots & c_n & 0 \end{array}$$

若将 z 看作不参与基变换的基变量，它与 $x_1, x_2, \cdots, x_m$ 的系数构成一个基，此时可采用初等行变换将 $c_1, c_2, \cdots, c_m$ 变换为零，使其对应的系数矩阵为单位矩阵，得到

$$\begin{array}{cccccccc|c} -z & x_1 & x_2 & \cdots & x_m & x_{m+1} & \cdots & x_n & b \\ 0 & 1 & 0 & \cdots & 0 & a_{1,m+1} & \cdots & a_{1n} & b_1 \\ 0 & 0 & 1 & \cdots & 0 & a_{2,m+1} & \cdots & a_{2n} & b_2 \\ \vdots & \vdots & \vdots & & \vdots & \vdots & & \vdots & \vdots \\ 0 & 0 & 0 & \cdots & 1 & a_{m,m+1} & \cdots & a_{mn} & b_m \\ 1 & 0 & 0 & \cdots & 0 & c_{m+1} - \sum_{i=1}^{m} c_i a_{i,m+1} & \cdots & c_n - \sum_{i=1}^{m} c_i a_{in} & -\sum_{i=1}^{m} c_i b_i \end{array}$$

$a_{m,m+1}$ 根据上述增广矩阵设计计算表，初始单纯形表示例如表 2-5 所示。

表 2-5　初始单纯形表示例

c_j			c_1	…	c_m	c_{m+1}	…	c_n	θ_i
$\boldsymbol{C}_B$	$\boldsymbol{X}_B$	$\boldsymbol{b}$	x_1	…	x_m	x_{m+1}	…	x_n	
c_1	x_1	b_1	1	…	0	$a_{1,m+1}$	…	a_{1n}	θ_1
c_2	x_2	b_2	0	…	0	$a_{2,m+1}$	…	a_{2n}	θ_2

续表

⋮	⋮	⋮	⋮		⋮	⋮		⋮	⋮
c_m	x_m	b_m	0	…	1	$a_{m,m+1}$	…	a_{mn}	θ_m
$-z$		$-\sum_{i=1}^{m} c_i b_i$	0	…	0	$c_{m+1}-\sum_{i=1}^{m} c_i a_{i,m+1}$	…	$c_n-\sum_{i=1}^{m} c_i a_{in}$	

其中，$\boldsymbol{X}_B$ 列对应基变量，这里是 $x_1,x_2,\cdots,x_m$；$\boldsymbol{C}_B$ 列对应基变量在目标函数中的系数，这里是 $c_1,c_2,\cdots,c_m$；$\boldsymbol{b}$ 列为约束方程组右端常数；c_j 行是决策变量 x_i 在目标函数中的系数，这里是 $c_1,c_2,\cdots,c_n$；θ_i 列的数字在确定换入变量后，按 θ 规则计算后填入；最后一行称为检验数行，对应各非基变量 x_j 的检验数是

$$c_j-\sum_{i=1}^{m} c_i a_{ij},\quad j=1,2,\cdots,n$$

表 2-5 被称为初始单纯形表，每迭代一步构造一个新的单纯形表。

7．单纯形法计算步骤

单纯形法的数学基础是线性代数解联立方程所用的迭代法。虽然此法的计算过程较为烦琐，但有一定规则与步骤可遵循，掌握起来并不困难，尤其是对于较复杂的实际线性规划问题，还可利用电子计算机代替人工实现单纯形法求解计算。

利用单纯形法求解线性规划问题，首先需要将线性规划模型的一般形式转换为标准型，再根据标准型，从可行域中找到任意一个基可行解，并判断是否是最优解。如果是最优解，那么获得最优解；如果不是最优解，那么转换到另一个基可行解，重新判断。循环该过程，当目标函数达到极值时，得到最优解。图 2-10 所示为单纯形法的求解流程图。

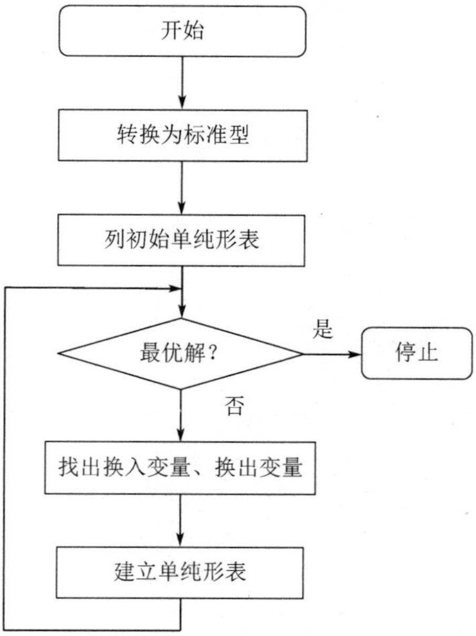

图 2-10　单纯形法的求解流程图

单纯形法的主要计算步骤如下。

（1）将问题转换为线性规划模型标准型。

具体转换过程参见 2.2.2 节。

（2）列初始单纯形表。

找出初始可行基，确定初始基可行解，建立初始单纯形表。建立初始单纯形表的目的是从初始基可行解出发，通过后续的迭代计算最终找到最优解。

（3）判断是否是最优解。

计算各非基变量 x_j 的检验数 $\sigma_j = c_j - \sum_{i=1}^{m} c_i a_{ij}$。如果 $\sigma_j \leqslant 0$，$j = m+1, m+2, \cdots, n$，那么已得到最优解，可停止计算。在 $\sigma_j > 0\,(j = m+1, m+2, \cdots, n)$ 时，如果有某个 σ_k 对应 x_k 的系数列向量 $\boldsymbol{P}_k \leqslant 0$，那么此问题无界，停止计算。否则，转到下一步。

（4）确定换入变量、换出变量。

根据 $\max\,(\sigma_j > 0) = \sigma_k$，确定 x_k 为换入变量，按 θ 规则计算 $\theta = \min\left(\frac{b_i}{a_{ik}} \middle| a_{ik} > 0\right) = \frac{b_l}{a_{lk}}$，可确定 x_l 为换出变量，转入下一步。

（5）建立新的单纯形表。

以 a_{lk} 为主元素进行迭代，对 x_k 所对应的列向量进行变换。

$$\boldsymbol{P}_k = \begin{bmatrix} a_{1k} \\ a_{2k} \\ \vdots \\ a_{lk} \\ \vdots \\ a_{mk} \end{bmatrix} \xrightarrow{\text{变换为}} \begin{bmatrix} 0 \\ 0 \\ \vdots \\ 1 \\ \vdots \\ 0 \end{bmatrix} \leftarrow \text{第}l\text{行}$$

将 $\boldsymbol{X}_B$ 列中的 x_l 换为 x_k，得到新的单纯形表。重复步骤（3）～（5），直到停止。

接下来用例 2.1 的标准型来说明上述计算步骤。

（1）根据例 2.1 的标准型，取松弛变量 x_3、x_4、x_5 为基变量，它们对应的单位矩阵为基，得到初始基可行解

$$\boldsymbol{X}^{(0)} = (0, 0, 8, 16, 12)^{\mathrm{T}}$$

将有关数字填入表中，得到初始单纯形表，例 2.1 对应的初始单纯形表如表 2-6 所示。

表 2-6　例 2.1 对应的初始单纯形表

c_j			2	3	0	0	0	θ_i
$\boldsymbol{C}_B$	$\boldsymbol{X}_B$	$\boldsymbol{b}$	x_1	x_2	x_3	x_4	x_5	
0	x_3	8	1	2	1	0	0	4
0	x_4	16	4	0	0	1	0	—
0	x_5	12	0	[4]	0	0	1	3
$-z$		0	2	3	0	0	0	—

表 2-6 中，c_j 表示决策变量在目标函数中的系数，$\boldsymbol{C}_B$ 列为初始基变量在目标函数中的系数，它们都为零，各非基变量的检验数为

$$\sigma_1 = c_1 - z_1 = 2 - (0\times1 + 0\times4 + 0\times0) = 2$$

$$\sigma_2 = c_2 - z_2 = 3 - (0\times2 + 0\times0 + 0\times4) = 3$$

（2）因为检验数都大于零，且 $\boldsymbol{P}_1$、$\boldsymbol{P}_2$ 有正分量存在，所以转入下一步。

（3）$\max(\sigma_1,\sigma_2) = \max(2,3) = 3$，对应的变量 x_2 为换入变量，计算 θ。

$$\theta = \min_i \left(\frac{b_i}{a_{i2}} \middle| a_{i2} > 0 \right) = \min(8/2, -, 12/4) = 3$$

它所在行对应的 x_5 为换出变量。x_2 所在列和 x_5 所在行的交叉处[4]被称为主元素或枢元素。

（4）以[4]为主元素进行迭代，即进行初等行变换，使 $\boldsymbol{P}_2$ 变换为 $(0,0,1)^{\mathrm{T}}$，在 $\boldsymbol{X}_B$ 列中用 x_2 替换 x_5，得到新的单纯形表，如表 2-7 所示。

表 2-7　例 2.1 对应的单纯形表（迭代 1）

c_j			2	3	0	0	0	θ_i
$\boldsymbol{C}_B$	$\boldsymbol{X}_B$	$\boldsymbol{b}$	x_1	x_2	x_3	x_4	x_5	
0	x_3	2	[1]	0	1	0	−1/2	2
0	x_4	16	4	0	0	1	0	4
3	x_2	3	0	1	0	0	1/4	—
$-z$		−9	2	0	0	0	−3/4	—

$\boldsymbol{b}$ 列的数字是 x_3=2、x_4=16、x_2=3，于是得到新的基可行解 $\boldsymbol{X}^{(1)} = (0,3,2,16,0)^{\mathrm{T}}$，目标函数值 $z = 9$。

（5）检查表 2-7 的所有检验数 $c_j - z_j$，这时 $c_1 - z_1$=2，说明 x_1 应为换入变量。重复步骤（2）～（4），得到表 2-8 和表 2-9。

表 2-8　例 2.1 对应的单纯形表（迭代 2）

c_j			2	3	0	0	0	θ_i
$\boldsymbol{C}_B$	$\boldsymbol{X}_B$	$\boldsymbol{b}$	x_1	x_2	x_3	x_4	x_5	
2	x_1	2	1	0	1	0	−1/2	—
0	x_4	8	0	0	−4	1	[2]	4
3	x_2	3	0	1	0	0	1/4	12
$-z$		−13	0	0	−2	0	1/4	—

表 2-9 例 2.1 对应的单纯形表（迭代 3）

c_j			2	3	0	0	0	θ_i
$\boldsymbol{C}_B$	$\boldsymbol{X}_B$	$\boldsymbol{b}$	x_1	x_2	x_3	x_4	x_5	
2	x_1	4	1	0	0	1/4	0	—
0	x_5	4	0	0	−2	1/2	1	—
3	x_2	2	0	1	1/2	−1/8	0	—
$-z$		−14	0	0	−3/2	−1/8	0	—

（6）表 2-9 最后一行的所有检验数都已经为负数或为零，这表明目标函数值已不可能再增大，于是得到最优解

$$\boldsymbol{X}^*=\boldsymbol{X}^{(3)}=(4,2,0,0,4)^{\mathrm{T}}$$

目标函数值

$$z^*=14$$

例 2.10 利用单纯形法求解下述线性规划问题。

$$\max \quad z=3x_1+2x_2$$

$$\text{s.t.}\begin{cases}x_1-x_2\leqslant 2\\-3x_1+x_2\leqslant 4\\x_1,x_2\geqslant 0\end{cases}$$

解：将所给线性规划问题转换为标准型

$$\max \quad z=3x_1+2x_2$$

$$\text{s.t.}\begin{cases}x_1-x_2+x_3=2\\-3x_1+x_2+x_4=4\\x_1,x_2,x_3,x_4\geqslant 0\end{cases}$$

取松弛变量 x_3、x_4 为基变量，它们对应的单位矩阵为基，即初始可行基，得到初始单纯形表，如表 2-10 所示。

表 2-10 例 2.10 对应的初始单纯形表

c_j			3	2	0	0	θ_i
$\boldsymbol{C}_B$	$\boldsymbol{X}_B$	$\boldsymbol{b}$	x_1	x_2	x_3	x_4	
0	x_3	2	[1]	−1	1	0	2
0	x_4	4	−3	1	0	1	—
$-z$		0	3	2	0	0	—

以 x_1 列 x_3 行交叉处元素[1]为主元素进行初等行变换，得到表 2-11。

表 2-11　例 2.10 对应的单纯形表 （迭代 1）

c_j			3	2	0	0	θ_i
$\boldsymbol{C}_B$	$\boldsymbol{X}_B$	$\boldsymbol{b}$	x_1	x_2	x_3	x_4	
3	x_1	2	1	−1	1	0	—
0	x_4	10	0	−2	3	1	—
$-z$		−6	0	5	−3	0	—

因为非基变量 x_2 的检验数 $\sigma_2 = 5 > 0$，并且 x_2 的系数列向量 $\boldsymbol{P}_2 \leqslant \boldsymbol{0}$，故此问题无界，目标函数趋于 $+\infty$。

例 2.11　利用单纯形法求解下述线性规划问题。

$$\max \quad z = x_1 + 2x_2$$

$$\text{s.t.} \begin{cases} x_1 \leqslant 4 \\ x_2 \leqslant 3 \\ x_1 + 2x_2 \leqslant 8 \\ x_1, x_2 \geqslant 0 \end{cases}$$

解：将所给线性规划问题转换为标准型

$$\max \quad z = x_1 + 2x_2$$

$$\text{s.t.} \begin{cases} x_1 \qquad + x_3 \qquad\quad = 4 \\ \qquad x_2 \qquad + x_4 \quad = 3 \\ x_1 + 2x_2 \qquad\quad + x_5 = 8 \\ x_1, x_2, x_3, x_4, x_5 \geqslant 0 \end{cases}$$

取初始可行基为 $\boldsymbol{B} = (\boldsymbol{P}_3, \boldsymbol{P}_4, \boldsymbol{P}_5) = \boldsymbol{I}_3$，列关于基 $\boldsymbol{B}$ 的初始单纯形表，如表 2-12 所示。

表 2-12　例 2.11 对应的初始单纯形表

c_j			1	2	0	0	0	θ_i
$\boldsymbol{C}_B$	$\boldsymbol{X}_B$	$\boldsymbol{b}$	x_1	x_2	x_3	x_4	x_5	
0	x_3	4	1	0	1	0	0	—
0	x_4	3	0	[1]	0	1	0	3
0	x_5	8	1	2	0	0	1	4
$-z$		0	1	2	0	0	0	—

以 x_2 列 x_4 行交叉处元素[1]为主元素，得到经过第 1 次迭代后的新单纯形表，如表 2-13 所示。

表 2-13　例 2.11 对应的单纯形表（迭代 1）

c_j			1	2	0	0	0	θ_i
$\boldsymbol{C}_B$	$\boldsymbol{X}_B$	$\boldsymbol{b}$	x_1	x_2	x_3	x_4	x_5	
0	x_3	4	1	0	1	0	0	4
2	x_2	3	0	1	0	1	0	—
0	x_5	2	[1]	0	0	−2	1	2
$-z$		−6	1	0	0	−2	0	—

以 x_1 列 x_5 行交叉处的元素[1]为主元素，得到经过第 2 次迭代后的新单纯形表，如表 2-14 所示。

表 2-14　例 2.11 对应的单纯形表（迭代 2）

c_j			1	2	0	0	0	θ_i
$\boldsymbol{C}_B$	$\boldsymbol{X}_B$	$\boldsymbol{b}$	x_1	x_2	x_3	x_4	x_5	
0	x_3	2	0	0	1	2	−1	—
2	x_2	3	0	1	0	1	0	—
1	x_1	2	1	0	0	−2	1	—
$-z$		−8	0	0	0	0	−1	—

此时非基变量 x_4、x_5 的检验数 $\sigma \leqslant 0$，即存在非基变量的检验数等于零，故该线性规划问题有无穷多最优解，最优值为 8。

2.4.3　单纯形法的进一步讨论

在 2.4.2 节中提到采用人工变量法可以得到初始基可行解，这里加以说明。

设线性规划问题的约束条件为

$$\sum_{j=1}^{n} \boldsymbol{P}_j x_j = \boldsymbol{b}$$

分别给每一个约束方程加入人工变量 $x_{n+1}, x_{n+2}, \cdots, x_{n+m}$，得到

$$\begin{cases} a_{11}x_1 + a_{12}x_2 + \cdots + a_{1n}x_n + x_{n+1} = b_1 \\ a_{21}x_1 + a_{22}x_2 + \cdots + a_{2n}x_n + x_{n+2} = b_2 \\ \cdots \\ a_{m1}x_1 + a_{m2}x_2 + \cdots + a_{mn}x_n + x_{n+m} = b_m \\ x_1, x_2, \cdots, x_n \geqslant 0, x_{n+1}, x_{n+2}, \cdots, x_{n+m} \geqslant 0 \end{cases}$$

以 $x_{n+1}, x_{n+2}, \cdots, x_{n+m}$ 为基变量，可以得到一个 $m \times m$ 阶的单位矩阵。令非基变量 $x_1, x_2, \cdots, x_n$ 为零，便可得到一个初始基可行解

$$\boldsymbol{X}^{(0)}=(0,0,\cdots,0,b_1,b_2,\cdots,b_m)^{\mathrm{T}}$$

因为人工变量是后加入原约束条件中的虚拟变量，所以要求经过基变换将它们从基变量中逐个替换出来。基变量中不再含有非零的人工变量，这表示原问题有解。在最终单纯形表中，当所有检验数$\sigma_j-z_j\leqslant 0$，而在其中还有某个非零人工变量时，表示无可行解。

1. 大 M 法

在一个线性规划问题的约束条件中加入人工变量后，要求人工变量不影响目标函数取值，为此假定人工变量在目标函数中的系数为$-M$，这里M为任意大的正数。这样目标函数要实现最大化，必须把人工变量从基变量换出，否则目标函数不可能实现最大化。

例 2.12 试用大 M 法求解以下线性规划问题。

$$\min \quad z=-3x_1+x_2+x_3$$

$$\text{s.t.}\begin{cases}x_1-2x_2+x_3\leqslant 11\\-4x_1+x_2+2x_3\geqslant 3\\-2x_1+x_3=1\\x_1,x_2,x_3\geqslant 0\end{cases}$$

解：在上述问题的约束条件中加入松弛变量x_4，剩余变量x_5，人工变量x_6、x_7，得到

$$\min \quad z=-3x_1+x_2+x_3+0x_4+0x_5+Mx_6+Mx_7$$

$$\text{s.t.}\begin{cases}x_1-2x_2+x_3+x_4=11\\-4x_1+x_2+2x_3-x_5+x_6=3\\-2x_1+x_3+x_7=1\\x_1,x_2,x_3,x_4,x_5,x_6,x_7\geqslant 0\end{cases}$$

式中，M是一个任意大的正数。

用单纯形法进行计算时，单纯形表如表 2-15～表 2-18 所示。因为本问题的目标函数是求极小值，所以用所有检验数$z_j-c_j\leqslant 0$来判别目标函数是否实现了最小化。

表 2-15 例 2.12 对应的初始单纯形表

c_j			-3	1	1	0	0	M	M	θ_i
$\boldsymbol{C}_B$	$\boldsymbol{X}_B$	$\boldsymbol{b}$	x_1	x_2	x_3	x_4	x_5	x_6	x_7	
0	x_4	11	1	-2	1	1	0	0	0	11
M	x_6	3	-4	1	2	0	-1	1	0	3/2
M	x_7	1	-2	0	[1]	0	0	0	1	1
z_j-c_j		—	$-6M+3$	$M-1$	$3M-1$	0	$-M$	0	0	—

表 2-16　例 2.12 对应的单纯形表（迭代 1）

c_j			−3	1	1	0	0	M	M	θ_i
$\boldsymbol{C}_B$	$\boldsymbol{X}_B$	$\boldsymbol{b}$	x_1	x_2	x_3	x_4	x_5	x_6	x_7	
0	x_4	12	3	−2	0	1	0	0	−1	—
M	x_6	1	0	[1]	0	0	−1	1	−2	1
1	x_3	1	−2	0	1	0	0	0	1	—
z_j-c_j		—	1	$M-1$	0	0	$-M$	0	$-3M+1$	—

表 2-17　例 2.12 对应的单纯形表（迭代 2）

c_j			−3	1	1	0	0	M	M	θ_i
$\boldsymbol{C}_B$	$\boldsymbol{X}_B$	$\boldsymbol{b}$	x_1	x_2	x_3	x_4	x_5	x_6	x_7	
0	x_4	12	[3]	0	0	1	−2	2	−5	4
1	x_2	1	0	1	0	0	−1	1	−2	—
1	x_3	1	−2	0	1	0	0	0	1	—
z_j-c_j		—	1	0	0	0	−1	$1-M$	$-1-M$	—

表 2-18　例 2.12 对应的单纯形表（迭代 3）

c_j			−3	1	1	0	0	M	M	θ_i
$\boldsymbol{C}_B$	$\boldsymbol{X}_B$	$\boldsymbol{b}$	x_1	x_2	x_3	x_4	x_5	x_6	x_7	
−3	x_1	4	1	0	0	1/3	−2/3	2/3	−5/3	—
1	x_2	1	0	1	0	0	−1	1	−2	—
1	x_3	9	0	0	1	2/3	−4/3	4/3	−7/3	—
z_j-c_j		—	0	0	0	−1/3	−1/3	$1/3-M$	$2/3-M$	—

由表 2-18 可以看出，最优解是

$$x_1=4\text{，}\quad x_2=1\text{，}\quad x_3=9\text{，}\quad x_4=x_5=x_6=x_7=0$$

目标函数

$$z=-2$$

2．两阶段法

对于可用手算的线性规划问题，大 M 法确实是一种比较有效的方法，但对于大规模线性规划问题，必须借助计算机进行计算，只能用很大的数来代替 M，这就会产生严重的舍入错误。为弥补大 M 法的不足，下面介绍用两阶段法求解线性规划问题。

第一阶段：首先不考虑原问题是否存在基可行解，给原线性规划问题加入人工变量，构造仅含人工变量的目标函数并要求实现最小化。

$$\min \quad \omega = x_{n+1} + \cdots + x_{n+m} + 0x_1 + \cdots + 0x_n$$

$$\begin{cases} a_{11}x_1 + \cdots + a_{1n}x_n + x_{n+1} = b_1 \\ a_{21}x_1 + \cdots + a_{2n}x_n + x_{n+2} = b_2 \\ \quad \cdots \\ a_{m1}x_1 + \cdots + a_{mn}x_n + x_{n+m} = b_m \\ x_1, x_2, \cdots, x_{n+m} \geqslant 0 \end{cases}$$

然后用单纯形法求解上述模型，若得到$\omega = 0$，则说明原问题存在基可行解，可以进行第二阶段计算，否则原问题无可行解，应停止计算。

第二阶段：将第一阶段计算得到的最终单纯形表，除去人工变量。将目标函数行的系数换为原问题的目标函数系数，作为第二阶段计算的初始单纯形表。

各阶段的计算方法及步骤与前述单纯形法的相同。下面举例说明。

例 2.13 试用两阶段法求解线性规划问题。

$$\min \quad z = -3x_1 + x_2 + x_3$$

$$\text{s.t.} \begin{cases} x_1 - 2x_2 + x_3 \leqslant 11 \\ -4x_1 + x_2 + 2x_3 \geqslant 3 \\ -2x_1 + x_3 = 1 \\ x_1, x_2, x_3 \geqslant 0 \end{cases}$$

解：先在上述线性规划问题的约束方程中加入人工变量，给出第一阶段的数学模型：

$$\min \quad \omega = x_6 + x_7$$

$$\text{s.t.} \begin{cases} x_1 - 2x_2 + x_3 + x_4 = 11 \\ -4x_1 + x_2 + 2x_3 - x_5 + x_6 = 3 \\ -2x_1 + x_3 + x_7 = 1 \\ x_1, x_2, x_3, x_4, x_5, x_6, x_7 \geqslant 0 \end{cases}$$

式中，x_6、x_7是人工变量。用单纯形法求解，单纯形表如表 2-19～表 2-21 所示。

表 2-19 例 2.13 对应的初始单纯形表

c_j			0	0	0	0	0	1	1	θ_i
$\boldsymbol{C}_B$	$\boldsymbol{X}_B$	$\boldsymbol{b}$	x_1	x_2	x_3	x_4	x_5	x_6	x_7	
0	x_4	11	1	−2	1	1	0	0	0	11
1	x_6	3	−4	1	2	0	−1	1	0	3/2
1	x_7	1	−2	0	[1]	0	0	0	1	1
$z_j - c_j$		—	−6	1	3	0	−1	0	0	—

表 2-20　例 2.13 对应的单纯形表（第一阶段迭代 1）

c_j			0	0	0	0	0	1	1	θ_i
C_B	X_B	b	x_1	x_2	x_3	x_4	x_5	x_6	x_7	
0	x_4	10	3	−2	0	1	0	0	−1	—
1	x_6	1	0	[1]	0	0	−1	1	−2	1
0	x_3	1	−2	0	1	0	0	0	1	—
z_j-c_j		—	0	1	0	0	−1	0	−3	—

表 2-21　例 2.13 对应的单纯形表（第一阶段迭代 2）

c_j			0	0	0	0	0	1	1	θ_i
C_B	X_B	b	x_1	x_2	x_3	x_4	x_5	x_6	x_7	
0	x_4	12	3	0	0	1	−2	2	−5	—
0	x_2	1	0	1	0	0	−1	1	−2	—
0	x_3	1	−2	0	1	0	0	0	1	—
z_j-c_j		—	0	0	0	0	0	−1	−1	—

第一阶段求得的结果 $\omega=0$，得到的最优解是

$$x_1=0,\quad x_2=1,\quad x_3=1,\quad x_4=12,\quad x_5=x_6=x_7=0$$

因为人工变量 $x_6=x_7=0$，所以 $(0,1,1,12,0)^{\mathrm{T}}$ 是线性规划问题的基可行解。于是可以进行第二阶段运算。将第一阶段的最终单纯形表（第一阶段迭代 2）中的人工变量取消，填入原问题目标函数的系数。进行第二阶段计算，单纯形表如表 2-22、表 2-23 所示。

表 2-22　例 2.13 对应的单纯形表（第二阶段迭代 1）

c_j			−3	1	1	0	0	θ_i
C_B	X_B	b	x_1	x_2	x_3	x_4	x_5	
0	x_4	12	[3]	0	0	1	−2	4
1	x_2	1	0	1	0	0	−1	—
1	x_3	1	−2	0	1	0	0	—
z_j-c_j		—	1	0	0	0	−1	—

表 2-23　例 2.13 对应的单纯形表（第二阶段迭代 2）

c_j			−3	1	1	0	0	θ_i
C_B	X_B	b	x_1	x_2	x_3	x_4	x_5	
−3	x_1	4	1	0	0	1/3	−2/3	—
1	x_2	1	0	1	0	0	−1	—
1	x_3	9	0	0	1	2/3	−4/3	—
z_j-c_j		—	0	0	0	−1/3	−1/3	—

从表 2-23 可以看出，最优解为 $x_1=4$ 、 $x_2=1$ 、 $x_3=9$ ，目标函数值 $z=-2$ 。

习题

1. 空地近距离支援时，甲、乙两支对地攻击机编队载弹共计 500 枚，由于甲、乙编队挂载的弹种不同，其挂载的火箭弹每发能覆盖敌阵地面积分别为 16m^2 和 27m^2，火箭弹发射速率分别为 15 发/min 和 10 发/min，按照支援火力要求，甲、乙编队发射时间分别不能超过 20min 和 30min。为了达成对敌最大火力覆盖范围，应如何规划甲、乙编队的载弹数量?

2. 已知 A、B、C 三型炸弹的库存数量分别为 60 枚、80 枚和 76 枚。甲攻击机一架次可同时挂载 2 枚炸弹 A、3 枚炸弹 B 和 2 枚炸弹 C，按照以往统计数据，其最多摧毁敌方目标 21 单位；乙攻击机一架次可同时挂载 2 枚炸弹 A、4 枚炸弹 B 和 3 枚炸弹 C，按照以往统计数据，其最多摧毁敌方目标 28 单位。战役作战筹划时为实现总的杀伤威力达到最大，应分别出动多少架次甲、乙攻击机?

3. 利用图解法求解下述问题。

$$\max \quad z=x+5y$$
$$\text{s.t.}\begin{cases} x+4y\leqslant 12 \\ x\leqslant 8 \\ x+y\geqslant 2 \\ x\geqslant 0 \\ y\geqslant 0 \end{cases}$$

4. 利用单纯形法求解下述问题。

$$\min \quad z=x_1-2x_2-4x_3+2x_4$$
$$\text{s.t.}\begin{cases} x_1-2x_3\leqslant 4 \\ x_2-x_4\leqslant 8 \\ -2x_1+x_2+8x_3+x_4\leqslant 12 \\ x_1\geqslant 0, x_2\geqslant 0, x_3\geqslant 0, x_4\geqslant 0 \end{cases}$$

第三专题　非确定型决策

决策问题的基本特点之一是自然状态的不确定性。由于自然状态具有不确定性，所以决策者无论采取什么行动，所产生的后果都会因自然状态的不同而不同。为了能对决策进行给定量化研究，有必要定量地表达自然状态的不确定性。根据是否可以判明自然状态的出现概率，将非确定型决策问题分为风险型决策问题及不确定型决策问题。

3.1　风险型决策问题及其描述

风险型决策就是指决策者对未来自然状态无法做出肯定的判断，但可判明各种自然状态的出现概率，然后采用期望效果最好的方案作为最优决策方案所进行的决策。当外部环境条件存在多种可能性时，它们的出现通常带有随机性，之所以称为风险型决策，是因为无论选择哪种方案都需要承担风险。

风险型决策分析是在已知自然状态出现概率的基础上进行的。根据有关资料预测或者估算自然状态的出现概率，继而进行决策分析，所得到的最满意方案具有一定的稳定性。只要对自然状态出现概率的预测切合实际，风险型决策就属于比较可靠的决策。

风险型决策一般需要具备以下几个条件。

（1）存在决策者希望达到的一个或多个明确的决策目标，最常用的决策目标是利润最大或损失最小。

（2）存在两种以上可供选择的备选方案。

（3）存在两种以上不受决策者控制的自然状态，各种自然状态的出现概率可以通过有关资料预测或估算得到。

（4）可以获取各种方案在各种自然状态下的益损值。

3.1.1　风险型决策的期望值准则及其应用

1．期望值准则

风险型决策分析最主要的决策准则是期望值准则，它首先用准确的数学语言描述自然状态的信息，利用参数的概率分布求出每种行动方案的期望收益值（或损失值），然后根据决策目标要求选择最大的期望收益值或最小的期望损失值所对应的方案作为最优方案。

用期望值进行决策的基本步骤如下。

（1）确定决策目标，设计各种可行的备选方案。

（2）分析可能出现的不以决策者主观意志为转移的自然状态，并预测各种自然状态可能出现的概率。

（3）预测不同备选方案在不同的自然状态下可能取得的收益值或损失值，得到益损矩阵。

（4）依据益损矩阵计算各种备选方案的期望值，比较期望值的大小，选择相应的最优方案。

一个方案的期望值，就是它在不同自然状态下的益损值乘以相对应自然状态的出现概率再求和，即

$$E_i = \sum_{j=1}^{n} v_{ij} P_j, \quad i = 1, 2, \cdots, m \tag{3-1}$$

式中，E_i是备选方案A_i的期望值；m、n分别是方案和自然状态的种数；v_{ij}是方案A_i在自然状态S_j下的益损值；P_j是自然状态S_j的出现概率。

2. 应用案例

例 3.1 某地空导弹群辖数个营担负要地防空作战任务。敌情分析表明，敌机可能从高空、中空、低空进袭，根据敌人近期的兵力状况和演习情况判断，从高空进袭的可能性为30%，从中空进袭的可能性为20%，从低空进袭的可能性为50%。针对这种情况，拟定三种目标搜索方案A_1、A_2、A_3。演练结果表明，在指定距离上，方案A_1发现高空、中空、低空目标的概率分别为0.6、0.3、0.1；方案A_2发现高空、中空、低空目标的概率分别为0.4、0.4、0.2；方案A_3发现高空、中空、低空目标的概率分别为0.1、0.4、0.5。在这种情况下，该地空导弹群应选择哪种目标搜索方案？

解：（1）根据给定条件，对每种方案的评价用搜索目标的概率来度量，此时的益损值就是搜索目标的概率，可建立方案益损表（见表3-1）。

表 3-1　方案益损表

自然状态	高空	中空	低空
概率	0.3	0.2	0.5
A_1 益损值	0.6	0.3	0.1
A_2 益损值	0.4	0.4	0.2
A_3 益损值	0.1	0.4	0.5

（2）根据表中所列自然状态的出现概率及各种方案的发现目标概率，求得各种方案在各种自然状态下发现目标的期望值如下：

$$E_1 = 0.3 \times 0.6 + 0.2 \times 0.3 + 0.5 \times 0.1 = 0.29$$

$$E_2 = 0.3 \times 0.4 + 0.2 \times 0.4 + 0.5 \times 0.2 = 0.30$$

$$E_3 = 0.3\times0.1+0.2\times0.4+0.5\times0.5=0.36$$

（3）决策。比较各种方案发现目标的期望值，选择其中期望值最大的方案为最优方案。E_3最大，所以应选取方案A_3。

3.1.2　决策树分析法

决策树分析法是进行风险型决策分析的重要方法之一。决策树是对决策局面的一种图解，它把各种备选方案、可能出现的自然状态及其概率、各种备选方案在不同自然状态下的益损值简明地绘制在一张图上，层次清晰、计算方便，便于决策者分析决策过程，被广泛应用在决策活动中。

单阶段决策树如图 3-1 所示。

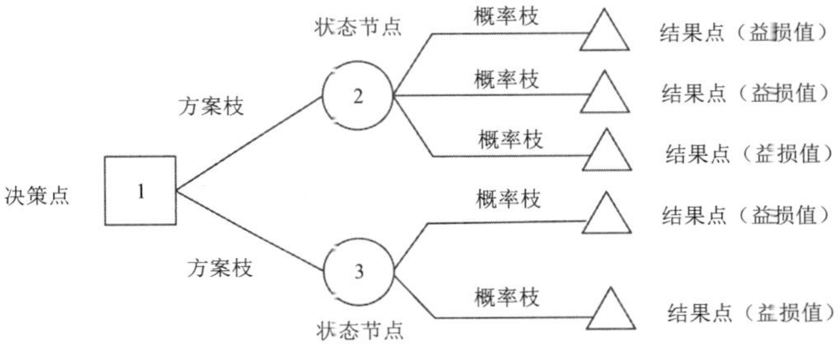

图 3-1　单阶段决策树

1．决策树的组成要素

（1）决策点：一般由方框“□”来表示，代表整个决策问题的决策目标。一般情况下，每一棵决策树至少有一个决策点，对于只有一个决策点的决策树来说，决策点位于整棵决策树的最左端，也就是整棵决策树的起点位置。

（2）方案枝：由决策点出发，从左向右画出的若干直线。一个方案枝就代表着关于决策点的一种备选方案，方案枝是解决问题的途径，数量通常是两个或者两个以上。

（3）状态节点：与方案枝另外一端相连的点，用圆圈“○”来表示。状态节点是方案枝的终点，同时是一种备选方案可能遇到自然状态的起点。

（4）概率枝：由状态节点引出来的若干直线。一个概率枝就代表备选方案的一种自然状态，在每个概率枝上应该注明自然状态的出现概率。

（5）结果点：与概率枝的另外一端相连的点，用三角形“△”表示。结果点表示不同备选方案在不同自然状态下的益损值。

2．决策树的分类

按照决策点的多少，决策树分为两种类型：单阶段决策树和多阶段决策树。

单阶段决策树是指决策树中只有一个决策点，整个决策问题只需要进行一次决策，便可以选出令人满意的方案，如图 3-1 所示。当决策问题比较复杂，通过一次决策无法解决，而需要通过一系列相互关联的决策才能选出理想的方案时，这种情况用到的决策树就是多阶段决策树，多阶段决策树有两个或两个以上的决策点。

3．决策树的决策过程

决策树是人们对某个决策问题未来可能出现的自然状态与方案可能出现的结果所做出的在图纸上的预测分析。因此，绘制决策树的过程就是拟定各种备选方案的过程，也是进行自然状态分析和估算方案结果值的过程。利用决策树进行决策时，应按照图的结构规范逐步绘制、逐步分析，其步骤如下。

（1）绘制决策树。根据实际决策问题，从决策点出发，按照图的结构规范从左至右分别画出决策点、方案枝、状态节点、概率枝及结果点。

（2）计算各状态节点的期望值。根据期望值的计算方法，从右至左逐个计算各状态节点的期望值，并将结果标注在各点上方。

（3）决策剪枝。比较各种方案期望值的大小，从右至左进行决策剪枝。选取期望收益值最大的方案（或期望损失值最小的方案），对落选的方案进行剪枝，即在效益差的方案枝上画上“//”符号，表示这些方案被剪掉，最后得到的就是最满意的方案。对于复杂的决策问题，步骤（2）与步骤（3）需要交叉进行。

4．决策树应用

例 3.2 某步兵连接到紧急任务，要快速到达某高地支援友邻部队，由驻地到目的地有两种方案可供选择：走大路（A_1）或走小路（A_2）。气象部门预计下大雨（S_1）的概率为 0.6，不下大雨（S_2）的概率为 0.4，两种天气下由驻地到目的地的耗时情况表如表 3-2 所示。试问应该采用哪种方案？

表 3-2 耗时情况表

自然状态	S_1（下大雨）	S_2（不下大雨）
概率	0.6	0.4
A_1 耗时/h	20	18
A_2 耗时/h	24	8

解：（1）本例中有两种方案可供选择，即“走大路”和“走小路”，面临两种自然状态，“下大雨”和“不下大雨”，其出现概率分别为 0.6 和 0.4，根据题意，绘制决策树，如图 3-2 所示。

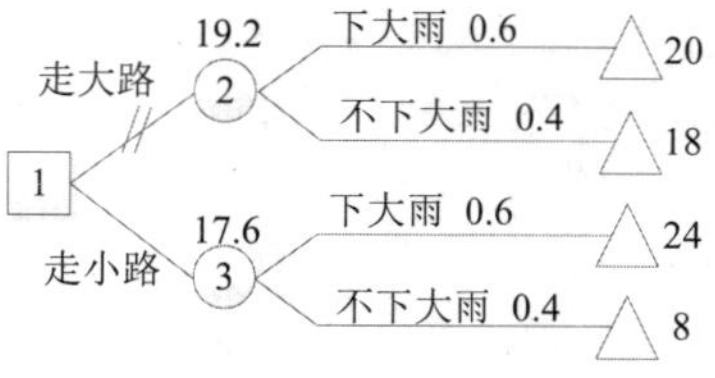

图 3-2 例 3.2 对应的决策树

（2）计算各种方案的期望损失值。

状态节点②：$20\times0.6+18\times0.4=19.2$。

状态节点③：$24\times0.6+8\times0.4=17.6$。

将以上计算结果标注在决策树的相应状态节点②、③上，表示两种方案分别需要花费的时间。

（3）决策剪枝。比较两种方案的期望损失值，方案 A_2 的期望损失值更小，因此选择方案 A_2 作为最优方案，即走小路，保留 A_2 方案枝，对方案 A_1 进行剪枝。

例 3.3 某武器研究所欲对炮弹引信进行技术革新，技术革新可以有两种策略：一种是自行研制，成功可能性为 0.6；另一种是购买专利，估计谈判成功的概率为 0.8。无论自研成功还是谈判成功，生产规模都考虑两种方案：一是产量不变；二是增加产量。如果自研或谈判都失败，则仍采用旧方法生产引信，并保持产量不变。根据对国际形势的预测，估计今后几年炮弹价格下跌的概率是 0.1，价格持平的概率是 0.5，价格上升的概率是 0.4。经过分析得到各种策略在不同价格下的收益值，技术革新收益表如表 3-3 所示。请绘制该问题的决策树，并做决策分析。

表 3-3 技术革新收益表 （单位：万元）

价格变化及概率	旧工艺	购买专利成功（0.8）		自行研制成功（0.6）	
		产量不变	增加产量	产量不变	增加产量
价格下跌（0.1）	−100	−200	−300	−200	−300
价格持平（0.5）	0	50	50	0	−250
价格上升（0.4）	100	150	250	200	600

解：（1）根据题意，绘制决策树，如图 3-3 所示。

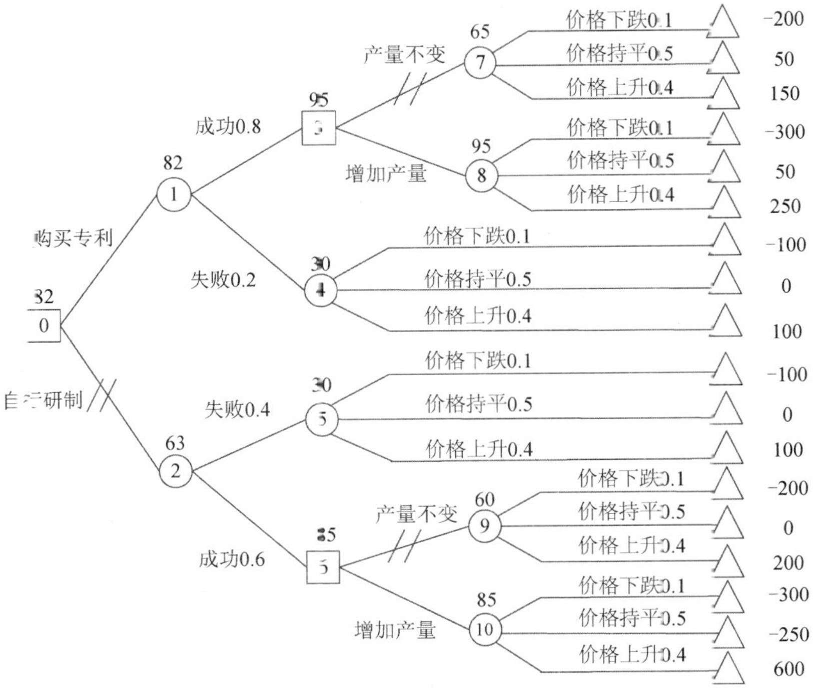

图 3-3 例 3.3 对应的决策树

（2）计算各状态节点及决策点的期望收益值。从右向左，分别计算每个节点的期望收益值，将结果标注在图 3-3 对应状态节点上。

状态节点⑦：$-200\times0.1+50\times0.5+150\times0.4=65$（万元）。

状态节点⑧：$-300\times0.1+50\times0.5+250\times0.4=95$（万元）。

[3]为决策点，按原产量生产预期可获利 65 万元，而增加产量的话可获利 95 万元。因此，应选择增加产量方案，在决策点[3]处可获利 95 万元，将产量不变方案枝剪掉。

状态节点⑨：$-200\times0.1+0\times0.5+200\times0.4=60$（万元）。

状态节点⑩：$-300\times0.1-250\times0.5+600\times0.4=85$（万元）。

对于决策点[6]来说，由于按原产量生产预计能获利 60 万元，而增加产量的话可获利 85 万元，所以，应选择增加产量，在决策点[6]处可获利 85 万元，将产量不变方案枝剪掉。

因此，决策点[3]：95 万元。

状态节点④：$-100\times0.1+0\times0.5+100\times0.4=30$（万元）。

状态节点⑤：$-100\times0.1+0\times0.5+100\times0.4=30$（万元）。

决策点[6]：85 万元。

状态节点①：$95\times0.8+30\times0.2=82$（万元）。

状态节点②：$30\times0.4+85\times0.6=63$（万元）。

（3）剪枝决策。比较两种方案可以看出，购买专利可以获得利润 82 万元，而自行研制可以获得利润 63 万元。因此，应选择购买专利作为最优方案，对另一方案进行剪枝。

例 3.4 某部为适应现代化战争需要，装备了某新型武器训练系统，现有两种训练方案可供选择：第一种方案是全仿真训练；第二种方案是先半仿真训练后根据情况改建为全仿真训练。第一种方案需投资 700 万元。第二种方案，先建立半仿真训练系统，需投资 300 万元，如果前 3 年训练效果好，之后可改建为全仿真训练系统，改建投资为 400 万元。全仿真训练和半仿真训练年度节省经费情况表如表 3-4 所示。未来前 3 年仿真训练效果好的概率为 0.7，仿真训练效果差的概率为 0.3。如果前 3 年仿真训练效果好，则后 7 年仿真训练效果好的概率为 0.9，仿真训练效果差的概率为 0.1；如果前 3 年仿真训练效果差，则后 7 年还是仿真训练效果差。无论选用何种方案，训练系统的使用期限均为 10 年，试做决策分析。

表 3-4 全仿真训练和半仿真训练年度节省经费情况表（单位：万元）

项目	全仿真训练		半仿真训练	
	训练效果好	训练效果差	训练效果好	训练效果差
节省经费	210	−40	90	60

解：（1）根据题意，绘制决策树，如图 3-4 所示。

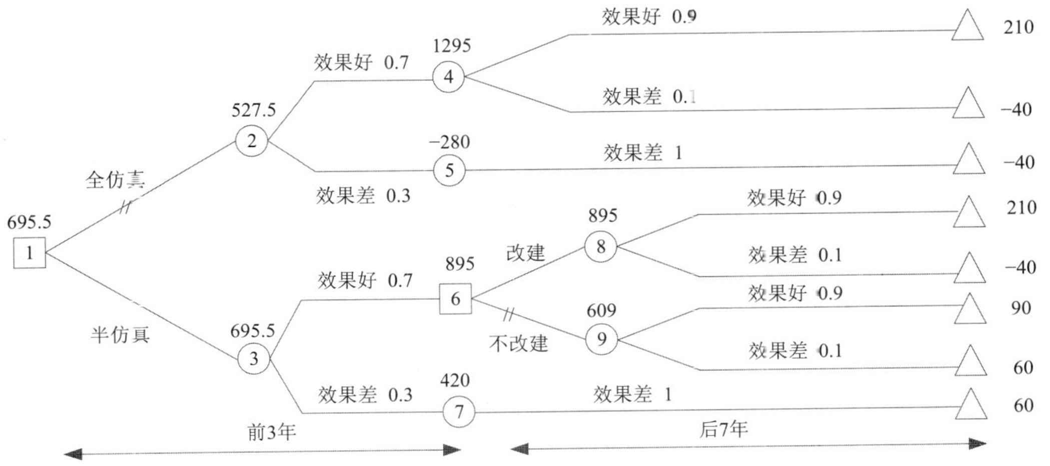

图 3-4 例 3.4 对应的决策树

（2）计算各状态节点及决策点的期望收益值。对于较复杂的决策问题，从右向左计算每个节点的期望收益值，并将结果标注在图 3-4 对应的节点上。先计算后 7 年的期望收益值。

状态节点⑧：$[210\times0.9+(-40)\times0.1]\times7-400=895$（万元）。

状态节点⑨：$(90\times0.9+60\times0.1)\times7=609$（万元）。

对于决策点6来说，比较改建和不改建的期望收益值，应选择改建方案，在决策点6处可获利 895 万元，剪掉不改建方案枝。

因此，决策点6：895 万元。

状态节点④：$[210\times0.9+(-40)\times0.1]\times7=1295$（万元）。

状态节点⑤：$-40\times7=-280$（万元）。

状态节点⑦：$60\times7=420$（万元）。

再计算前 3 年的期望收益值和 10 年的净收益。

状态节点②：$[210\times0.7+(-40)\times0.3]\times3+1295\times0.7+(-280)\times0.3-700=527.5$（万元）。

状态节点③：$(90\times0.7+60\times0.3)\times3+895\times0.7+420\times0.3-300=695.5$（万元）。

将以上结果标注在图 3-4 所示决策树相应节点上。

（3）剪枝决策。比较两种方案可以看出，全仿真训练可以获得的期望收益值为 527.5 万元，而先半仿真训练，如果效果好，3 年后再全仿真训练可获得的期望收益值为 695.5 万元。因此，应选择先半仿真训练再改建的方案作为最优方案，对另一方案进行剪枝。

通过以上几个例子可以看出，决策树分析法对于较复杂的多阶段决策问题比较有效，根据图形进行计算，使分析过程直观清晰、层次分明。

3.1.3 决策矩阵方法

决策矩阵方法是风险型决策常用的分析手段之一。决策矩阵由备选方案、自然状态（及其出现的概率）及益损值组成。对决策问题的描述集中地表现在决策矩阵上，决策分析就是以决策矩阵为基础，运用不同的分析标准与方法，从多种备选方案中选出最优方案。

1. 一般形式

表 3-5 给出了决策矩阵的一般形式。其中 $S_j(j=1,2,\cdots,n)$ 表示可能影响决策后果的各种客观外界情况或自然状态，是不可控因素；$P_j(j=1,2,\cdots,n)$ 为自然状态出现的概率；$A_i(i=1,2,\cdots,m)$ 对应可以采取的行动方案，是可控因素；每种方案在自然状态下的益损值用 a_{ij} 表示，如 a_{12} 表示方案 A_1 在自然状态 S_2 下的益损值；$E(A_i)$ 表示方案 A_i 的期望值；用 $\max/\min\{E(A_i)\}$ 来进行决策，选取最大期望收益值或最小期望损失值对应的方案为最优方案。风险型决策问题应该具备的条件（决策目标、备选方案、自然状态及出现概率、益损值）都在决策矩阵中体现出来了。

表 3-5　决策矩阵的一般形式

方案	S_1	S_2	…	S_j	…	S_n	$E(A_i)$
	P_1	P_2	…	P_j	…	P_n	
A_1	a_{11}	a_{12}	…	a_{1j}	…	a_{1n}	$E(A_1)$
A_2	a_{21}	a_{22}	…	a_{2j}	…	a_{2n}	$E(A_2)$
⋮	⋮	⋮		⋮		⋮	⋮
A_i	a_{i1}	a_{i2}	…	a_{ij}	…	a_{in}	$E(A_i)$
⋮	⋮	⋮		⋮		⋮	⋮
A_m	a_{m1}	a_{m2}	…	a_{mj}	…	a_{mn}	$E(A_m)$
决策	$\max/\min\{E(A_i)\}$						

根据期望值的含义，可以得到

$$E(A_i)=a_{i1}P_1+a_{i2}P_2+\cdots+a_{in}P_n=\sum_{j=1}^{n}a_{ij}P_j \tag{3-2}$$

$$令\ \boldsymbol{B}=\begin{bmatrix} a_{11} & a_{12} & \cdots & a_{1j} & \cdots & a_{1n} \\ a_{21} & a_{22} & \cdots & a_{2j} & \cdots & a_{2n} \\ \vdots & \vdots & & \vdots & & \vdots \\ a_{i1} & a_{i2} & \cdots & a_{ij} & \cdots & a_{in} \\ \vdots & \vdots & & \vdots & & \vdots \\ a_{m1} & a_{m2} & \cdots & a_{mj} & \cdots & a_{mn} \end{bmatrix},\quad \boldsymbol{P}^{\mathrm{T}}=\begin{bmatrix} P_1 \\ P_2 \\ \vdots \\ P_j \\ \vdots \\ P_n \end{bmatrix}$$

则期望值列阵

$$\boldsymbol{E}(A_i)=\begin{bmatrix} E(A_1) \\ E(A_2) \\ \vdots \\ E(A_i) \\ \vdots \\ E(A_m) \end{bmatrix}=\boldsymbol{BP}^{\mathrm{T}}=\begin{bmatrix} a_{11} & a_{12} & \cdots & a_{1j} & \cdots & a_{1n} \\ a_{21} & a_{22} & \cdots & a_{2j} & \cdots & a_{2n} \\ \vdots & \vdots & & \vdots & & \vdots \\ a_{i1} & a_{i2} & \cdots & a_{ij} & \cdots & a_{in} \\ \vdots & \vdots & & \vdots & & \vdots \\ a_{m1} & a_{m2} & \cdots & a_{mj} & \cdots & a_{mn} \end{bmatrix}\begin{bmatrix} P_1 \\ P_2 \\ \vdots \\ P_j \\ \vdots \\ P_n \end{bmatrix} \tag{3-3}$$

把复杂的决策计算问题转换为两个矩阵相乘，最后得到一个矩阵，只要从中找出最大或最小元素就可以进行决策。

2．决策矩阵方法的应用

例 3.5　红方步兵部队可能在平原 S_1、有隐蔽地物的开阔地 S_2、丘陵 S_3 及水网地带 S_4 与蓝方坦克部队遭遇，遭遇的可能概率分别为 0.1、0.4、0.2、0.3。遭遇时红方步兵部队使用的武器可能有五种组合 $A_1,A_2,\cdots,A_5$：

A_1——磁性手雷、40 火箭筒、82 无坐力炮；

A_2——磁性手雷、40 火箭筒、82 无坐力炮、85 加农炮；

A_3——磁性手雷、40 火箭筒、82 无坐力炮、反坦克导弹；

A_4——磁性手雷、40 火箭筒、82 无坐力炮、85 加农炮、反坦克导弹；

A_5——磁性手雷、40 火箭筒、82 无坐力炮、反坦克导弹、坦克。

其损失值如下，试进行决策分析。

	S_1	S_2	S_3	S_4
A_1	0.2	0.3	0.3	0.1
A_2	0.3	0.4	0.5	0.2
A_3	0.5	0.7	0.7	0.3
A_4	0.55	0.75	0.9	0.35
A_5	0.6	0.8	0.7	0.4

解：根据已知条件，由式（3-3）计算方案的期望损失值：

$$\boldsymbol{E}(A_i)=\boldsymbol{BP}^{\mathrm{T}}=\begin{bmatrix}0.2 & 0.3 & 0.3 & 0.1\\0.3 & 0.4 & 0.5 & 0.2\\0.5 & 0.7 & 0.7 & 0.3\\0.55 & 0.75 & 0.9 & 0.35\\0.6 & 0.8 & 0.7 & 0.4\end{bmatrix}\begin{bmatrix}0.1\\0.4\\0.2\\0.3\end{bmatrix}=\begin{bmatrix}0.23\\0.35\\0.56\\0.64\\0.64\end{bmatrix}$$

根据题意，期望损失值越小越好，因此，选择方案 A_1。

3.1.4　风险型决策的灵敏度分析

1．灵敏度分析的要求

风险型决策分析的主要评价指标是期望值，该值的大小取决于各方案的条件益损值和自然状态的出现概率，而这些数值往往是决策者根据以往的经验进行分析、预测和估计得到的，通常不够准确。而且，实际情况也在不断变化，因此有必要对决策所用的条件益损值或自然状态发生概率的变动是否影响最优方案的选择、所用数据在多大范围内变动、原来所得到的最满意方案是否继续有效等进行分析，这种分析称为灵敏度分析。如果最优方案对这些数据变动的反应是不敏感的，这种决策的可靠性就比较大。先看下面的例题。

例 3.6 某研究院计划在甲和乙两个项目中选择一个项目进行投资。经过市场调研，如果市场不发生变化，投资甲项目，可获得利润 50 万元；投资乙项目，会亏损 15 万元。如果市场发生变化，投资甲项目，会亏损 20 万元；而投资乙项目，可获得利润 100 万元。根据以往的资料，预测市场不发生变化的概率是 0.7，发生变化的概率是 0.3。问应投资哪个项目？

解：先列出自然状态出现概率和益损值，如表 3-6 所示。

表 3-6 自然状态出现概率和益损值

方案	市场不发生变化 （0.7）	市场发生变化 （0.3）
投资甲项目（A_1）	50	−20
投资乙项目（A_2）	−15	100

计算两种方案的期望利润：

$$E(A_1) = 50 \times 0.7 + (-20) \times 0.3 = 29 \text{（万元）}$$

$$E(A_2) = (-15) \times 0.7 + 100 \times 0.3 = 19.5 \text{（万元）}$$

比较两种方案的期望利润，很明显，$E(A_1) > E(A_2)$，方案 A_1（投资甲项目）为最优方案。

假设市场不发生变化的概率从 0.7 变到 0.8，这时两种方案的期望利润分别为

$$E(A_1) = 50 \times 0.8 + (-20) \times 0.2 = 36 \text{（万元）}$$

$$E(A_2) = (-15) \times 0.8 + 100 \times 0.2 = 8 \text{（万元）}$$

比较可知，仍有 $E(A_1) > E(A_2)$，方案 A_1 仍然为最优方案。

再假设市场不发生变化的概率从 0.7 变到 0.6，这时两种方案的期望利润分别为

$$E(A_1) = 50 \times 0.6 + (-20) \times 0.4 = 22 \text{（万元）}$$

$$E(A_2) = (-15) \times 0.6 + 100 \times 0.4 = 31 \text{（万元）}$$

这时，$E(A_2) > E(A_1)$，方案 A_2 变成了最令人满意的方案。

综上可知，自然状态出现概率的变化可能会导致最满意方案的改变。那么，自然状态出现概率在什么范围内变动，可以维持最满意方案不发生变化呢？怎样确定最满意方案变化的转折点呢？下面进行讲述。

2. 转折概率原理

由例 3.6 可以看出，一种投资方案从最优方案转变为非最优方案，在这个转变过程中有一个概率值点，这个概率值点称为转折概率。最优方案的转变通常都有转折概率。

设 P 表示市场不发生变化的概率，$1-P$ 则表示市场发生变化的概率，令这两种方案的期望利润值相等，可得到：

$$E(A_1) = 50P + (-20) \times (1-P) = 70P - 20$$

$$E(A_2) = (-15) \times P + 100 \times (1-P) = -115P + 100$$

令 $E(A_1) = E(A_2)$，可得

$$70P - 20 = -115P + 100$$

解得
$$P \approx 0.6486$$

当 $P = 0.6486$ 时，方案 A_1 和方案 A_2 无差异。从方案的期望利润函数不难看出，$E(A_1)$ 是概率 P 的增函数，$E(A_2)$ 是概率 P 的减函数，当 $P > 0.6486$ 时，A_1（投资甲项目）为最优方案；当 $P < 0.6486$ 时，A_2（投资乙项目）为最优方案。

从以上分析可知，当 P 在大于 0.6486 的范围内变动时，最优方案保持不变，为方案 A_1；当 $P = 0.6486$ 时，两种方案都是最优方案；当 P 在小于 0.6486 的范围内变动时，最优方案为 A_2，保持不变。这说明 0.6486 就是最优方案的转折概率。

在实际工作中，需要把自然状态出现概率和益损值等因素在可能发生的范围内做几次不同的变化，并反复计算，分析计算所得到的期望收益值是否有变化，是否影响对最优方案的选择。如果这些数据稍加变动，最优方案仍保持不变，则这种方案比较稳定，即灵敏度不高，决策的可靠性大。反之，如果这些数据稍加变动，最优方案就发生了变化，则这种方案是不稳定的，即灵敏度高，决策的可靠性小，需要进一步分析和研究改进措施。

3.2　贝叶斯决策

处理风险型决策问题时，需要将各种自然状态出现的概率作为已知条件，这些概率是建立在经验基础上的一种无条件的概率，称为先验概率。期望值决策法就是根据各种自然状态可能出现的先验概率，采用期望值准则衡量方案的满意程度的。由于先验概率是根据历史资料或主观判断所确定的概率，未经实践检验，所以往往与实际情况存在误差。为了减小这种误差，提高决策质量，需要更准确地掌握和预估这些先验概率。这就要通过科学实验、调查、统计等方法获得准确的情报信息，以修正各种自然状态的先验概率从而产生后验概率，并据此确定各种方案的期望值，协助决策者做出正确选择，这就是贝叶斯决策。

3.2.1　贝叶斯定理

1．预备知识

在讨论贝叶斯定理之前，先复习概率论的几个概念。

（1）条件概率：事件 A 在事件 B 发生的条件下发生的概率，用 $P(A|B)$ 表示，读作“A 在 B 发生的条件下发生的概率”。若只有两个事件 A 和 B，那么，

$$P(A|B) = \frac{P(AB)}{P(B)} \tag{3-4}$$

式中，$P(AB)$ 表示两个事件 A 和 B 共同发生的概率，即 A 和 B 的联合概率。

（2）完备事件组/样本空间的划分：设$\theta_1,\theta_2,\cdots,\theta_n$是一组事件，若以下两个条件同时满足

$$\begin{aligned}&\forall i\neq j\in\{1,2,\cdots,n\},\quad \theta_i\cap\theta_j=\varnothing\\&\theta_1\cup\theta_2\cup\cdots\cup\theta_n=\Omega\end{aligned}\tag{3-5}$$

则称$\theta_1,\theta_2,\cdots,\theta_n$为样本空间$\Omega$的一个划分，或称为样本空间$\Omega$的一个完备事件组。

（3）全概率公式：设事件组$\{\theta_i\}$是样本空间Ω的一个划分，且$P(\theta_i)>0(i=1,2,\cdots,n)$，则对任意事件$A$，有

$$P(A)=\sum_{i=1}^{n}P(A\mid\theta_i)P(\theta_i)\tag{3-6}$$

（4）贝叶斯公式（贝叶斯定理）：设$\theta_1,\theta_2,\cdots,\theta_n$为样本空间的一个划分，且$P(\theta_i)>0$ $(i=1,2,\cdots,n)$，对任意事件A，$P(A)>0$，根据条件概率的定义及全概率公式，有

$$P(\theta_i\mid A)=\frac{P(A|\theta_i)P(\theta_i)}{\sum_{j=1}^{n}P(A|\theta_j)P(\theta_j)}\quad,\quad i=1,2,\cdots,n\tag{3-7}$$

2．使用贝叶斯定理的效果

使用贝叶斯定理是为了提高自然状态出现概率的准确性，下面通过例子来说明先验概率如何被修正。

例 3.7 设有甲、乙两个外形相同、装有足够数量黑白小球的不透明坛子，甲坛中装有的白球占 30%，黑球占 70%；乙坛中装有的白球占 70%，黑球占 30%。从中任取一坛，做放回摸球 12 次，观察的记录是摸出白球 4 次、黑球 8 次，求所取为甲坛的概率。

解：设把放回摸球摸出白球 4 次、黑球 8 次这一事件记为A，所取为甲坛记作θ_1，所取为乙坛记作θ_2，未做摸球实验时，两坛外形相同，不能判定取到甲坛的概率$P(\theta_1)$大于或小于取到乙坛的概率$P(\theta_2)$，则先验概率$P(\theta_1)=P(\theta_2)=0.5$是合理的。

在事件A发生，获得观察值后，所取为甲坛的后验概率为

$$P(\theta_1\mid A)=\frac{P(A\mid\theta_1)\times P(\theta_1)}{P(A\mid\theta_1)\times P(\theta_1)+P(A\mid\theta_2)\times P(\theta_2)}$$

对甲坛来说，由于装有的白球占 30%、黑球占 70%，做放回摸球，每次摸出白球的概率为 0.3，而摸出黑球的概率为 0.7，因此，条件概率$P(A\mid\theta_1)$=$0.3^4\times0.7^8$。

同理，对乙坛有

$$P(A\mid\theta_2)=0.3^8\times0.7^4$$

代入贝叶斯公式，可得

$$P(\theta_1\mid A)=\frac{0.3^4\times0.7^8\times0.5}{0.3^4\times0.7^8\times0.5+0.3^8\times0.7^4\times0.5}\approx0.967$$

$$P(\theta_2\mid A)=1-P(\theta_1\mid A)\approx1-0.967=0.033$$

进行随机实验之前，由于没有任何其他信息，不能判定取到甲坛的概率 $P(\theta_1)$ 大于或小于取到乙坛的概率 $P(\theta_2)$，只能设定取到甲坛的可能性是 50%［先验概率 $P(\theta_1)=0.5$］；通过随机实验获得观察值后，取到甲坛这个事件的发生概率（后验概率）增大到约 96.7%。

通过这一例子可以看出，通过实验和观察，也就是引入情报信息之后，可以修正先验分布，获得关于自然状态更准确的判断。由此可见，贝叶斯定理对于修正自然状态的出现概率效果很明显，其在决策分析过程中具有重要作用。

3.2.2　贝叶斯决策的应用

例 3.8　某部要进行一次军事演习，假设红方存在三种防御状态：防御严密（θ_1）、防御一般（θ_2）、防御薄弱（θ_3）。根据以往作战经验，这三种防御状态出现的概率分别为 0.5、0.3、0.2；蓝方制定了三种进攻方案 A_1、A_2、A_3，分别表示从左路、中路、右路三个方向进攻，三种进攻方案在不同防御状态下的损失情况（综合考虑装备战损、弹药消耗等）如表 3-7 所示。

表 3-7　三种进攻方案在不同防御状态下的损失情况

方案	θ_1（0.5）	θ_2（0.3）	θ_3（0.2）
A_1	150	100	10
A_2	150	120	30
A_3	180	80	40

为进一步摸清对方的防御情况，蓝方经过深入、周密的侦察，得到一份红方的防御状态预测表，预测的防御状态也有严密（S_1）、一般（S_2）和薄弱（S_3）三种情况，其条件概率表如表 3-8 所示。试问，针对这三种预测应该采用哪种方案？

表 3-8　条件概率表

θ	θ_1	θ_2	θ_3
$P(\theta_j)$	0.5	0.3	0.2
$P(S_1\mid\theta_j)$	0.6	0.1	0.3
$P(S_2\mid\theta_j)$	0.2	0.7	0.1
$P(S_3\mid\theta_j)$	0.3	0.2	0.5

解：要计算侦察之后各种方案的期望值，必须先计算全概率 $P(S_i)$ 和后验概率 $P(\theta_j\mid S_i)\ (i,j=1,2,3)$。根据全概率公式，有

$$
\begin{aligned}
P(S_i) &= \sum_{j=1}^{3} P(S_i\mid\theta_j)P(\theta_j) \\
&= P(S_i\mid\theta_1)P(\theta_1)+P(S_i\mid\theta_2)P(\theta_2)+P(S_i\mid\theta_3)P(\theta_3),\quad i=1,2,3
\end{aligned}
$$

全概率计算结果如表 3-9 所示。

表 3-9　全概率计算结果

状态	$P(S_i \mid \theta_1)P(\theta_1)$	$P(S_i \mid \theta_2)P(\theta_2)$	$P(S_i \mid \theta_3)P(\theta_3)$	$P(S_i)$
S_1	0.3	0.03	0.06	0.39
S_2	0.1	0.21	0.02	0.33
S_3	0.15	0.06	0.1	0.31

利用贝叶斯定理计算后验概率 $P(\theta_j \mid S_i)$，有

$$P(\theta_j \mid S_i) = \frac{P(S_i \mid \theta_j)P(\theta_j)}{P(S_i)}$$

将相关数据代入贝叶斯定理，后验概率计算结果如表 3-10 所示。

表 3-10　后验概率计算结果

状态	$P(\theta_1 \mid S_i)$	$P(\theta_2 \mid S_i)$	$P(\theta_3 \mid S_i)$
S_1	0.77	0.08	0.15
S_2	0.30	0.64	0.06
S_3	0.48	0.20	0.32

根据期望值计算公式，当侦察防御状态为严密（$S = S_1$）时，

$$E(A_1) = 160 \times 0.77 + 100 \times 0.08 + 10 \times 0.15 = 132.7$$

$$E(A_2) = 150 \times 0.77 + 120 \times 0.08 + 30 \times 0.15 = 129.6$$

$$E(A_3) = 180 \times 0.77 + 80 \times 0.08 + 40 \times 0.15 = 151$$

最小期望损失值为 129.6，即选择方案 A_2。

当侦察防御状态为一般（$S = S_2$）时，

$$E(A_1) = 160 \times 0.3 + 100 \times 0.64 + 10 \times 0.06 = 112.6$$

$$E(A_2) = 150 \times 0.3 + 120 \times 0.64 + 30 \times 0.06 = 123.6$$

$$E(A_3) = 180 \times 0.3 + 80 \times 0.64 + 40 \times 0.06 = 107.6$$

最小期望损失值为 107.6，即选择方案 A_3。

当侦察防御状态为薄弱（$S = S_3$）时，

$$E(A_1) = 160 \times 0.48 + 100 \times 0.2 + 10 \times 0.32 = 100$$

$$E(A_2) = 150 \times 0.48 + 120 \times 0.2 + 30 \times 0.32 = 105.6$$

$$E(A_3) = 180 \times 0.48 + 80 \times 0.2 + 40 \times 0.32 = 115.2$$

最小期望损失值为 100，即选择方案 A_1。

综上所述，事先经过周密的侦察，如果预测防御状态为严密，那么最优方案为 A_2；如果预测防御状态为一般，那么最优方案为 A_3；如果预测防御状态为薄弱，那么最优方案为 A_1。

3.3　不确定型决策准则

决策者在无法估计备选方案所处多种自然状态的出现概率的情况下，通过一定评价准则所进行的决策称为不确定型决策，不确定型决策在实践中经常出现。企业在生产经营过程中会遇到一些极少发生或应急的事件，军事行动中经常会遇到突发事件，此时往往无法明确指出事件在未来将会出现何种自然状态，而只能了解事件有可能出现哪几种自然状态，并且各种自然状态出现的概率也无法预测，在这种情况下就面临着不确定型决策问题。例如，某种新研制的武器是否应该投产，某种新装备是否需要购买，等等。另外，由于时间紧迫等原因而无法收集和分析自然状态出现概率信息的决策也属于不确定型决策。可见，对这类事件的决策只能在不确定情况下做出，即在知道可能出现的各种自然状态，但又无法确定各种自然状态出现概率的情况下做出。

不确定型决策应满足如下 4 个条件。

（1）存在一个或者一个以上明确的决策目标。

（2）存在两种或两种以上可供选择的备选方案。

（3）存在两种或两种以上不受决策者控制的自然状态。

（4）获得不同行动方案在不同自然状态下的益损值。

设某不确定型决策问题有 m 种方案 $A_1, A_2 \cdots, A_m$，存在 n 种自然状态 $S_1, S_2, \cdots, S_n$，记方案 A_i 在自然状态 S_j 下的益损值为 a_{ij}，则决策矩阵如表 3-11 所示。

表 3-11　决策矩阵

方案	S_1	…	S_j	…	S_n
A_1	a_{11}	…	a_{1j}	…	a_{1n}
⋮	⋮		⋮		⋮
A_i	a_{i1}	…	a_{ij}	…	a_{in}
⋮	⋮		⋮		⋮
A_m	a_{m1}	…	a_{mj}	…	a_{mn}

在不确定型决策问题中，每种方案的结果会随着自然状态的不同而变化，而决策者又无法获得自然状态出现的概率，因此需要确定衡量决策优劣的准则，才能解决这类问题。在现实中，人们积累以往的经验，总结出了一些公认的决策准则，它们为解决一些极少发生或应急的事件决策问题提供了可行的思路和方法，决策者可根据自己的经验估计，借助决策准则进行决策。

不确定型决策准则包括乐观决策准则、悲观决策准则、折中决策准则、后悔值决策准则和等概率决策准则等。在决策过程中，对不同方案的取舍在很大程度上取决于决策者的经验、偏好、对自然状态出现情况的判断、心理素质及对风险所持的态度等因素，这就使得决策的过程带有很强的主观性。对于相同的决策问题，不同的决策者可能会采用不同的决策准则，而不同的决策准则又对应着各种不同的决策方法，最终获得不同的决策结果。由于没有统一的评价标准，所以人们无法判断各种决策方法的优劣。要提高对不确定型决策问题的处理能力，决策者只能深入调查、研究，不断积累经验，努力提高决策能力。

3.3.1　乐观决策准则

持乐观决策准则的决策者在无法明确各种方案可能出现的结果时，采取好中取好的乐观态度，选择最满意的决策方案。该准则的基本思想是决策者对客观出现的自然状态总抱有乐观态度，对未来充满信心，认为最有利的自然状态出现的可能性很大。对于决策目标是最大化收益而言，首先找出各种方案的最大收益值，然后选择这些最大收益值中的最大者所对应的方案作为最优方案，此种情形的乐观决策准则也称最大最大收益值决策准则。同样，对于决策目标是最小化损失而言，应从各种方案的最小损失值中选择最小者所对应的方案作为最优方案，此种情形的乐观决策准则又称最小最小损失值决策准则。

1．乐观决策的步骤

采用乐观决策准则的决策者具有一定冒险精神，虽然自然状态无法判断，但是也不愿放弃任何获得最好结果的机会。运用乐观决策准则进行决策，步骤如下。

（1）判断决策问题可能面临的不同自然状态 $S_1,\cdots,S_j,\cdots,S_n$。

（2）拟定各种备选方案 $A_1,\cdots,A_i,\cdots,A_m$。

（3）确定不同方案在各种自然状态下的收益值 a_{ij}。

（4）选出不同方案在各种自然状态下的最大收益值 $\max\limits_j\{a_{ij}\}$。

（5）比较各种方案在不同自然状态下的最大收益值，从中选出最大者 $\max\limits_i\{\max\limits_j\{a_{ij}\}\}$，即大中取大，该收益值所对应的方案就是决策者所选择的最优方案。

根据上述步骤，可以直接通过决策矩阵进行决策，乐观决策准则对应的决策矩阵如表 3-12 所示。

表 3-12　乐观决策准则对应的决策矩阵

方案	S_1	…	S_j	…	S_n	$\max\limits_j\{a_{ij}\}$
A_1	a_{11}	…	a_{1j}	…	a_{1n}	
⋮	⋮		⋮		⋮	
A_i	a_{i1}	…	a_{ij}	…	a_{in}	
⋮	⋮		⋮		⋮	
A_m	a_{m1}	…	a_{mj}	…	a_{mn}	
决策	$\max\limits_i\{\max\limits_j\{a_{ij}\}\}$					

下面通过例子来说明该决策方法的具体应用。

例 3.9　某企业经过预测，当采取不同的经营方式时，其市场状态及年收益情况如表 3-13 所示。采用乐观决策准则，问应该选择哪一种经营方式？

表 3-13　市场状态及年收益情况　（单位：万元）

方案	畅销（S_1）	一般（S_2）	滞销（S_3）
代理商专营（A_1）	90	70	40
中间商代销（A_2）	120	80	−10
直接推销（A_3）	100	60	30

解：该决策问题以收益最大化为决策目标，直接根据决策矩阵进行决策，如表 3-14 所示。

表 3-14　例 3.9 对应的决策矩阵

方案	S_1	S_2	S_3	$\max_j\{a_{ij}\}$
A_1	90	70	40	90
A_2	120	80	−10	120
A_3	100	60	30	100
决策	$\max_i\{\max_j\{a_{ij}\}\}$			120

由表 3-14 可以看出，若选择方案 A_1，在自然状态 S_1 下可获得最大收益 90 万元；若选择方案 A_2，在自然状态 S_1 下可获得最大收益 120 万元；若选择方案 A_3，在自然状态 S_1 下可获得最大收益 100 万元。根据乐观决策准则，决策者希望获得最大收益，故应选择方案 A_2 作为最优方案。虽然该方案在自然状态 S_3 下收益为负值，但采用乐观决策准则的决策者认为有利于自己的自然状态出现的可能性更大，从而能够带来最大收益，因此他愿意为此冒风险。

2．乐观决策准则的评价

大中取大的乐观决策准则只注重最大收益，忽略了其他有价值的信息。无论最坏的损失有多大，决策者都只选取获益最大的方案。

运用乐观决策准则的决策者对决策问题的未来充满了信心，态度乐观，他认为无论自己采取哪种方案，将来总会出现对该方案有利的自然状态。从另外的角度来考虑，这正好体现了决策者的进取精神和冒险性格。但需要注意，这种决策方法本身具有很大的风险，当实际出现的自然状态劣于决策者的主观预期时，决策者可能会遭受巨大损失。

3．乐观决策准则的适用范围

乐观决策准则适用于以下情况。

（1）最大收益值诱导。决策者运用有可能实现的最大收益值目标，激励、调动人们工作的积极性。在这种情况下，决策者并不看重所选方案的实际执行结果，而更重视发挥最大收益值目标的激励作用。

（2）绝处求生。企业处于绝境，运用其他较稳妥的决策方案难以摆脱困境，此时，与其坐以待毙，不如采用最大收益值的方案做最后一搏，以求获得一线生机。

3.3.2 悲观决策准则

悲观决策准则的思想与乐观决策准则的正好相反，采用该准则的决策者对客观发生的自然状态总是抱有悲观态度，决策者认为形势比较严峻，最坏的自然状态出现的可能性很大，即无论采取哪种方案，都是收益最小的自然状态发生。因此，必须做最坏的打算，采用较为稳妥的决策准则，在决策时首先考虑每种备选方案对应的最坏结果，从这些最坏结果中选择最好的那个结果，它所对应的决策方案就是应该采取的方案。该准则可归纳为坏中求好准则。当决策问题以收益最大化为目标时，从各种备选方案的最小收益中选取收益值最大的方案作为决策方案，此种情形的悲观决策准则也称为最大最小收益值决策准则。类似地，对于决策目标是最小化损失而言，从各种备选方案的最大损失中选取损失值最小的方案作为决策方案，此种情形的悲观决策准则也称为最小最大损失值决策准则。

1. 悲观决策的步骤

采用悲观决策准则的决策者有悲观情绪，思维保守。运用悲观决策准则进行决策的步骤如下。

（1）判断决策问题可能面临的不同自然状态 $S_1,\cdots,S_j,\cdots,S_n$。

（2）拟定各种备选方案 $A_1,\cdots,A_i,\cdots,A_m$。

（3）确定不同方案在各种自然状态下的收益值 a_{ij}。

（4）选出不同方案在各种自然状态下的最小收益值 $\min\limits_j \{a_{ij}\}$。

（5）比较各种方案在不同自然状态下的最小收益值，从中再选出最大者 $\max\limits_i \{\min\limits_j \{a_{ij}\}\}$，即小中取大，该收益值所对应的方案就是决策者采用悲观决策准则所选择的最优方案。

根据上述步骤，可以直接通过决策矩阵进行决策，悲观决策准则对应的决策矩阵如表 3-15 所示。

表 3-15 悲观决策准则对应的决策矩阵

方案	S_1	…	S_j	…	S_n	$\min\limits_j \{a_{ij}\}$
A_1	a_{11}	…	a_{1j}	…	a_{1n}	
⋮	⋮		⋮		⋮	
A_i	a_{i1}	…	a_{ij}	…	a_{in}	
⋮	⋮		⋮		⋮	
A_m	a_{m1}	…	a_{mj}	…	a_{mn}	
决策	$\max\limits_i \{\min\limits_j \{a_{ij}\}\}$					

接下来通过例子来说明该决策准则的具体应用。

例 3.10 考虑例 3.9 中的不确定型决策问题，用悲观决策准则进行决策。

解：根据题意，该企业的决策者拟采用悲观决策准则进行决策，该决策问题是以收益最大化为目标的，按最大最小收益值决策准则进行决策。先把每种方案在各种自然状态下的最小收益值找出来。方案 A_1 的最小收益值为 40 万元，方案 A_2 的最小收益值为−10 万元（亏损 10 万元），方案 A_3 的最小收益值为 30 万元，分别填入表 3-16 中。

表 3-16 例 3.10 对应的决策矩阵

方案	S_1	S_2	S_3	$\min\limits_j \{a_{ij}\}$
A_1	90	70	40	40
A_2	120	80	−10	−10
A_3	100	60	30	30
决策	$\max\limits_i \{\min\limits_j \{a_{ij}\}\}$			40

由表 3-16 可以看出，最小收益值中的最大值为 40 万元，所对应的方案为 A_1，即方案 A_1 为最优决策方案。这样，即使在最不利的情况下，该企业也能获得 40 万元的收益。相反，如果企业采用方案 A_2，当出现自然状态 S_3 时，不仅没有收益，还会产生 10 万元的亏损。就算采用方案 A_3，当出现自然状态 S_3 时，也要少收益 10 万元。

2. 悲观决策准则的评价

悲观决策准则只看重最坏状态下的收益值，忽略了其他有价值的信息，决策者认为无论自己采取哪种方案，将来总会出现对该方案不利的自然状态。

运用悲观决策准则的决策者处理问题时总是从最糟糕的结果出发，遇事做最坏的打算，更多考虑自身能否承受决策失误所带来的打击。这充分体现了决策者稳妥的性格与保守的品质；同时反映出决策者对未来出现有利的自然状态信心不足，态度悲观。

3. 悲观决策准则的适用范围

悲观决策准则，虽然略带保守，但立足于最坏处，即无论发生何种情况，收益值只会增加或相等，绝不会减少。它留有余地，稳妥可靠，是在“最不利”中找出“最有利”的方法。该准则具有一定的适用性，例如，企业规模较小，资金薄弱，经不起大的经济冲击，此时可以考虑采用该准则。另外，在某些行动中，人们已经遭受了重大的损失，如人员伤亡、天灾人祸等，正处在恢复阶段，这时需要采取稳妥的措施以免因决策失误而雪上加霜。

但是，这种准则常常导致人们失去进取心，不敢承担风险。因此，使用该准则需要具体问题具体分析。

3.3.3 折中决策准则

乐观决策准则和悲观决策准则是分别从最好和最差的结果出发进行决策的，它们对自然状态的假设都太过极端，前者认为最有利的自然状态必然会出现，而后者则认为最不利的自然状态一定会出现。乐观决策准则过于冒险，悲观决策准则又过于消极，两种准则的思想明显存在偏颇。在实际决策过程中，决策者一般既不会表现出极度的乐观心态，也不会认为未来将诸事不顺，而是会采取折中的态度。基于这种思想产生了折中决策准则，即认为各种方案既不会出现最好自然状态下的结果，也不会出现最坏自然状态下的结果，而是会出现居于二者之间的某个折中结果。决策者只需在各种方案的折中结果里选出最大的折中值，其对应的方案即最优决策方案。

赫维奇（Hurwicz）提出了“乐观系数”的概念，用来计算折中值。他认为决策者首先应该根据对形势的估计确定一个在 0～1 的乐观系数α，即$0\leqslant\alpha\leqslant1$；然后按照计算期望值的方法，根据最大收益值和最小收益值，计算折中收益值，比较各种方案折中收益值的大小，确定折中收益值最大的方案为最优方案。因此该决策准则又被称为赫维奇决策准则。各种方案的折中收益值按加权平均法来计算，公式如下：

$$a_i=\alpha a_{i\max}+(1-\alpha)a_{i\min} \tag{3-8}$$

式中，α为乐观系数；$a_{i\max}$为第 i 种方案的最大收益值；$a_{i\min}$为第 i 种方案的最小收益值。

最后选择 $\max\{a_i\}$ 对应的方案作为最优决策方案。

α越接近于 1，就表示决策者对自然状态的判断越乐观；α越接近于 0，就表示决策者对自然状态的判断越悲观。特别地，当$\alpha=1$时，决策准则实际就是乐观决策准则；当$\alpha=0$时，决策准则就是悲观决策准则。

1．折中决策的步骤

采用折中决策准则进行决策就是通过一个乐观系数将极端乐观的收益和极端悲观的收益进行加权平均，求出一个折中的收益值，最后确定决策方案的决策方法。采用该决策准则进行决策的一般步骤如下。

（1）判断决策问题可能面临的不同自然状态$S_1,\cdots,S_j,\cdots,S_n$。

（2）拟定各种备选方案$A_1,\cdots,A_i,\cdots,A_m$。

（3）确定不同方案在各种自然状态下的收益值a_{ij}。

（4）结合决策的各种自然状态，确定乐观系数α，反映决策者的乐观程度。

（5）计算折中收益值，选择最大的折中收益值所对应的方案为最优决策方案。

折中决策准则对应的决策矩阵如表 3-17 所示。

表 3-17　折中决策准则对应的决策矩阵

方案	S_1	…	S_j	…	S_n	$\alpha a_{i\max}+(1-\alpha)a_{i\min}$
A_1	a_{11}	…	a_{1j}	…	a_{1n}	
⋮	⋮		⋮		⋮	
A_i	a_{i1}	…	a_{ij}	…	a_{in}	
⋮	⋮		⋮		⋮	
A_m	a_{m1}	…	a_{mj}	…	a_{mn}	
决策	$\max\{\alpha a_{i\max}+(1-\alpha)a_{i\min}\}$					

下面举例说明其决策过程。

例 3.11　考虑例 3.9 中的不确定型决策问题，当乐观系数分别为 0.4 和 0.7 时，采用折中决策准则进行决策。

解：根据决策矩阵进行决策，如表 3-18 所示。

表 3-18　例 3.11 对应的决策矩阵

方案	S_1	S_2	S_3	$\alpha a_{i\max}+(1-\alpha)a_{i\min}$	
				$\alpha=0.4$	$\alpha=0.7$
A_1	90	70	40	60	75
A_2	120	80	−10	42	81
A_3	100	60	30	58	79
决策	$\max\{\alpha a_{i\max}+(1-\alpha)a_{i\min}\}$			60	81

由表 3-18 中的计算结果可知，当取乐观系数 $\alpha=0.4$，即决策者感觉情况不太乐观时，根据折中决策准则，选择方案 A_1 为最优方案；当取 $\alpha=0.7$，即决策者认为出现好的自然状态的可能性比较大时，最优方案为 A_2。

2．折中决策准则的评价

折中决策准则是介于乐观决策准则和悲观决策准则之间的一种决策准则。它既不像乐观决策准则那样，基于每种方案的最有利处进行决策，也不像悲观决策准则那样，在所有方案的最小收益中选择收益最大的方案，而是在极端乐观和极端悲观之间，通过乐观系数确定一个适当的值作为决策依据。乐观系数表示决策者对“最有利自然状态”出现概率的主观预测，很明显，决策结果会随着乐观系数的不同而发生改变。若乐观系数趋向于 1，则趋向于乐观决策准则；反之，若乐观系数趋向于 0，则趋向于悲观决策准则。总之，折中决策准则是一种既稳妥又积极的决策准则。

通过分析折中决策准则的原理，不难发现该准则存在两个重大缺陷。

（1）不容易确定乐观系数。折中决策准则的关键就是确定乐观系数，但该问题又很棘手。不确定型决策问题的本质决定了乐观系数的不易确定性，乐观系数的值完全依赖于决策者的主观估计。当决策者认为“最有利自然状态”出现的可能性比较大时，会将乐观系数定得高一些；反之就会定得低一些。总之，决策者根据自己的主观估计乐观系数，这样就弱化了决策过程的客观性，增强了主观性，最终会影响决策结果的可靠性。

（2）没有充分利用信息。折中决策准则是根据最大收益值和最小收益值的折中值进行决策的，只考虑了每种方案的最好结果和最坏结果，忽略了其他收益值。并且该准则并没有考虑各种方案中最大收益值和最小收益值出现的频率。可见，在运用折中决策准则进行决策时，大量信息没有得到充分利用，而这些信息在特殊情况下可能对决策方案的选择起决定性作用。例如，考虑表 3-19 所示的决策矩阵，无论乐观系数 α 取何值，采用折中决策准则，方案 A_1 和 A_2 的折中收益值都相等，两种方案被认为是无差异的，选择哪种都可以。但这种判断很难让人接受，实际上决策者更愿意选择方案 A_2。因为尽管两种备选方案的最大收益值和最小收益值完全相同，但两种方案对应的最大收益值出现的次数不同。方案 A_1 只有在自然状态 S_1 下才得到最大收益值，在其余 5 种自然状态下均为最小收益值；而方案 A_2 则正好相反，只在自然状态 S_1 下得到最小收益值，在其余 5 种自然状态下均能获得最大收益值。显然，决策者会认为方案 A_2 获得最大收益值的概率较大，从而选择方案 A_2。这体现出折中决策准则并没有充分利用相关信息，在某些情况下该缺陷会对决策效果产生重大影响。

表 3-19　示例决策矩阵

方案	S_1	S_2	S_3	S_4	S_5	S_6	折中值
A_1	1	0	0	0	0	0	α
A_2	0	1	1	1	1	1	α
决策	max {折中值}						α

3．折中决策准则的适用范围

由于乐观系数 α 不容易确定，所以折中决策准则没有明确的应用场合。

3.3.4　后悔值决策准则

决策者进行决策时选择收益最大或损失最小的方案作为最优方案，这是一种理想的决策情况。而实际情况常常不同，对于不确定型决策问题，由于未来自然状态的不确定性，决策者在最初可能并未选择理想情况下的最优方案，而是选取了其他方案。一旦决策者后来发现自己当初舍优取劣，错失了获得最大收益值的机会，就会感到后悔。为了避免将来太过后悔，萨维奇（Savage）提出了后悔值决策准则，将后悔感觉数量化，并依据后悔值大小进行决策，后悔值决策准则又被称为萨维奇决策准则。

后悔值是指决策者失策所造成的损失价值。它是在某种自然状态下，方案中的最大收益值与各种方案的收益值之差。一般而言，各种方案的后悔值按下述方法确定。

假设决策者选择了方案 A_i，在自然状态 S_j 下得到条件收益值 a_{ij}，则方案 A_i 在自然状态 S_j 下的后悔值

$$r_{ij} = \max_i \{a_{ij}\} - a_{ij}$$

式中，$\max\limits_i \{a_{ij}\}$ 为自然状态 S_j 下各种方案对应收益值中的最大者。

由后悔值的定义可知，在未来一定自然状态下，实际所选方案的收益值与最优方案的收益值之差越大，后悔值就越大。后悔值决策准则的基本思想是，假设各种方案总是出现后悔值最大的情况，从各种方案的最大后悔值中选择后悔值最小的方案作为最优方案。具体来说就是，首先求出各种方案在各种自然状态下的后悔值，然后找出各种方案的最大后悔值，最后从这些最大后悔值中选出最小者，该后悔值对应的方案就是要寻找的最优方案。基于该决策过程，该准则也被称为最小最大后悔值决策准则。

1．后悔值决策的步骤

后悔值决策的步骤如下。

（1）判断决策问题可能面临的不同自然状态 $S_1,\cdots,S_j,\cdots,S_n$。

（2）拟定各种备选方案 $A_1,\cdots,A_i,\cdots,A_m$。

（3）确定不同方案在各种自然状态下的收益值 a_{ij}。

（4）计算各种方案在各种自然状态下的后悔值 r_{ij}。

（5）找出各种方案的最大后悔值 $\max\limits_{j}\{r_{ij}\}$。

（6）比较各种方案的最大后悔值，选出其中最小的值，即 $\min\limits_{i}\{\max\limits_{j}\{r_{ij}\}\}$，该值对应的方案就是最优方案。

后悔值决策准则对应的决策矩阵如表 3-20 所示。

表 3-20　后悔值决策准则对应的决策矩阵

方案	S_1	…	S_j	…	S_n	$\max\limits_{j}\{r_{ij}\}$
A_1	r_{11}	…	r_{1j}	…	r_{1n}	
⋮	⋮		⋮		⋮	
A_i	r_{i1}	…	r_{ij}	…	r_{in}	
⋮	⋮		⋮		⋮	
A_m	r_{m1}	…	r_{mj}	…	r_{mn}	
决策	$\min\limits_{i}\{\max\limits_{j}\{r_{ij}\}\}$					

下面举例说明其决策过程。

例 3.12　考虑例 3.9 中的不确定型决策问题，用后悔值决策准则进行决策。

解：首先计算各种方案的后悔值。

方案 A_1：$r_{11}=120-90=30$；$r_{12}=80-70=10$；$r_{13}=40-40=0$。

方案 A_2：$r_{21}=120-120=0$；$r_{22}=80-80=0$；$r_{23}=40-(-10)=50$。

方案 A_3：$r_{31}=120-100=20$；$r_{32}=80-60=20$；$r_{33}=40-30=10$。

构造决策矩阵，如表 3-21 所示。

表 3-21　例 3.12 对应的决策矩阵

方案	S_1	S_2	S_3	$\max\limits_{j}\{r_{ij}\}$
A_1	30	10	0	30
A_2	0	0	50	50
A_3	20	20	10	20
决策	$\min\limits_{i}\{\max\limits_{j}\{r_{ij}\}\}$			20

比较表 3-21 中的数据，各种方案最大后悔值中的最小者为 20，因此根据后悔值决策准则，A_3 为最优方案。

2. 后悔值决策准则的评价

从以上的分析可以看出，后悔值决策准则的原则是尽量避免较大的决策失误。它反映了决策者对未来出现“最有利自然状态”信心不足，但又不愿失去机会，因此在追求最优结果的同时，努力减小决策失误的机会成本。后悔值决策准则体现了决策者不求收益最高但求后悔最少的保守性格。从避免较大决策失误的角度进行决策，是一种比较稳妥的决策方法，并且从某种意义上讲，要比只考虑最坏结果的悲观决策准则更合乎情理。

3．后悔值决策准则的适用范围

后悔值决策准则一般适用于有一定基础的中小企业。这类企业有一定的经济实力，能承担一定风险，但规模、财力及物力的限制决定了它们不能经受太大的失败打击。因此，一方面，如果决策者思想太保守，过于追求稳妥，那么可能会错失有利时机，这无疑不利于自身发展；另一方面，过于乐观的决策又会带来自身难以承受的较大风险。后悔值决策准则是对此类经济主体较适合的一种决策依据，运用这一准则进行决策，它们可以在自身能承受的风险范围之内实现稳中求发展。

此外，在势均力敌的市场竞争中，企业可以采用后悔值决策准则进行决策，在降低决策风险和巩固自身已有市场地位的基础上，抓住开拓市场的机会，赢得企业发展。

3.3.5 等概率决策准则

在无法获得自然状态未来出现的概率时，以上几种决策准则从不同角度进行假设，使得不确定型决策问题的求解得以简化。从不同的出发点考虑问题，它们都有一定的合理之处，但也存在问题。乐观决策准则认为获得最大收益时对应的自然状态必然出现，其出现概率为1，而其他自然状态的出现概率为0。相反地，悲观决策准则认为最坏的结果必然出现，其对应的自然状态的出现概率为1，其他自然状态的出现概率为0。折中决策准则引入乐观系数来克服上述两种极端思想，但也仅仅考虑了最好和最坏两种自然状态下的收益，假定其他中间自然状态的出现概率仍然为 0。它们普遍存在的问题就是没有充分利用收益函数所提供的全部信息，这样会影响决策的准确性。19 世纪，著名的数学家拉普拉斯提出了等概率决策准则，对以上决策信息利用不充分的问题进行改进。该准则认为，当自然状态出现的概率无法确定时，只能认为各种自然状态出现的概率是相等的。按相等的概率求出各种方案的期望收益值，最大期望收益值对应的方案即最优决策方案。

1．等概率决策的步骤

等概率决策准则赋予每种自然状态相等的出现概率，最后根据每种方案的期望收益值进行决策。采用等概率决策准则求解不确定型决策问题的步骤如下。

（1）判断决策问题可能面临的不同自然状态 $S_1,\cdots,S_j,\cdots,S_n$。

（2）拟定各种备选方案 $A_1,\cdots,A_i,\cdots,A_m$。

（3）确定不同方案在各种自然状态下的收益值 a_{ij}。

（4）计算各种方案的等概率期望收益值 $E(A_i)$。

（5）比较各种方案的等概率期望收益值，选择 $\max\{E(A_i)\}$ 所对应的方案为最优方案。

等概率决策准则对应的决策矩阵如表 3-22 所示。

表 3-22 等概率决策准则对应的决策矩阵

方案	S_1	…	S_j	…	S_n	$E(A_i)$
	$1/n$	…	$1/n$	…	$1/n$	
A_1	a_{11}	…	a_{1j}	…	a_{1n}	
⋮	⋮		⋮		⋮	
A_i	a_{i1}	…	a_{ij}	…	a_{in}	
⋮	⋮		⋮		⋮	
A_m	a_{m1}	…	a_{mj}	…	a_{mn}	
决策	$\max\{E(A_i)\}$					

下面举例说明其决策过程。

例 3.13 考虑例 3.9 中的不确定型决策问题，用等概率决策准则进行决策。

解：首先计算每种方案在不同自然状态下的等概率期望收益值：

$$E(A_1)=(90+70+40)\times(1/3)\approx 66.7$$

$$E(A_2)=(120+80-10)\times(1/3)\approx 63.3$$

$$E(A_3)=(100+60+30)\times(1/3)\approx 63.3$$

构造决策矩阵，如表 3-23 所示。

表 3-23 例 3.13 对应的决策矩阵

方案	S_1	S_2	S_3	$E(A_i)$
	1/3	1/3	1/3	
A_1	90	70	40	66.7
A_2	120	80	−10	63.3
A_3	100	60	30	63.3
决策	$\max\{E(A_i)\}$			66.7

根据计算结果可知，应选方案 A_1 作为最优方案。

2. 等概率决策准则的评价

等概率决策准则假设各种自然状态出现的概率相等，从而把不确定型决策问题转换为风险型决策问题来处理。该准则充分考虑了收益函数所包含的全部信息，克服了其他准则信息利用不充分的缺点，是一种相对合理的决策准则。该准则采用了一种反证求解的思维方法，当某一种自然状态呈现明显的优势或劣势时，容易确定该自然状态出现的可能性；而不确定型决策从本质上说是在决策者对未来自然状态的出现概率一无所知的条件下进行的决策，也就是说全部自然状态中没有明显的优势或劣势自然状态，即各种自然状态出现的可能性是相差不大或近似相等的。因此，有理由在此基础上做出等概率假设。

等概率决策准则适用于决策者对未来的自然状态没有一点感觉，以至于连事物发展的趋势都不能把握的情况。采用该准则的决策者一般没有过分乐观和悲观的性格偏好。在这样的情况下，运用等概率决策准则往往有较好的效果。但这种决策准则也有其局限性，客观上，各种自然状态出现概率相等的情况发生的可能性极小，难与实际相符。此外，各种自然状态对行动的影响程度是不同的，按相等权重计算出的等概率期望收益值并不能准确反映行动方案的实际期望收益值，由此得到的决策方案不甚可靠。要克服等概率决策准则的缺点，只有明确状态参数的概率分布，把不确定型决策问题切合实际地转换为相应的风险型决策问题。

3．等概率决策准则的适用范围

等概率决策准则适用于决策者对自然状态的未来发展趋势无法把握的场合。

3.4 效用决策

前面讨论的几种决策准则，都是以期望值为依据进行决策的，这些准则只注重客观数据，没有考虑决策者的主观作用，这是不合理的。事实上，任何决策都是由决策者做出的，决策者的价值观、经验、才能、胆识、生活习惯、个人偏好等主观因素必然会影响最终决策方案的选择。例如，对于相同的决策问题，由于决策者对待风险的态度不同，保守型决策者与冒险型决策者所做的选择一般也会不同。另外，主观因素又是随着各种主客观条件的变化而发生变化的，因此单纯地依据期望值进行决策不够合理。效用决策同时考虑了主观和客观两方面的因素，它通过效用函数将决策者的主观因素与客观的收益值有机地结合起来，并用效用值予以度量，最后以效用期望值作为决策依据。这样就将决策者的价值观念体现到了决策活动中，使得决策过程更加合理。

3.4.1 效用函数的定义

在经济学中，效用是用来衡量消费者从产品或服务中获得幸福感或者满足感的尺度。一种产品或服务是否具有效用，具有多大的效用，取决于它能否满足，以及在多大程度上满足消费者的欲望和需要。一般来说，效用因人、因时、因地而不同，同一种产品或服务对于不同的消费者，在不同的时间和不同的地点，其效用通常都是不同的。由此可知，经济学中的效用是用来描述一种产品或服务满足消费者需要程度的一个概念，主要用于消费者行为的理论分析。同样，在决策论中也需要讨论和描述备选方案的各种结果值满足决策者欲望和需要的问题。因此，需要引入效用的概念，并进一步讨论如何测度决策结果的效用。

1．效用和效用函数的定义

决策中的效用是指决策者对于期望收益或损失的偏好、感受及取舍反映。它体现出决策者对于风险的态度，反映了决策者的胆识。一般来说，决策者对具有不同风险的相同期望收益值或损失值，会给出不同的效用值。

将一个决策问题的结果值集合记为O。设$\sigma_1,\sigma_2 \in O$，按照既定的目标要求，如果决策者认为σ_1比σ_2优越，决策者偏好σ_1胜过σ_2，则称σ_1优越于σ_2，记作$\sigma_1 \succ \sigma_2$，符号“$\succ$”读作优越于或优于。

如果σ_1与σ_2相当，没有差别，那么称σ_1无差于σ_2，记作$\sigma_1 \sim \sigma_2$，符号“$\sim$”读作无差于或无殊于。

这样就在决策结果之间建立了一种偏好关系，它满足以下公理。

❑ **公理 3.1**　连通性。设$\sigma_1, \sigma_2 \in O$，则下面的关系有且只有一个成立：$\sigma_1 \succ \sigma_2$，或$\sigma_2 \succ \sigma_1$，或$\sigma_1 \sim \sigma_2$。

❑ **公理 3.2**　传递性。在O上的优先关系是传递的，即如果$\sigma_1, \sigma_2, \sigma_3 \in O$，$\sigma_1 \succ \sigma_2$且$\sigma_2 \succ \sigma_3$，则$\sigma_1 \succ \sigma_3$。

❑ **公理 3.3**　连续性（偏好的有界性）。若$\sigma_1, \sigma_2, \sigma_3 \in O$，$\sigma_1 \succ \sigma_2$，则存在$1 > \alpha > \beta > 0$，使$\alpha\sigma_1 + (1-\alpha)\sigma_3 \succ \sigma_2 \succ \beta\sigma_1 + (1-\beta)\sigma_3$

公理 3.3 说明，没有无穷好和无穷差的酬报。

效用函数是定义在集合O上的一个实值函数$u(O)$，它满足下列条件。

当$\sigma_1 \succ \sigma_2$时，$u(\sigma_1) \succ u(\sigma_2)$。

当$\sigma_1 \sim \sigma_2$时，$u(\sigma_1) \sim u(\sigma_2)$。

$u(O)$称为O的效用值，它反映了决策者对决策结果O的偏好程度。对于同一个决策问题，不同决策者的效用函数有可能不同。

2．效用函数的类型

效用函数反映了决策者对风险的态度，一般可分为以下四种类型。

1）直线型效用函数

直线型效用函数的效用值与结果值成正比，此时效用决策与期望值决策的结果是一致的。因此决策者只需要将期望值作为选择方案的标准，而不需要利用效用函数。直线型效用函数所对应的曲线如图 3-5 中的 I 曲线所示。该效用函数体现出决策者对风险采取的是折中的态度，既不特别追求有利结果，也不对不利结果谨慎行事，完全按机遇办事，心平气和。

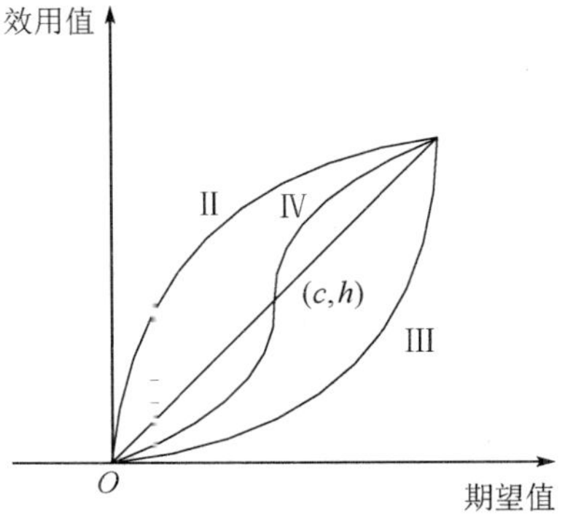

图 3-5　不同类型效用函数所对应的曲线

2）保守型效用函数

保守型效用函数表示随着货币额的增多，效用递增，但其递增的速度逐渐变慢。决策者对大的风险收益并不太感兴趣，而对损失的反应则很敏感，不求大利，但要规避风险，这是一种谨慎小心的保守型决策者。保守型效用函数所对应的曲线如图 3-5 中的Ⅱ曲线所示。曲线中间部分呈上凸形状，表示决策者厌恶风险，曲线上凸得越厉害，表示厌恶风险的程度越高。

3）冒险型效用函数

冒险型效用函数表示随着货币额的增多，效用递增，但递增的速度越来越快，决策者想获得大利而不关心亏损，对于亏损反应迟缓，而对利益的反应却非常敏感，是一种想谋大利、不怕冒险的进取型决策者。冒险型效用函数所对应的曲线如图 3-5 中的Ⅲ曲线所示。 曲线中间的部分呈下凹形状，表示决策者喜欢冒险，敢于做大胆的尝试，曲线下凹得越厉害，表示决策者冒险性越大。

4）渴望型效用函数

渴望型效用函数表示在货币额不大时，决策者具有一定的冒险胆识，但当货币额增至相当数量时，转为采用稳妥策略。渴望型效用函数所对应的曲线如图 3-5 中的Ⅳ曲线所示，在曲线上有一个拐点 (c,h)，左段呈下凹形状，右段呈上凸形状。这种决策者的特点是，以曲线上的拐点 (c,h) 为分界点，当效用值小于 h 时，决策者喜欢采取冒险行动；而当效用值大于 h 时，决策者又改为采用稳妥策略。这种类型的效用函数反映的是决策者的一种特殊心态，拥有这种心态的决策者往往具有特定的目标，为了达到这一目标，可以不惜冒险，而对于超出这一目标的部分，又不太感兴趣，故转为采取稳妥策略。

3.4.2 基数效用函数与序数效用函数

需要说明的是，以上定义的效用函数是基数效用函数。基数效用函数不仅能反映决策者对后果的偏好次序，还能反映决策者的偏好强度。比如，实数 2、2.01 和 100 就是基数，基数的数值大小有着确切的含义：2.01 只比 2 大 0.01，或者说大 0.005 倍；100 则比 2 大 98，即 100 是 2 的 50 倍。而序数效用函数只反映决策者对后果的偏好次序，并不反映偏好强度。例如，体育比赛的名次第一、第二、……这种名次是序数。序数只反映优先关系，而不包含偏好强度的信息。仍以体育比赛为例，具体项目是女子 3000m 田径，首先到达终点的三个人甲、乙和丙分别获得第一名、第二名和第三名。有可能乙与甲的实力非常接近，比赛成绩的差距在 1s 以内，而丙与甲、乙的实力悬殊，比赛成绩的差距在 1min 以上；也可能乙与丙的实力非常接近，比赛成绩的差距在 1s 以内，而甲与乙、丙的实力悬殊，比赛成绩的差距在 1min 以上，无论是哪种情况，甲、乙和丙都将分别获得第一名、第二名和第三名。

200 多年前，伯努利通过对圣彼得堡悖论的研究，提出了用期望偏好（期望效用）取代期望收益来评价决策问题中各种行动的优劣。冯 • 诺依曼和莫根施特恩对此进行了公理化解释：在给定的公理体系下，存在一个在正线性变换下唯一的效用函数，使决策问题的求解准则为，选择某个行动，使期望效用极大化。这一准则称为伯努利规则。按照冯 • 诺依曼和莫根施特恩的公理体系所设定的效用函数是基数性的。20 世纪 50 年代初，Arrow 在讨论社会选择问题时指出，进行效用的人际比较时，效用的基数性毫无意义，因此只讨论序数效用函数。

基数效用函数与序数效用函数的区别如下。

（1）基数效用函数定义在展望集上（考虑后果及其概率分布），是实数；序数效用函数可以定义在后果集上，不涉及概率，可以是正整数。

（2）基数效用函数反映偏好强度，在正线性变换下唯一；若 2、2.01 和 100 是某一个行动的展望的基数效用函数，则变换为 $2b+c$、$2.01b+c$、$100b+c$ 之后仍是这三个行动的展望的效用函数。而序数效用函数不反映偏好强度，它在保序变换下唯一；原第一、第二和第三作为序数信息，若变换成数值越大越优的序数效用函数，则可变换为 9、4、1 或 9、4、2 或 4、2、1 等。

3.4.3　效用函数曲线的构造

效用可以用效用值 u 表示，效用值介于 0 和 1 之间。在一个决策问题中，一般把最大收益值的效用定义为 1，把最小收益值的效用定义为 0，即 $0 \leqslant u \leqslant 1$。在平面直角坐标系中，如果用横坐标表示收益值，纵坐标表示效用值，则可把决策者对收益值的态度绘制成一条曲线，这条曲线被称为决策者的效用函数曲线。

效用函数曲线可以通过 N-M 心理试验法加以确定。这种方法是冯·诺依曼和莫根施特恩两人于 1944 年共同创立的，该方法也被称为标准测定法，其步骤如下。

（1）确定方案收益值的最大值和最小值，其对应效用值分别为 1 和 0。

（2）根据肯定等值概念，通过与决策者问答的方式测出与收益值对应的效用值。常用的问答方式为按照 50%的可能性，由风险收益求肯定等价收益。

设决策者面临两种备选方案 A_1、A_2。A_1 代表决策者可以无风险地得到收益 ω_2，A_2 表示决策者以 50%的概率得到收益 ω_1 或者以 50%的概率得到收益 ω_3，其中 $\omega_1 > \omega_2 > \omega_3$。每次询问决策者，当 ω_2 取何值时，认为方案 A_1 和 A_2 等价？得到 ω_2 后，利用下式可以求出 $u(\omega_2)$：

$$u(\omega_2) = 0.5u(\omega_1) + 0.5u(\omega_3)$$

（3）用类似方法，通过 $u(\omega_3)$ 和 $u(\omega_2)$ 求 ω_4（$\omega_3 < \omega_4 < \omega_2$）及对应的 $u(\omega_4)$；由 $u(\omega_1)$ 和 $u(\omega_2)$ 求 ω_5（$\omega_2 < \omega_5 < \omega_1$）及对应的 $u(\omega_5)$。如此继续，直到得到足够多的点。

（4）逐点连接各收益值对应的效用值，即可得到符合决策者主观偏好的效用函数曲线。

现结合具体例题，介绍这种方法。

例 3.14　指挥员下定战斗决心问题。设有两种作战方案 A 和 B，顺利情况出现的概率为 0.6，意外情况出现的概率为 0.4。方案 A 在顺利情况下可推进 8km，在意外情况下将后退 3km；方案 B 在顺利情况下可推进 5km，在意外情况下原地不动。问指挥员应选哪种方案？

解：为解决该风险型决策问题，需要先测定指挥员的效用函数曲线。

对于这两种方案，决策者的最大收益值是推进 8km，其效用值最大，令 $u(8)=1$，最小收益值是后退 3km，其效用值最小，取 $u(-3)=0$。

接着与当事人对话确定他的效用值。

问，以 50%概率推进 8km 或以 50%概率退后 3km 的肯定等效推进是多少？

答，（指挥员根据作战经验及对所冒风险的态度回答）1km，则

$$\begin{aligned} u(1) &= 0.5u(8) + 0.5u(-3) \\ &= 0.5 \end{aligned}$$

问，以 50%概率推进 8km 或以 50%概率推进 1km 的肯定等效推进是多少？
答，2.5km，则

$$\begin{aligned}u(2.5) &= 0.5u(8) + 0.5u(1) \\ &= 0.5\times1+0.5\times0.5 \\ &= 0.75\end{aligned}$$

问，以 50%概率推进 1km 或以 50%概率后退 3km 的肯定等效推进是多少？
答，$-1\,\text{km}$，则

$$\begin{aligned}u(-1) &= 0.5u(-3) + 0.5u(1) \\ &= 0.25\end{aligned}$$

至此，得到 5 个点的效用值：$u(-3)=0$，$u(-1)=0.25$，$u(1)=0.5$，$u(2.5)=0.75$，$u(8)=1$，将这些点用光滑曲线连接起来，即得到决策者的效用函数曲线，如图 3-6 所示。

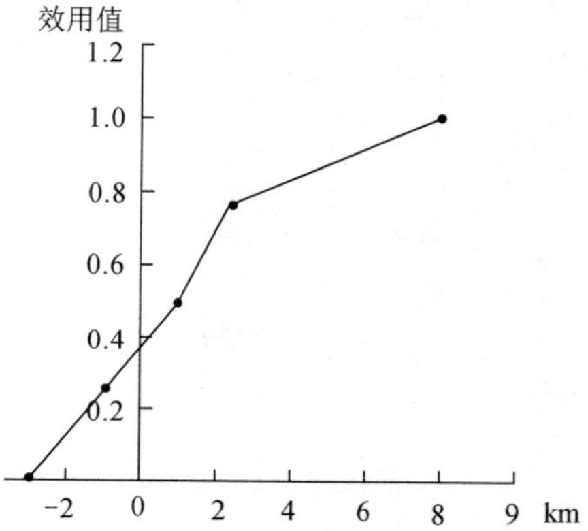

图 3-6　例 3.14 对应的效用函数曲线

3.4.4　效用决策的应用

例 3.15　某军工企业欲为价值为 H 元的厂房设备申报火灾保险。若投保，则明年要付保险金 i 元，明年内如果发生火灾，那么所有损失将全部被赔偿；若不投保，一旦发生火灾，则损失 K 元（$K<H$）。试决定是否投保。

解：根据题意，绘制如下选择情景。

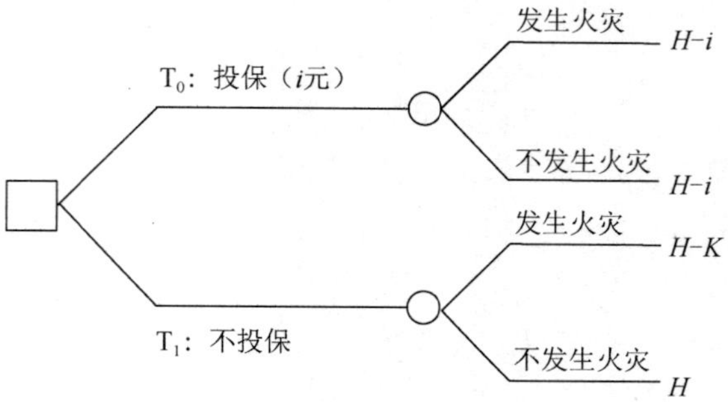

图 3-7　选择情景

事态体 $T_0: H-i$，　$T_1:(H-K,H;P)$，其中 P 为火灾出现的概率。

按照期望后果值计算，若决定投保，则需

$$H-i \geqslant P(H-K)+H(1-P)$$

即

$$P=P_1 \geqslant \frac{i}{K}$$

只有火灾出现的概率大于保险金和火灾损失之比，才以投保为优。例如，500 万元财产损失，保险金 1 万元，

$$P_1 \geqslant \frac{1}{500}=0.002$$

即，明年火灾发生的概率大于 0.002 时才值得投保。

假定对决策者进行风险心理试验得到的效用函数曲线如图 3-8 所示，按照期望效用值方法，

$$u(H-i) \geqslant Pu(H-K)+(1-P)u(H)$$

$$P=P_2 \geqslant \frac{u(H)-u(H-i)}{u(H)-u(H-K)}=\frac{\mathrm{CE}}{\mathrm{CF}}=\frac{\mathrm{GE}}{\mathrm{MF}}=\frac{i-\mathrm{IG}}{K}=\frac{i}{K}-\frac{\mathrm{IG}}{K}$$

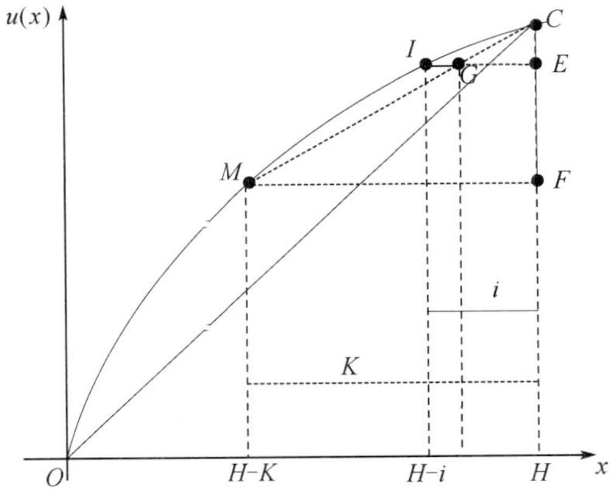

图 3-8　例 3.15 对应的效用函数曲线

因为

$$P_1 \geqslant \frac{i}{K}=0.002$$

因此，明年火灾发生的概率小于 0.002 时也值得投保。

例 3.16　某军工企业计划建工厂生产某新式武器，拟定两种方案，方案 A_1 为建大型工厂，需要投资 300 万元，方案 A_2 为建小型工厂，需要投资 160 万元，两种方案的使用期都是 10 年。按照市场预测，新式武器销路好的概率为 0.7，销路差的概率为 0.3，两种方案的年度益损值如表 3-24 所示。问该如何选择生产方案？

表 3-24 两种方案的年度益损值 （单位：万元）

方案	销路好（0.7）	销路差（0.3）
建大型工厂（A_1）	100	−20
建小型工厂（A_2）	40	10

解：（1）采用期望收益值准则。

根据题意，画出决策树，如图 3-9 所示。

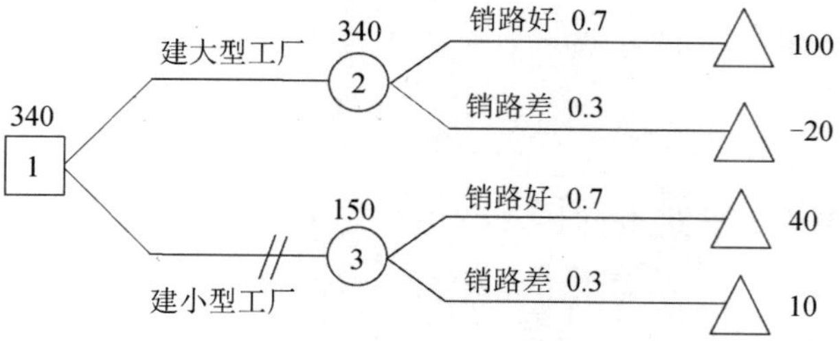

图 3-9 例 3.16 对应的决策树

方案 A_1 的期望收益值为

$$[100\times0.7+(-20)\times0.3]\times10-300=340 \text{（万元）}$$

方案 A_2 的期望收益值为

$$(40\times0.7+10\times0.3)\times10-160=150 \text{（万元）}$$

由决策树可知，方案 A_1 为最优方案。

（2）采用期望效用值准则。

第一步：这项决策的最大收益值为 700 万元，最小收益值为−500 万元，取效用值 $u(700)=1$，$u(-500)=0$。用心理试验法向决策者提出一系列问题，找出对应的效用值，即可绘制出该决策者对此决策问题的效用函数曲线，如图 3-10 所示。

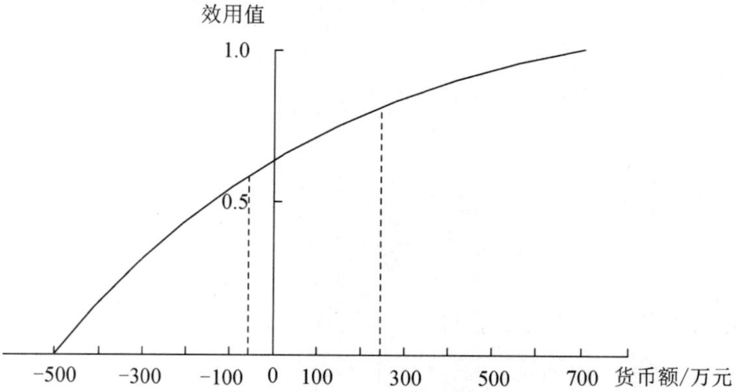

图 3-10 例 3.16 对应的效用函数曲线

在曲线上可以找到各益损值对应的效用值：

$$u(240)=0.82，\ u(-60)=0.58$$

第二步：绘制期望效益决策树。

采用效用值进行决策。

方案 A_1 的期望效益值为

$$1\times 0.7+0\times 0.3=0.7$$

方案 A_2 的期望效益值为

$$0.82\times 0.7+0.58\times 0.3=0.748$$

例 3.16 对应的期望效益决策树如图 3-11 所示。

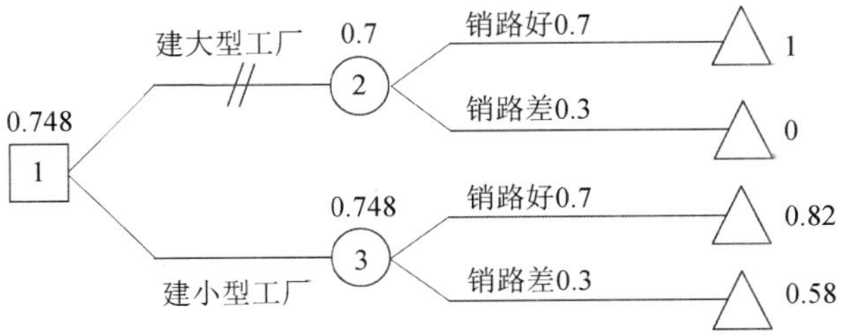

图 3-11　例 3.16 对应的期望效益决策树

由此可见，以效用值作为决策标准，应选方案 A_2，建小型工厂。两种决策法的结论相反，这并不是偶然的，原因是本例的效用函数曲线显示，决策者过于保守，怕冒风险。

用效用值作为决策标准，可以将决策者对风险的态度反映出来，使得所做的选择符合决策者的需要。但在实际决策过程中，效用函数曲线很难获得，因为进行心理测试时，决策者感到很难回答问题。尽管如此，效用理论仍为解决决策问题提供了理论基础。

习题

1. 某军工厂考虑两种生产方案：产品Ⅰ可以 0.3 的概率获利 5 万元，以 0.2 的概率获利 8 万元，以 0.5 的概率获利 9 万元；产品Ⅱ肯定可以获利 8 万元。决策者甲的效用函数为线性，即 $u_1(x)=x$，决策者乙的效用函数为 $u_2(x)=\begin{cases}0.2x^2, & 0\leqslant x\leqslant 5\\ -10+4x-0.2x^2, & 5\leqslant x\leqslant 10\end{cases}$

（1）画出两个决策者的效用函数曲线。求甲、乙决策者分别做何选择？

（2）若生产产品Ⅰ、Ⅱ均需另加 5 万元固定成本，甲、乙两个决策者又该做何选择？

2. 某公司拥有一块可能有油的土地，该公司可以自己钻井，也可以出租给其他公司开采。如果出租土地，租约有两种形式：一种是无条件出租，租金为 45 万元；另一种是有条件出租，租金依产量而定，产量在 20 万桶以上时，每桶提成 5 元；产量不足 20 万桶时不收租金。设钻井费用为 75 万元。有油时需另加采油设备费 25 万元，油价为 15 元/桶。油井产量简化为 4 种状态：无油、产油 5 万桶、产油 20 万桶、产油 50 万桶，对应的概率为 0.5、0.25、0.15、0.1。试用决策树法确定最优方案。

3. 已知某空域中活动的敌机和我机的先验概率：P(敌机)=0.62，P(我机)=0.38；又已知微波反射面积感测器对反射的有效面积小于 $Z\,\mathrm{m}^2$ 的目标有如下判定：P(<Z|敌机)=0.85，P(<Z|我机)=0.15。当反射面积<$Z\,\mathrm{m}^2$ 时，试利用贝叶斯公式对飞机进行敌我识别概率计算。

4. 在下列不确定型决策中，矩阵为收益矩阵，决策者认为方案 A_4 是最好的，请问他采用了什么准则（假设乐观系数为 0.5）？

	S_1	S_2	S_3	S_4
A_1	10	0	5	5
A_2	1	10	9	8
A_3	7	9	9	0
A_4	5	8	10	5

第四专题　多目标决策

前面讨论的决策问题，仅有一个目标，评价准则也是单一的，通常这类决策问题都属于单目标决策问题或单准则决策问题。然而，在实际遇到的决策问题中，单目标情况并不多见，更多的是多目标情况。这些目标相互联系、相互制约，甚至相互冲突、相互矛盾，形成一个多层次、结构复杂的多目标准则体系。在军事指挥决策中，评价作战方案通常要考虑很多要素，如定下进攻作战方案，既要按时攻占指定阵地，又要给敌方最大杀伤，还要己方伤亡消耗最少等，这就是多目标决策问题。本专题主要讨论多目标决策分析的基本原理，介绍两种常用的多目标决策方法，为进一步研究多目标决策提供必要的基础知识。

4.1　多目标决策的目标准则体系

4.1.1　目标准则体系的意义

在决策分析中，决策问题要达到的目的被称为决策目标；用数值表示决策方案实现某个目标程度的标准和法则，称为决策准则。在单目标决策中，决策准则较为简单，例如，决策目标是收益值，可以选用货币量作为决策准则，或者选用货币量的效用值作为决策准则。因此，单目标决策又被称为单准则决策。在多目标决策中，情况要复杂得多，决策问题的目标不是一个，而是多个，每一个目标的决策准则也不是一个，而是多个。

单目标决策问题的关键是合理地选择决策准则，对备选方案进行比较和优选。同样，多目标决策的关键，也是合理地选择和构造目标准则体系，从总体上对备选方案进行比较和优选。目标准则体系的构建，是多目标决策的前提。在多目标决策问题中，有的目标可以用一个或几个决策准则直接进行评价和比较；有的目标难以直接评价，需要将这些难以直接评价的目标，分解成若干个级别较低的子目标，直到可以直接用一个或几个准则进行比较和评价为止。例如，某电力集团公司计划修建一座太阳能发电厂，厂址的选择就是多目标决策问题。发电厂选址决策的目标准则体系包括经济、政治、社会、自然四个目标，这四个目标均不能直接用一个或几个准则进行评价，而要根据决策主体和实际情况的要求，逐级分解为若干个子目标。例如，经济目标可以分解成直接经济效益和间接经济效益两个一级子目标。直接经济效益又可以继续分解为投资额、投资回收期和利税总额三个二级子目标。间接经济效益也可以继续分解为就业、地区贸易收益和国内贸易收益三个二级子目标。这些二级子目标均可以用单一准则进行比较和评价。投资额、利税总额可用货币准则进行评价，投资回收期可用时间准则进行评价。对于政治、社会、自然三个目标，均可以进行同样的分解。这样，形成了一个层次结构复杂的目标准则体系。

一般来说，在多目标决策问题中，其目标经过逐层分解，或者依据决策主体要求和实际情况需要，形成多层次结构的子目标系统，使得最低一层子目标可以用单一准则进行评价，这种结构称为目标准则体系。目标准则体系的层次结构，可以用树形结构图直观表示。最上一层，通常只有一个目标，称为总体目标，最下一层的每一个子目标都可以用单一准则进行评价，称为准则层。多目标准则分析过程就是，依据某种科学的方法，对于整个层次的目标准则体系，合理地给出表示每种备选方案满意程度的数值。

4.1.2 目标准则体系的结构

多目标决策问题的目标准则体系结构是复杂的，根据不同的实际情况，结构也不尽相同。通常，可将目标准则体系分成以下三种类型。

1）单层次目标准则体系

单层次目标准则体系的各个目标都属于同一层次，每个目标无须分解就可以用单目标准则给出定量评价，其结构如图 4-1 所示。这类多目标决策问题，在微观经济管理中经常遇到。例如，选购某种设备和装置就属于这类问题，企业对设备和装置都有一些常规的技术和经济指标要求，这些指标均可以用单层次目标准则体系进行评价。

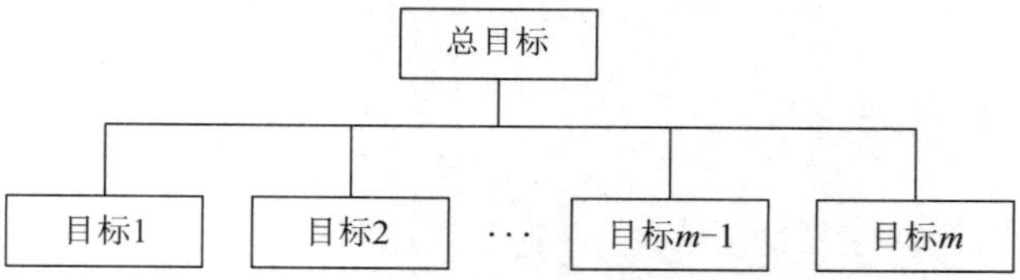

图 4-1　单层次目标准则体系结构

2）序列型多层次目标准则体系

序列型多层次目标准则体系的各个目标，均可以按序列分解为若干低一层次的子目标，各子目标又可以继续分解，这样逐层按类别有序地进行分解，直到最低一层子目标可以按某个准则给出数量评价为止，其结构如图 4-2 所示。这类目标准则体系的特点是，每个子目标均可由相邻上一层次的某个目标分解而成，各个子目标可以按序列关系分属于各类目标。不同类别的目标准则之间不发生直接联系。这类多目标决策问题在宏观经济管理中经常遇到，如前面提到的发电厂厂址的决策，某装备系统效能的评价，都属于此种类型。

3）非序列型多层次目标准则体系

某些多目标决策问题，需要将所有的子目标按其性质划分为若干层次，最低一层为准则层，构成多层次目标准则体系。不同于序列型多层次目标准则体系，这类目标准则体系某一层次的各个子目标，一般不单由其相邻上一层次某子目标分解而成，各个子目标也不能按序列关系分属于各类。相邻两层次子目标之间，仅按自身的属性建立联系，存在直接联系的子目标之间用实线连接，无实线连接的子目标之间不存在直接联系。这类目标准则体系被称为非序列型多层次目标准则体系，其结构如图 4-3 所示。

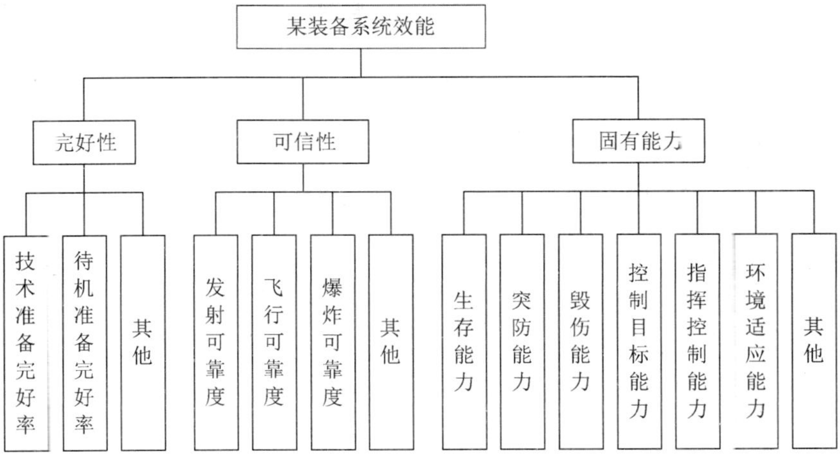

图 4-2　序列型多层次目标准则体系结构

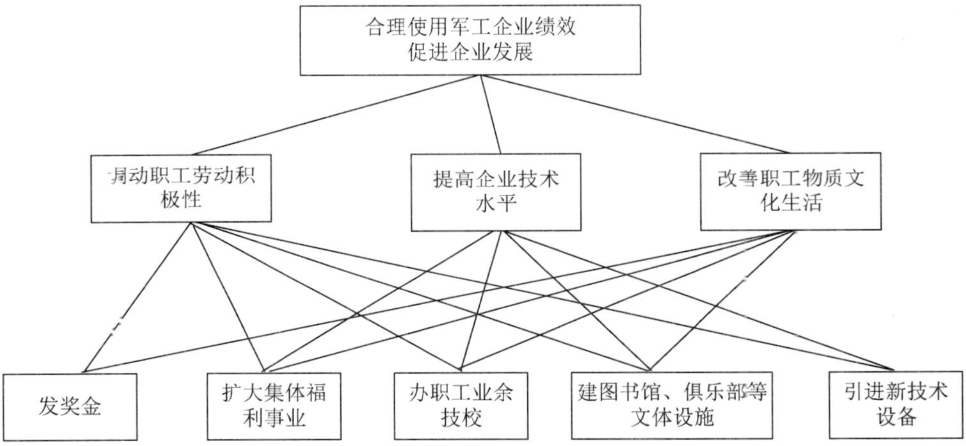

图 4-3　非序列型多层次目标准则体系结构

以上三种类型的目标准则体系具有一定的普遍性，但不能包括所有多目标决策问题的目标准则体系。在实际应用中，应该根据具体情况合理地构建目标准则体系。

构建多目标决策问题的目标准则体系是一项技术性较强的工作。尤其对于社会经济发展战略及大型工程项目的多目标决策问题，决策分析人员应该做好充分的调查研究，掌握全面、准确的第一手资料，根据决策主体的总要求，初步拟定目标准则体系的系统规划和层次结构。由于决策问题涉及多学科、多技术、多部门的知识，所以单靠几个决策分析人员，把各个知识领域的问题弄清楚，把各目标准则及其相对重要性毫无遗漏地排列出来，无疑是相当困难的，必须采用专门的方法才能完成这一任务。通常，德尔菲咨询法是行之有效的方法，这种方法依据决策主体的总体进行设计，组织各方面的专家，对目标准则体系的层次结构、条目规划和各专业领域的问题进行咨询，经过反复的信息交换、统计处理和综合归纳，形成比较一致的意见，据此构建目标准则体系。实施德尔菲咨询法要使各位专家独立而充分地发表见解，一般采用背靠背方式进行。专家的组成要保证咨询工作能够有效展开，并做出客观、全面、科学的判断。

4.1.3 评价准则和效用函数

在多目标决策中，制定了目标准则体系，不同的目标就可用不同的评价准则衡量了。例如，前面提到的发电厂选址问题，经济目标被分解为准则层的六个三级子目标，投资额和利税总额用货币准则评价、投资回收期用时间准则评价等。这些评价准则，其度量单位各异，变化方向不同，如何从总体上给出备选方案关于目标准则体系中全部目标的满意度，这是多目标决策的关键。为此，必须将不同度量单位的准则，化为无量纲统一的数量标度，并按特定的法则和逻辑过程进行归纳与综合，建立各种备选方案之间具有可比性的数量关系。第三专题讨论的效用与效用函数，正是这种统一的数量标度之一。

如前所述，效用值较好地表示了在同一准则下，不同方案、不同条件结果值对决策主体的价值。在多目标决策中，目标准则体系一经制定，任意一种备选方案实施的效果，均可以由目标准则体系的全部结果值确定。备选方案在每一个目标准则下确定一个结果值，对目标准则体系，就得到一组结果值，并经过各目标准则的效用函数，得出一组效用值。这些效用值分别表示了备选方案在各目标准则下对于决策主体的价值，都用区间 (0,1) 上的实数表示。这样，任意一种备选方案在总体上对决策主体的满意度，通过这些效用值按照某种法则合并而得，满意度是综合评价备选方案的依据。

需要注意的是，由于目标准则体系的复杂性，各个目标准则效用函数的选取要结合实际相互兼顾，效用值偏大或偏小都是不合适的，会直接影响目标准则在效用值并合中的比重，从而造成不应有的偏误。在实际应用中，可根据目标涉及的专业知识、精度要求、分析人员掌握的资料和积累的经验综合考虑，使得各个目标准则的效用值能够相互协调、彼此照应。

4.1.4 目标准则体系风险因素的处理

在单目标风险型决策中，备选方案可被看作在整体上处于同一类状态空间中，期望效用值较好地表示了各备选方案的满意度。但在多目标决策中，由于目标准则体系的复杂性，风险因素仅涉及某些目标准则，备选方案不宜在整体上被视为处于同一类状态空间中。因此，多目标决策的风险因素，应该在目标准则体系中对涉及风险因素的各个子目标分别加以处理。这样，就可以利用单目标风险决策技术，对某些存在风险因素的目标准则，将备选方案在各种自然状态下的结果值转换为期望结果值。对存在风险因素的所有目标准则都分别做这样的技术处理。于是，任意一种备选方案在目标准则体系所有准则下，都只有一个确定的结果值，多目标风险型决策问题就转换为多目标确定型决策问题。

经过适当技术处理，各类含有风险因素的多目标决策问题都可以转换为多目标确定型决策问题，因此，本专题所讨论的多目标决策问题，除了特别说明，均指多目标确定型决策问题。

4.2 接近理想点法

4.2.1 接近理想点法的步骤

接近理想点法（Technique for Order Preference by Similarity to Ideal Solution，TOPSIS）是

指最后的评判结果应该与理想方案距离最近，与最差方案距离最远。以理想化的最优、最劣基点来衡量其他备选方案对二者的距离，以此排序，进行分析、决策，其步骤如下。

步骤 1：设一个多指标评估问题有 m 种备选方案，记为 $A=\{A_1, A_2, \cdots, A_m\}$，有 n 个评估方案优劣的指标，记为 $V=\{V_1, V_2, \cdots, V_n\}$，评估矩阵记为 $\boldsymbol{Y}=(y_{ij})_{m\times n}$，其中 y_{ij} 是方案 A_i 的第 j 个指标值。

步骤 2：计算规范矩阵。可用向量规范法（按列规范，对不同方案的同一属性进行规范）求得规范矩阵 $\boldsymbol{Z}$。

$$z_{ij}=y_{ij}\Big/\sqrt{\sum_{i=1}^{m}y_{ij}^2},\quad i=1,2,\cdots,m,\quad j=1,2,\cdots,n \tag{4-1}$$

式中，z_{ij} 为矩阵 $\boldsymbol{Z}$ 的元素。

步骤 3：构建加权规范矩阵 $\boldsymbol{X}$。

$$x_{ij}=w_j z_{ij},\quad i=1,2,\cdots,m,\quad j=1,2,\cdots,n \tag{4-2}$$

式中，w_j 为各指标权重。

步骤 4：确定参考的正理想点 x_j^+ 和负理想点 x_j^-。按照下面的公式来确定各指标的正负理想点。

对效益型属性，

$$\begin{cases}\text{正理想点}\quad x_j^+=\max\limits_i x_{ij},\quad i=1,2,\cdots,m,\quad j=1,2,\cdots,n\\ \text{负理想点}\quad x_j^-=\min\limits_i x_{ij},\quad i=1,2,\cdots,m,\quad j=1,2,\cdots,n\end{cases} \tag{4-3}$$

对成本型属性，

$$\begin{cases}\text{正理想点}\quad x_j^+=\min\limits_i x_{ij},\quad i=1,2,\cdots,m,\quad j=1,2,\cdots,n\\ \text{负理想点}\quad x_j^-=\max\limits_i x_{ij},\quad i=1,2,\cdots,m,\quad j=1,2,\cdots,n\end{cases} \tag{4-4}$$

步骤 5：计算方案点与正理想点和负理想点的欧几里得距离。

与正理想点的欧几里得距离：

$$d_i^+=\sqrt{\sum_{j=1}^{n}(x_{ij}-x_j^+)^2}\quad,\quad i=1,2,\cdots,m \tag{4-5}$$

与负理想点的欧几里得距离：

$$d_i^-=\sqrt{\sum_{j=1}^{n}(x_{ij}-x_j^-)^2}\quad,\quad i=1,2,\cdots,m \tag{4-6}$$

它们表示方案 $A_i(i=1,2,\cdots,m)$ 与正理想方案 A^+ 和负理想方案 A^- 的贴近度。

步骤 6：计算各种方案与理想解的接近程度。

$$C_i=d_i^-\big/(d_i^-+d_i^+),\quad i=1,2,\cdots,m \tag{4-7}$$

$0 \leqslant C_i \leqslant 1$，$d_i^+$ 越小，即方案与正理想解的距离越小，C_i 越大；d_i^- 越小，即方案与负理想解的距离越小，C_i 越小。

步骤 7：按 C_i 值由大到小的顺序，对方案进行排序。

显然，当 $A_i = A^+$ 时，$C_i = 1$；当 $A_i = A^-$ 时，$C_i = 0$；C_i 越接近于 1，A_i 越接近于 A^+。特定方案最后的评估，以及各种方案的优劣顺序，由 C_i 的大小确定。

4.2.2 接近理想点法的应用

例 4.1 某型号武器装备研发方案的评价与优选。武器装备研发方案的评价与优选对于提高武器装备的效能与性能、降低武器装备的研发成本具有重要意义。设研制某型号武器装备有五种方案，方案集为 $\{A_1, A_2, A_3, A_4, A_5\}$，方案评价的指标集为{寿命，200m 杀伤面积，成本}。各方案的指标值如表 4-1 所示，各指标的权重取为 $\boldsymbol{\omega} = [0.2, 0.3, 0.5]$。试进行方案决策。

表 4-1 各方案的指标值

方案	寿命/年	200m 杀伤面积/m²	成本/万元
A_1	31.5	1.65	268
A_2	29.5	2.05	250
A_3	25.2	1.55	225
A_4	18.4	1.85	240
A_5	25.7	1.51	230

解：（1）利用接近理想点法，得到规范矩阵。

根据式（4-1），计算 z_{11}。

$$z_{11} = 31.5\Big/\sqrt{31.5^2 + 29.5^2 + 25.2^2 + 18.4^2 + 25.7^2} \approx 0.5327$$

同理，可得到其他值。因此得到规范矩阵

$$\boldsymbol{Z} = \begin{bmatrix} 0.5327 & 0.4256 & 0.4931 \\ 0.4989 & 0.5288 & 0.4599 \\ 0.4262 & 0.3998 & 0.4139 \\ 0.3112 & 0.4772 & 0.4415 \\ 0.4346 & 0.3895 & 0.4231 \end{bmatrix}$$

（2）计算加权规范矩阵。

利用式（4-2）计算 x_{11}。

$$x_{11} = 0.2 \times 0.5327 \approx 0.1065$$

同理，可得到其他值。因此加权规范矩阵为

$$X = \begin{bmatrix} 0.1065 & 0.1277 & 0.2466 \\ 0.0998 & 0.1586 & 0.2300 \\ 0.0852 & 0.1199 & 0.2070 \\ 0.0622 & 0.1432 & 0.2208 \\ 0.0869 & 0.1169 & 0.2116 \end{bmatrix}$$

（3）获得正、负理想点。

该例题中的寿命和 200m 杀伤面积为效益型指标，成本为成本型指标，根据式（4-3）和式（4-4），其正负理想点分别为

正理想点　　　　　　$\{0.1065 \quad 0.1586 \quad 0.2070\}$

负理想点　　　　　　$\{0.0622 \quad 0.1169 \quad 0.2466\}$

（4）计算各方案与正、负理想点的欧几里得距离，以及与理想解的接近程度。

对于方案 A_1，根据式（4-5）和式（4-6）得到

$$d_1^+ = \sqrt{(0.1065-0.1065)^2+(0.1277-0.1586)^2+(0.2466-0.2070)^2} \approx 0.0501$$

$$d_1^- = \sqrt{(0.1065-0.0622)^2+(0.1277-0.1169)^2+(0.2466-0.2466)^2} \approx 0.0456$$

根据式（4-7）计算方案 A_1 与理想解的接近程度：

$$C_1 = 0.0456/(0.0456+0.0501) \approx 0.4765$$

同理可得到其他方案的值，各方案的评估结果如表 4-2 所示。

表 4-2　各方案的评估结果

方案	d_i^+	d_i^-	C_i	排序
A_1	0.0501	0.0456	0.4765	4
A_2	0.0240	0.0586	0.7094	1
A_3	0.0442	0.0459	0.5094	2
A_4	0.0489	0.0368	0.4294	5
A_5	0.0464	0.0428	0.4798	3

可以得出，$A_2 \succ A_3 \succ A_5 \succ A_1 \succ A_4$。

4.3　层次分析法

层次分析法（Analytic Hierarchy Process，AHP）是由美国运筹学家萨蒂（T.L. Saaty）于 20 世纪 70 年代提出的。它是一种多层次权重系数解析法，将定性与定量相结合来处理各种决策因素。它常常被运用于多目标、多准则、多要素、多层次的非结构化的复杂决策问题，特别是对战略决策问题的研究，具有十分广泛的实用性。

AHP 是一种将决策者对复杂问题的决策思维过程模型化、数量化的过程。通过这种方法，可以将复杂问题分解为若干层次和若干因素，在各因素之间进行简单的比较和计算，可以得出反映不同方案重要性程度的权重，从而为决策方案的选择提供依据。

AHP 是解决复杂的非结构化的经济决策问题的重要方法，是计量经济学的主要方法之一。

4.3.1 层次结构模型

应用 AHP 对社会、经济和管理领域的问题进行多目标决策，首先要对问题进行处理，使其条理化、层次化，构造出能够反映系统本质属性和内在联系的递阶层次结构模型。在这种层次结构模型中，根据系统分析的结果，弄清系统和环境的关系、系统所包含的因素、因素之间的相互联系和隶属关系等，将具有共同属性的因素归并为一组，作为层次结构模型的一个层次，同一个层次的因素既对下一个层次的因素起着制约作用，同时受到上一个层次的因素的制约，这样就构造了层次结构模型。AHP 的层次结构，既可以是序列型的，也可以是非序列型的。一般来说，可以将层次分为以下三种类型。

（1）最高层：只包含一个因素，表示决策分析的总目标，也被称为目标层。

（2）中间层：包含若干层的因素，包括各种准则、约束、策略、指标等，也被称为准则层。

（3）最低层：表示实现决策目标的各种备选方案、措施等，也被称为方案层。

下面，举例说明构建层次结构模型的方法。

例 4.2 构建科研课题评价的层次结构模型。

解：科研课题评价往往涉及众多因素，每项课题攻关方向也不一样，但不管哪项课题，都涉及成果贡献、人才培养、可行性及发展前景等因素，因此可以将这四个因素作为一级判断准则，与这四个因素相关的有以下几个因素。

（1）实用价值：指课题的研究成果给社会带来的效益，包括经济效益、社会效益、实用效益和成果贡献，与人才培养、发展前景等目标都有关系。

（2）科技水平：指课题在学术上的理论价值，以及在同行中的领先水平。科技水平直接关系到成果贡献，也关系到人才培养、发展前景。

（3）优势发挥：指课题发挥本单位学科及人才优势的程度，体现与同类课题比较的有利因素，与人才培养、可行性和发展前景均有关系。

（4）难易程度：指课题本身的难度，以及课题组现有人才、设备条件所决定的成功可能性。这与课题的可行性、发展前景关联。

（5）研究周期：指课题研究预计所需的时间，这与课题的可行性直接相关。

（6）财政支持：指课题的经费、设备及经费来源，还包括有关单位支持。这也与课题的可行性直接相关。

科研课题评价，就是综合上述各种目标和因素，确定各项课题的相对优劣次序，以供优选课题和安排科研力量参考。为此，建立科研课题评价的层次结构模型，如图 4-4 所示。模型从上到下分为四个层次，层次之间的关联情况均以作用线标明。

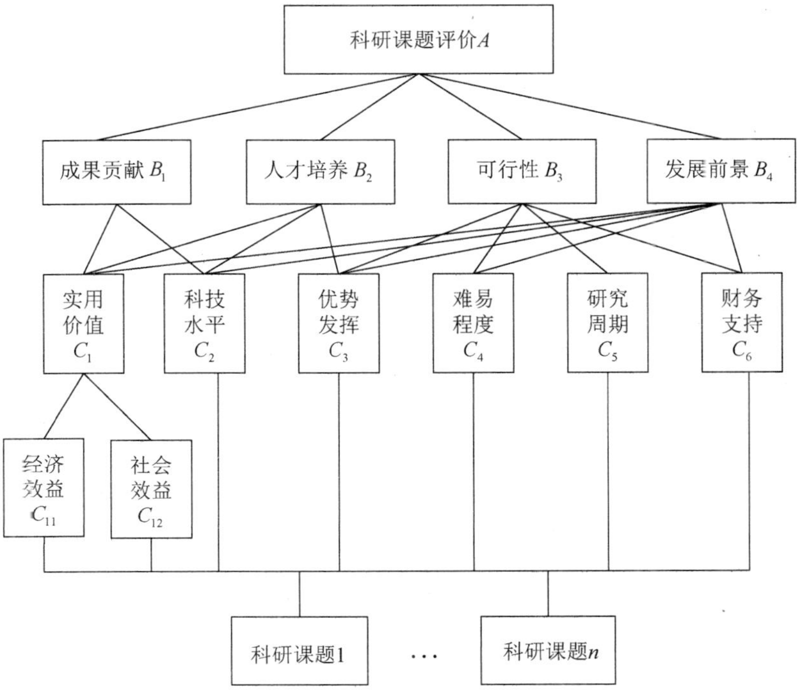

图 4-4　科研课题评价的层次结构模型

总目标层：科研课题评价（A）。

目标层：包括四个目标，即成果贡献（B_1）、人才培养（B_2）、可行性（B_3）、发展前景（B_4）。

准则层：包括六个准则，即实用价值（C_1）、科技水平（C_2）、优势发挥（C_3）、难易程度（C_4）、研究周期（C_5）、财政支持（C_6）。其中实用价值又分解为经济效益（C_{11}）和社会效益（C_{12}）两个准则。

方案层：包括待决策的科研课题 1～科研课题 n。

4.3.2　判断矩阵

1．判断矩阵的构造

设 m 个因素（方案或准则）对上一层某因素（准则或目标）存在相对重要性，根据特定的标度法则，对第 i 个因素（$i=1,2,\cdots,m$）与第 j 个因素（$j=1,2,\cdots,m$）进行比较，其相对重要程度为 a_{ij}，这样构造的 m 阶矩阵可用于求解各因素关于某些准则的优先权重，称为权重解析判断矩阵，简称判断矩阵，记作

$$\boldsymbol{A}=(a_{ij})_{m\times m} \tag{4-8}$$

构造判断矩阵的关键在于设计一种特定的用于比较两个因素相对重要程度的标度法则，使得任意两个因素的相对重要程度有一定的数量标准。这种标度法则是 AHP 的重要特色，是将人的决策判断数量化的重要方法。萨蒂教授引用的 1～9 标度法，其各级标度的含义如表 4-3 所示。

表 4-3　1～9 标度法各级标度的含义

标度	定义	含义
1	同样重要	两个因素对某个属性，一个因素和另一个因素同样重要
3	稍微重要	两个因素对某个属性，一个因素比另一个因素稍微重要
5	明显重要	两个因素对某个属性，一个因素比另一个因素明显重要
7	强烈重要	两个因素对某个属性，一个因素比另一个因素强烈重要
9	极端重要	两个因素对某个属性，一个因素比另一个因素极端重要
2、4、6、8	相邻标度中值	表示相邻两个标度折中时的标度
上列标度的倒数	反比较	因素 i 与因素 j 比较的标度为 a_{ij}，则因素 j 与因素 i 比较的标度 $a_{ji}=1/a_{ij}$

1～9 标度法符合人的认知规律，具有一定的科学依据，从人的直觉判断能力来看，在区分事物数量差别时，总是习惯使用相同、较强、强、很强、极端强等判断语言。心理学实验表明，多数人对不同事物在相同属性上的差异，其分辨能力介于 1～9 级，1～9 标度法反映了多数人的判断能力。萨蒂将 1～9 标度法和其他标度法进行了对比，经过大量模拟实验证明，1～9 标度法是可行的，比其他标度法更能有效地将思维判断数量化。表 4-3 中所列的各级标度在数值上给出两个因素相对重要程度的等级，根据 1～9 标度法就可以构造出判断矩阵。

设有 m 个元素 $A_1,A_2,\cdots,A_m$，现在构造关于上一层准则 C_r 的判断矩阵。将 m 个元素自上而下排成一列，自左至右排成一行，左上角交叉处标明准则记号 C_r。对左边第一列每个元素 $A_i(i=1,2,\cdots,m)$ 和上边第一行的每个元素 $A_j(j=1,2,\cdots,m)$ 关于准则 C_r 的重要程度进行比较，做出判断，按照 1～9 标度法给出相应的标度值 a_{ij}。这样，就构造出元素 $A_1,A_2,\cdots,A_m$ 关于准则 C_r 的判断矩阵 $\boldsymbol{A}=(a_{ij})_{m\times m}$，其形式如表 4-4 所示。

表 4-4　判断矩阵形式

C_r	A_1	…	A_j	…	A_m
A_1	a_{11}	…	a_{1j}	…	a_{1m}
⋮			⋮		⋮
A_j	a_{j1}	…	a_{jj}	…	a_{jm}
⋮	⋮		⋮		⋮
A_m	a_{m1}	…	a_{mj}	…	a_{mm}

判断矩阵也可以直接用矩阵表示，如下列判断矩阵

$$\boldsymbol{A}=\begin{bmatrix} 1 & 3 & 1/4 \\ 1/3 & 1 & 5 \\ 4 & 1/5 & 1 \end{bmatrix}$$

标度 $a_{12}=3$，它表示关于准则 C_r，第 1 个因素比第 2 个因素稍微重要；标度 $a_{31}=4$，它表示第 3 个因素相对第 1 个因素的重要性介于稍微重要和明显重要之间，其余标度的含义类似。

2. 层次因素排序的特征向量法原理

建立了层次结构模型和判断矩阵，决策就转换为待评备选方案关于具有层次结构的目标准则体系的排序问题，AHP 采用优先权重作为区分方案优劣程度的指标。优先权重是一种相对度量值，表示方案的相对优劣程度，其数值介于 0～1。在给定决策准则下，优先权重数值越大，方案越优，反之方案越劣。方案层的各方案关于目标准则体系整体的优先权重，是通过层次结构从上到下逐层计算得到的。每一层的各个因素关于上一层因素的优先权重，称为层次权重单排序，整个过程称为层次权重总排序。

为了说明层次因素排序的特征向量法原理，先讨论一个原理相似的物体测重问题。假设有 m 个物体 $A_1, A_2, \cdots, A_m$，它们的重量分别记为 $W_1, W_2, \cdots, W_m$，现将每个物体的重量两两进行比较，结果如表 4-5 所示。

表 4-5　每个物体的重量两两比较的结果

物体	A_1	A_2	…	A_m
A_1	W_1/W_1	W_1/W_2	…	W_1/W_m
A_2	W_2/W_1	W_2/W_2	…	W_2/W_m
⋮	⋮	⋮		⋮
A_m	W_m/W_1	W_m/W_2	…	W_m/W_m

若以矩阵来表示各个物体相互之间的重量关系，则可以得到重量比较矩阵

$$\boldsymbol{A} = \begin{bmatrix} W_1/W_1 & W_1/W_2 & \cdots & W_1/W_m \\ W_2/W_1 & W_2/W_2 & \cdots & W_2/W_m \\ \vdots & \vdots & & \vdots \\ W_m/W_1 & W_m/W_2 & \cdots & W_m/W_m \end{bmatrix}$$

若取重量向量 $\boldsymbol{W} = (W_1, W_2, \cdots, W_m)^{\mathrm{T}}$，则有 $\boldsymbol{AW} = m\boldsymbol{W}$，显然，$m$ 是矩阵 $\boldsymbol{A}$ 的特征值，$\boldsymbol{W}$ 是矩阵 $\boldsymbol{A}$ 对应的特征向量。

线性代数的理论可以证明，m 是矩阵 $\boldsymbol{A}$ 唯一非零的最大的特征值。上述事实告诉我们，如果需要知道一组物体的重量，而又没有测量器，那么可以先通过两两比较它们的重量，得出每一对物体的重量比，从而构造重量比较矩阵 $\boldsymbol{A}$；然后通过求解矩阵的最大特征值 $\lambda_{\max}$ 和它对应的特征向量，得出一组物体的重量。

显然，判断矩阵也具有类似的结构，通过计算判断矩阵的最大特征值和对应的特征向量，以特征向量各分量表示该层因素相对相邻上一层某个因素的优先权重，整个计算沿着层次结构从上到下逐层进行。最后，计算出方案层关于整个目标准则体系的优先权重，完成层次权重总排序过程。这就是 AHP 的基本思想，其由此得名。

3. 判断矩阵的一致性检验

很明显，重量比较矩阵的元素 $a_{ij} = \dfrac{W_i}{W_j}$ 有以下特点。

（1） $a_{ij} > 0\,(i, j = 1, 2, \cdots, m)$。

（2） $a_{ii}=1\,(i=1,2,\cdots,m)$。

（3） $a_{ij}=1/a_{ji}\,(i,j=1,2,\cdots,m)$。

（4） $a_{ij}=a_{ik}/a_{jk}\,(i,j,k=1,2,\cdots,m)$。

满足条件（1）～（3）的矩阵被称为正互反矩阵。满足全部条件（1）～（4）的矩阵被称为一致性正互反矩阵。

很显然，按照 1～9 标度法构造的判断矩阵 $\boldsymbol{A}=(a_{ij})_{m\times m}$ 满足条件（1）～（3），因此判断矩阵是正互反矩阵。但由于客观事物的复杂性和主观判断的多样性，难以将同一准则下不同因素的相对重要程度判断得十分准确，一般来说，判断矩阵不一定满足一致性条件（4）。

根据一致性正互反矩阵的性质，只有判断矩阵 $\boldsymbol{A}$ 具有完全一致性，才有唯一非零的最大特征值，其余的特征值均为零，层次排序才能归结为计算判断矩阵 $\boldsymbol{A}$ 的最大特征值 $\lambda_{\max}=m$ 及其特征向量 $\boldsymbol{W}=(W_1,W_2,\cdots,W_m)^{\mathrm{T}}$，并有

$$a_{ij}=W_i/W_j,\quad i,j=1,2,\cdots,m$$

由于判断矩阵不一定完全满足一致性条件，判断矩阵 $\boldsymbol{A}$ 仅是正互反矩阵，所以 $\boldsymbol{A}$ 的最大特征值 $\lambda_{\max}\geqslant m$，其余特征值并非全为零，并且，判断值与计算值 W_i/W_j 并非一致。尽管判断矩阵不具有完全的一致性，但仍希望它的最大特征值 $\lambda_{\max}$ 略大于阶数 m，其余特征值接近于零，称为满意的一致性。这样，计算出的层次单排序结果才是合理的。因此，必须对判断矩阵的一致性进行检验，使之达到满意的一致性标准。

设判断矩阵 $\boldsymbol{A}$ 的全部特征值为

$$\lambda_{\max},\lambda_2,\cdots,\ \lambda_m$$

由于 $\boldsymbol{A}$ 是正互反矩阵，$a_{ii}=1(i=1,2,\cdots,m)$，所以判断矩阵 $\boldsymbol{A}$ 的迹

$$\operatorname{tr}(\boldsymbol{A})=\sum_{i=1}^{m}a_{ii}=m \tag{4-9}$$

于是，$\boldsymbol{A}$ 的全部特征值之和

$$\lambda_{\max}+\lambda_2+\cdots+\lambda_m=\operatorname{tr}(\boldsymbol{A})=m \tag{4-10}$$

从而

$$\left|\sum_{i=2}^{m}\lambda_i\right|=\lambda_{\max}-m \tag{4-11}$$

为了达到满意的一致性，除了 $\lambda_{\max}$，其余特征值尽量接近于零，取其余 $m-1$ 个特征值和的绝对值的平均值作为检验矩阵一致性的指标，即

$$\frac{\left|\sum_{i=2}^{m}\lambda_i\right|}{m-1}=\frac{\lambda_{\max}-m}{m-1} \tag{4-12}$$

称为判断矩阵的一致性指标，记作

$$\mathrm{CI}=\frac{\lambda_{\max}-m}{m-1} \tag{4-13}$$

式中，m 为判断矩阵的阶数；$\lambda_{\max}$ 为判断矩阵的最大特征值。一般来说，CI 越大，偏离一致性越大；反之，偏离一致性越小。另外，判断矩阵的阶数 m 越大，判断的主观因素造成的偏差越大，偏离一致性也就越大；反之，偏离一致性越小。但阶数 $m \leqslant 2$ 时，$\mathrm{CI}=0$，判断矩阵具有完全的一致性。

因此，还必须引入平均随机一致性指标，记作 RI 。RI 指标随判断矩阵的阶数变化而变化，表 4-6 中列出了 1～13 阶判断矩阵的 RI 指标值。这些 RI 指标值是用随机方法构造判断矩阵，经过 500 次以上的重复计算，求出一致性指标，并加以平均得到的。

表 4-6　1～13 阶判断矩阵的 RI 指标值

阶数	1	2	3	4	5	6	7	8	9	10	11	12	13
RI	0	0	0.52	0.89	1.12	1.26	1.36	1.41	1.46	1.49	1.52	1.54	1.56

一致性指标 CI 与同阶的平均随机一致性指标 RI 的比值 CR ，被称为一致性比率，记作

$$\mathrm{CR}=\frac{\mathrm{CI}}{\mathrm{RI}} \tag{4-14}$$

用一致性比率 CR 检验判断矩阵的一致性。当 CR 越小时，判断矩阵的一致性越好。一般认为，当 $\mathrm{CR} \leqslant 0.1$ 时，判断矩阵符合一致性标准，层次单排序的结果是可以被接受的；否则，需要修正判断矩阵，直到检验通过。

综上所述，判断矩阵的一致性检验步骤如下。

（1）求出一致性指标 $\mathrm{CI}=\dfrac{\lambda_{\max}-m}{m-1}$。

（2）查表得到平均随机一致性指标 RI 。

（3）计算一致性比率 $\mathrm{CR}=\dfrac{\mathrm{CI}}{\mathrm{RI}}$，当 $\mathrm{CR} \leqslant 0.1$ 时，接受判断矩阵；否则，修正判断矩阵。

4.3.3　层次结构权重排序过程

用 AHP 对一般非序列型多层次目标准则体系问题进行决策的过程称为层次结构权重排序过程。层次结构模型如图 4-5 所示。

最高层为总目标 A ，中间为 n 个准则层，第 k 准则层各个因素分别记为 $B_1^{(k)},B_2^{(k)},\cdots,B_{n_k}^{(k)}$ ，最低层是方案层，共有 m 种待评价方案，记为 $a_1,a_2,\cdots,a_m$ 。若相邻两层因素之间存在关系，则标明作用线，无作用线表示不存在关系。

在层次结构权重排序过程中，应该注意不完全层次关系。例如，在图 4-5 中，关于准则 $B_3^{(n)}$，方案层中方案 a_m 与准则 $B_3^{(n)}$ 不存在关系。构造判断矩阵应将 a_m 除外，得到 $m-1$ 阶矩阵，解得 $m-1$ 个特征向量。在层次结构权重排序过程中，方案 a_m 关于准则 $B_3^{(n)}$ 的权重应为 0。方案层关于准则 $B_3^{(n)}$ 的优先权重向量在将方案 a_m 的权重 0 补进去之后，仍为 m 维向量。对一般不完全层次关系，均应做类似的处理。

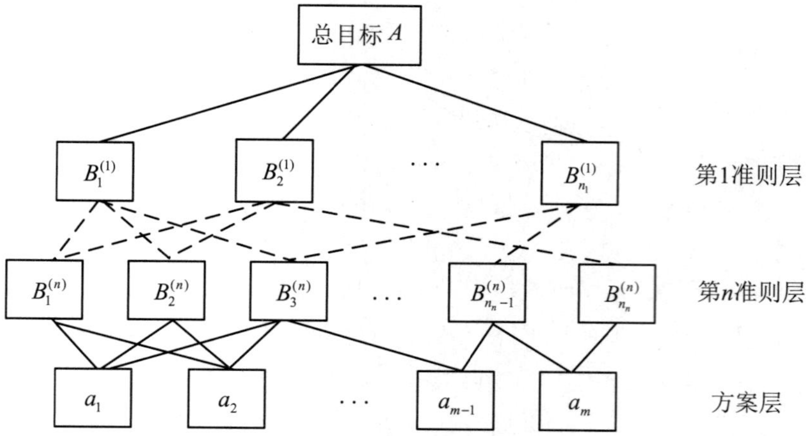

图 4-5　层次结构模型

1．层次单排序

层次单排序就是求某一层所有因素对上层某个因素的优先权重排序的过程。如前所述，这一过程通过构造该层所有因素对上层某个因素的判断矩阵，求其最大特征值及相应的特征向量，该特征向量经过归一化后就是相应的优先权重向量。

2．层次总排序

AHP 的目的在于求出各种方案对总目标的优先权重，需要将各层次单排序的结果综合，整个过程从上到下在相邻层次之间逐层进行，故称为层次结构权重排序，也称为层次总排序。

设已经计算出第 $k-1$ 准则层各个因素关于总目标 A 的组合优先权重向量：

$$\boldsymbol{W}^{(k-1)}=(\omega_1^{(k-1)},\omega_2^{(k-1)},\cdots,\omega_{n_{k-1}}^{(k-1)})^{\mathrm{T}} \tag{4-15}$$

设第 k 准则层的 n_k 个因素关于第 $k-1$ 准则层的第 j 个因素的优先权重向量为

$$\boldsymbol{P}_j^{(k)}=(p_{1j}^{(k)},p_{2j}^{(k)},\cdots,p_{n_kj}^{(k)})^{\mathrm{T}} \tag{4-16}$$

令

$$\boldsymbol{P}^{(k)}=(\boldsymbol{P}_1^{(k)},\boldsymbol{P}_2^{(k)},\cdots,\boldsymbol{P}_{n_{k-1}}^{(k)})$$

式中，$\boldsymbol{P}^{(k)}$ 是 $n_k\times n_{k-1}$ 阶矩阵，表示第 k 准则层 n_k 个因素关于第 $k-1$ 准则层各个因素的 n_{k-1} 个优先权重向量所构成的矩阵。于是，第 k 准则层各个因素关于总目标 A 的组合优先权重向量为

$$\boldsymbol{W}^{(k)}=\boldsymbol{P}^{(k)}\boldsymbol{W}^{(k-1)}=(\omega_1^{(k)},\omega_2^{(k)},\cdots,\omega_{n_k}^{(k)})^{\mathrm{T}} \tag{4-17}$$

式中，$\omega_i^{(k)}=\sum_{j=1}^{n_{k-1}}p_{ij}^{(k)}\omega_j^{(k-1)}$，$i=1,2,\cdots,n_k$。

以此类推，按照从上到下的顺序，推出第 n 准则层关于总目标 A 的组合优先权重向量：

$$W^{(n)} = (\omega_1^{(n)}, \omega_2^{(n)}, \cdots, \omega_{n_n}^{(n)})^{\mathrm{T}} \tag{4-18}$$

最后，方案层对第 n 准则层第 j 个因素的优先权重向量为

$$P_j^{(a)} = (p_{1j}^{(a)}, p_{2j}^{(a)}, \cdots, p_{mj}^{(a)})^{\mathrm{T}} \tag{4-19}$$

令

$$P^{(a)} = (P_1^{(a)}, P_2^{(a)}, \cdots, P_{n_n}^{(a)})$$

从而得到方案层关于总目标 A 的组合优先权重向量为

$$W^{(a)} = P^{(a)} W^{(n)} = (\omega_1^{(a)}, \omega_2^{(a)}, \cdots, \omega_m^{(a)})^{\mathrm{T}} \tag{4-20}$$

式中，$\omega_i^{(a)} = \sum_{j=1}^{n_n} p_{ij}^{(a)} \omega_j^{(n)}$　$, i = 1,2,\cdots,m$。

很显然，

$$W^{(a)} = P^{(a)} P^{(n)} \cdots P^{(2)} W^{(1)} \tag{4-21}$$

式（4-21）是层次总排序的理论公式，实际计算过程一般利用判断矩阵的表格形式从上到下逐层进行。

3．AHP 的基本步骤

用 AHP 进行决策分析，一般包含四个基本步骤。

1）建立层次结构模型

对需要解决的问题进行调查研究，将目标准则体系所包含的因素划分为不同层次，如目标层、准则层、方案层等，构建递阶层次结构模型。用不同形式的框图表明层次的结构及因素间的从属关系，应该突出重点，抓住关键因素，每一层的因素不宜过多，AHP 对于序列型和非序列型层次结构模型都是适用的。

2）构造判断矩阵

按照层次结构模型，从上到下逐层构造判断矩阵。每一层的因素都以相邻上一层各个因素为准则，按 1～9 标度法两两比较构造判断矩阵，也可以用其他改进的标度法进行构造。

3）层次单排序及其一致性检验

根据实际情况，用不同方法求解判断矩阵最大特征值相对应的特征向量，经过归一化处理即得到层次单排序权重向量。层次结构复杂，每一层的因素较多，宜采用幂法在计算机上计算，也可以应用 AHP 软件进行计算。层次单排序要进行一致性检验，检验不合格的要修正判断矩阵，直到符合一致性标准。

4）层次总排序及其一致性检验

计算同一层所有因素对于最高层（目标层）相对重要性的排序权值，称为层次总排序，这一计算需要从上到下逐层进行。对于最高层下面紧接的那一层（第二层），其层次单排序即总

排序。现假设进行到 A 层，包含 m 个因素 $A_1,A_2,\cdots,A_m$，层次因素总排序权重分别为 $\omega_1,\omega_2,\cdots,\omega_m$，其下一层 B 中包含 n 个因素 $B_1,B_2,\cdots,B_n$，各个因素关于上一层因素 A_j 的层次单排序权重向量为 $(p_{1j},p_{2j},\cdots,p_{nj})^{\mathrm{T}}$，则层次 B 的总排序权重值可根据表 4-7 进行计算。

表 4-7　计算层次 B 的总排序权重值

层次 B	A_1	A_2	…	A_m	层次 B 总排序权重值
	ω_1	ω_2	…	ω_m	
B_1	p_{11}	p_{12}	…	p_{1m}	$\sum_{j=1}^{m}\omega_j p_{1j}$
B_2	p_{21}	p_{22}	…	p_{2m}	$\sum_{j=1}^{m}\omega_j p_{2j}$
⋮	⋮	⋮		⋮	⋮
B_n	p_{n1}	p_{n2}	…	p_{nm}	$\sum_{j=1}^{m}\omega_j p_{nj}$

同样，层次总排序的一致性检验也是从上到下逐层进行的，设层次 B 关于层次 A 的因素 A_j 的单排序检验一致性指标为 CI，平均随机一致性指标为 RI，则层次 B 总排序检验的一致性指标、平均随机一致性指标和层次 B 关于总目标的一致性比率分别为

$$\mathrm{CI}=\sum_{j=1}^{m}\omega_j\mathrm{CI}_j \tag{4-22}$$

$$\mathrm{RI}=\sum_{j=1}^{m}\omega_j\mathrm{RI}_j \tag{4-23}$$

$$\mathrm{CR}=\frac{\mathrm{CI}}{\mathrm{RI}}=\frac{\sum_{j=1}^{m}\omega_j\mathrm{CI}_j}{\sum_{j=1}^{m}\omega_j\mathrm{RI}_j} \tag{4-24}$$

当 $\mathrm{CR}\leqslant 0.1$ 时，总排序通过一致性检验，总排序结果才有令人满意的一致性。关于总目标的一致性比率是累积的，层次越多，要求层次单排序的一致性比率越小，这样总排序才容易通过一致性检验。

应该注意，在实际操作中，层次总排序的一致性检验通常可以省略。这是因为层次单排序通过了一致性检验，层次总排序的一致性检验通常不会有太大的偏离。而且，实际构造的判断矩阵难以兼顾层次总排序的一致性。目前大多数实际工作都没有对整体一致性进行严格检验。

4.3.4　判断矩阵特征向量与最大特征值的近似计算

AHP 的关键问题是确定判断矩阵的最大特征值及其对应的特征向量。由于判断矩阵中元素的确定比较粗糙，所以实际计算中多采用近似算法。

1. 幂法

采用幂法的主要步骤如下。

（1）任取一个与判断矩阵 $\boldsymbol{A}$ 同阶的规格化的初始向量，设为

$$\boldsymbol{W}^0=\left(W_1^0,W_2^0,\cdots,W_n^0\right)^{\mathrm{T}},\quad \sum_{i=1}^{n}W_i^0=1 \tag{4-25}$$

（2）计算各层次的向量：

$$\overline{\boldsymbol{W}}^{k+1}=\boldsymbol{A}\boldsymbol{W}^k,\quad k=0,1,\cdots,n \tag{4-26}$$

（3）进行归一化，令 $\boldsymbol{\beta}=\sum_{i=1}^{n}\overline{\boldsymbol{W}}_i^{k+1}$，则

$$\boldsymbol{W}^{k+1}=\frac{1}{\boldsymbol{\beta}}\overline{\boldsymbol{W}}^{k+1} \tag{4-27}$$

（4）如果两次求得的特征向量的各分量差满足给定的精度 ε，即

$$|\boldsymbol{W}_i^{k+1}-\boldsymbol{W}_i^k|<\varepsilon,\quad 0<\varepsilon<1,\quad i=1,2,\cdots,n \tag{4-28}$$

则 $\boldsymbol{W}^{k+1}$ 为所求的特征向量，转入下一步骤；否则令 $k=k+1$，转入步骤（2）。

（5）计算最大特征值 $\lambda_{\max}$

$$\lambda_{\max}=\sum_{i=1}^{n}\frac{(\boldsymbol{A}\boldsymbol{W}^{k+1})_i}{n\boldsymbol{W}_i^{k+1}} \tag{4-29}$$

式中，$(\boldsymbol{A}\boldsymbol{W}^{k+1})_i$ 为判断矩阵 $\boldsymbol{A}$ 与特征向量 $\boldsymbol{W}^{k+1}$ 乘积的第 i 项分量。

2. 方根法

采用方根法的主要步骤如下。

（1）计算判断矩阵 $\boldsymbol{A}$ 每行元素的连乘积的 n 次方根：

$$\boldsymbol{W}_i=\left(\prod_{j=1}^{n}a_{ij}\right)^{\frac{1}{n}},\quad i=1,2,\cdots,n \tag{4-30}$$

（2）规格化：

$$\boldsymbol{W}_i^0=\frac{\boldsymbol{W}_i}{\sum_{i=1}^{n}\boldsymbol{W}_i},\quad i=1,2,\cdots,n \tag{4-31}$$

所得向量 $\boldsymbol{W}^0$ 即所求的特征向量。

（3）计算最大特征值：

$$\lambda_{\max}=\sum_{i=1}^{n}\frac{(\boldsymbol{AW})_i}{n\boldsymbol{W}_i^0} \tag{4-32}$$

4.3.5 AHP 的应用

例 4.3 摩步团选择最优突破口评估问题。

第一步：进行层次分析。

首先把选择最优突破口这个目标，放在层次结构最高层。第二层是衡量目标最优的指标层，有三个：符合上级意图、最优利用地形条件、灵活运用战术原则。第三层是指标属性层，符合上级意图可包括上级集中兵力、兵器的地域，对全局的影响，完成本级任务的情况；最优利用地形条件包括有良好的冲击出发阵地，便于隐蔽接敌，便于冲击和突破，便于协调作战，便于保障，有利于向纵深发展；灵活运用战术原则包括敌人的防御要害，敌人火力障碍的弱点，便于分割围歼敌人，敌人的接合部。第四层是方案属性层，列出待选突破口的自然属性，如比高、坡度、通视度、通行性、天然障碍、地幅纵深度、敌火力、敌工事等。第五层是最低层，列出备选的突破口。图 4-6 所示为选择最优突破口的简化层次模型。为了简化举例，图中没有列出指标属性层和方案属性层，这并不影响对步骤的说明。

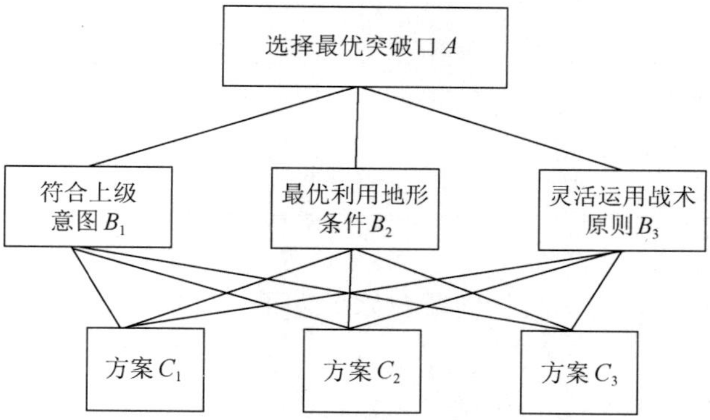

图 4-6 选择最优突破口的简化层次模型

层次分解过程中要注意的问题是，使同一层次各个因素的相对重要性不超过一个数量级。

第二步：按两两比较标度，对每一层的因素进行两两比较，得到一系列判断矩阵。本例题的判断矩阵包括如下内容。

（1）各个指标 B_1、B_2、B_3 关于选择最优突破口 A 的两两比较结果。

（2）各种方案 C_1、C_2、C_3 关于符合上级意图 B_1 的两两比较结果。

（3）各种方案 C_1、C_2、C_3 关于最优利用地形条件 B_2 的两两比较结果。

（4）各种方案 C_1、C_2、C_3 关于灵活运用战术原则 B_3 的两两比较结果。

表 4-8 给出了各种方案关于符合上级意图 B_1 的两两比较判断矩阵。在两两比较过程中，需要注意的问题是确保判断矩阵的一致性（若判断 $A>B$，$B>C$，而 $A<C$，则就是判断不一致）。现在已经有一些方法（如借助模糊数构成模糊判断矩阵）可帮助评估者迅速得到满足一致性条件的判断矩阵。

表 4-8　各种方案关于符合上级意图 B_1 的两两比较判断矩阵

符合上级意图 B_1	方案 C_1	方案 C_2	方案 C_3	权重
方案 C_1	1	1/2	1/4	0.14
方案 C_2	2	1	1/2	0.29
方案 C_3	4	2	1	0.57

第三步：应用特征值求解技术（如方根法）求判断矩阵的最大特征值及特征向量。

表 4-8 所列判断矩阵的最大特征值为 $\lambda_{\max}=3.0$，特征向量，即方案 C_1、方案 C_2、方案 C_3 关于符合上级意图 B_1 的排序权重为 0.14、0.29、0.57。

为避免判断比较的不一致性，在求出 $\lambda_{\max}$ 后，检查一致性比率 CR，要求 $\mathrm{CR}\leqslant 0.1$，显然，表 4-8 所列判断矩阵满足一致性条件。

第四步：聚合各层相对权重得到层次总排序。层次总排序表示各种方案相对于决策目标的权重排序。在本例题中，第二层、第三层各个因素的相对权重如表 4-9 所示。

表 4-9　第二层、第三层各个因素的相对权重

第二层			
目标	符合上级意图	最优利用地形条件	灵活运用战术原则
选择最优突破口	0.5	0.2	0.3
第三层			
因素	方案 C_1	方案 C_2	方案 C_3
符合上级意图	0.14	0.29	0.57
最优利用地形条件	0.2	0.3	0.5
灵活运用战术原则	0.2	0.1	0.7

层次总排序的计算结果如下。

方案 C_1 的权重为

$$0.5\times 0.14+0.2\times 0.2+0.3\times 0.2=0.17$$

方案 C_2 的权重为

$$0.5\times 0.29+0.2\times 0.3+0.3\times 0.1=0.235$$

方案 C_3 的权重为

$$0.5\times 0.57+0.2\times 0.5+0.3\times 0.7=0.595$$

通过比较，方案 C_3 优于方案 C_1 和方案 C_2。

习题

1. 在现代海战中，舰队遇到的目标威胁来自空中、水面和水下，来自空中的威胁主要是战斗机、轰炸机和反舰导弹，来自水面的威胁主要是反舰导弹，来自水下的威胁主要是潜艇发射的鱼雷和反舰导弹。设方案集为{战斗机，轰炸机，反舰导弹，鱼雷}，方案评判的指标定为各个威胁目标与我舰的距离、高度、速度，以及目标的舷角，设指标集为{距离，高度，速度，舷角}。各个威胁目标的指标值如表 4-10 所示，各个指标的权重取值为 $\omega=\{0.620, 0.183, 0.104, 0.093\}$。试进行方案决策。

表 4-10　各个威胁目标的指标值

威胁目标	距离/km	高度/m	速度/（km/h）	舷角/（°）
战斗机	200	5000	1800	45
轰炸机	150	1700	950	−20
反舰导弹	60	400	720	15
鱼雷	20	−100	60	70

注：表中高度负值代表水下；舷角正值代表左舷，负值代表右舷。

2. 军工企业绩效决策。

为了促进军工企业发展，需要合理使用企业绩效，主要涉及调动职工劳动积极性、提高企业技术水平和改善职工物质文化生活三个因素，可以采用五种方案，即发奖金、扩大集体福利事业、办职工业余技校、建图书馆/俱乐部等文体设施，以及引进新技术设备。试对该问题进行决策分析。

第五专题　模糊决策

在解决实际问题时，往往存在多种备选方案，由于决策者的偏好和经验具有模糊性，所以方案集中的决策目标很难被确切描述。决策者需要按照某种方法从方案集中选择一种令人满意的方案，实际上这就是模糊决策的过程。

5.1　模糊决策的理论基础

5.1.1　模糊数学的起源

在经典数学里，对于每一个概念都应给出明确的定义，既要指出它所属的集合（外延），又要揭示它的本质属性（内涵），而对于命题则要借助推理来明辨真伪。这就突出了经典数学的三个重要特征：精确性、逻辑性和实用性。经典数学的基础可归结为集合论。根据集合论的要求，一个元素 x 是否属于集合 A 是明确的，即

$$x \in A \text{ 或 } x \notin A$$

两者必居其一，且只居其一，绝不能模棱两可。它的逻辑基础是二值逻辑。集合论的这个要求，大大限制了它的应用范围，使它无法处理实践中大量的不明确的模糊现象与概念。

对于经典数学所赖以建立的二值逻辑也是有争议的，著名的罗素（Russell）悖论和秃头悖论即其例证。

德国人策梅洛（E. Zermelo）认为

$$Y = \{y \mid Q(y)\}$$

对于任意 y，$Q(y)$ 与 $\overline{Q(y)}$ 有一个成立且只有一个成立是无隙可乘的。罗素提出非议，他的论点针锋相对。设

$$Y = \{y \mid y \notin Y\}$$

如果 $y \in Y$，则 $y \notin Y$；如果 $y \notin Y$，则 $y \in Y$。显然 $y \in Y$ 与 $y \notin Y$ 自相矛盾，从根本上否定了二值逻辑的普遍性。这就是著名的罗素悖论，多值逻辑就是在它的启示下发展起来的。

所谓“秃头悖论”，即首先约定只有 n_0 根头发的人称为秃头，当 $n > n_0$ 时非秃。挑战者问：

“n_0+1秃乎？才一发之差耳!”，显然不能以一发之差作为分界。于是再约定：若$n=n_0$为秃头，则$n=n_0+1$也为秃头，从而导致所有人都是秃头的悖论。

对于一个是非界限模糊不清的概念，如果勉强用“是非”标准来划分，必将导致谬论。秃头悖论就是对经典数学挑战的信号，它说明这类命题是不能用二值逻辑来判断的。

事实上，在人的思维和语言中，许多概念的内涵与外延都是不明确的。如“高个”与“矮个”、“年轻”与“年老”、“胖子”与“瘦子”、“体强”与“体弱”等都找不到明确的界限。从差异的一方到差异的另一方，中间经历了一个从量变到质变的连续过渡的过程，这种现象就叫作差异的中介过渡性。由这种中介过渡性造就出的划分的不确定性就叫作模糊性。

划分的不确定性，造成了元素对集合隶属关系的不确定性。“张三年轻”“李四性情温和”这类命题的判定也不是绝对的只分真假。也许有人认为“张三不太年轻”或者“张三年轻”只有60%是对的，或者有人认为“李四性情不够温和”，这说明了二值逻辑的局限，它只能反映事物的某一侧面。实际上，这些都是模糊概念和模糊命题，只是经典数学难以给出它的数学描述而已。

由于客观世界存在着模糊现象，因此模糊数学这株新苗破土而出。模糊数学是研究模糊领域中事物数学化的一门崭新的数学学科。它始于1965年美国著名控制论专家扎德（L.A.Zadeh）教授的开创性论文《模糊集合》。它的产生不仅拓广了经典数学的数学基础，而且是使计算机科学向人们的自然机理方面发展，以及使决策民主化、科学化的重大突破。

可见，模糊数学正是为了填补经典数学的“空白”应运而生的，它给人们提供了一种综合与处理模糊信息的新的数学工具，给人们架起了一座由经典数学到充满了模糊性的现实世界的桥梁，它不是让数学变成模糊的东西，而是让数学进入模糊现象这个禁区。

模糊数学从它诞生的那天起，便与电子计算机的发展和信息决策息息相关，相辅相成。可以预言，随着模糊数学的不断完善、发展，它将为信息革命提供一种新的富有魅力的数学工具和手段。利用模糊数学构造数学模型，来编制计算机程序与信息决策模型，可以更广泛、更深入地模拟人的思维，全方位深入挖掘各种决策信息，从而可以大大提高电子计算机的“智力”与信息决策的科学性、准确性。模糊数学的主要贡献在于，它将模糊性与数学统一在一起。它的方法不是让数学放弃严格性去迁就模糊性，而是要将数学方法深入具有模糊现象的禁区，从而为解决一些复杂大系统涉及模糊因素的科学决策问题开辟一条新道路。

5.1.2 模糊集合的定义

在经典数学里，每一个概念都必须给出明确的定义，例如，“平行四边形”定义为“两组对边平行（内涵）的四边形（外延）”。我们知道，在康托尔的集合论中，一个事物要么属于某集合，要么不属于某集合，绝不能模棱两可。

普通集合是一类具有相同性质，且互相可区分的事物对象的总体。集合中的每个对象被称为元素。通常用大写英文字母表示集合，用小写英文字母表示元素。在普通集合里，元素x不是属于集合A就是不属于集合A。用特征函数

$$C_A(x)=\begin{cases}1, & x\in A\\ 0, & x\notin A\end{cases} \tag{5-1}$$

来表明其隶属情况。显然这种非此即彼、绝对化的二值逻辑，与许多实际问题是不尽相符的。

但是在人们的思维中，不是所有的概念都能做到明确的定义。比如，大、小、胖、瘦、强、弱、虚、实、长、短、冷、热等概念，都是边界不清的、模糊的，很难用经典数学来描述。通常，人们把因没有严格边界划分而无法精确刻画的现象称为模糊现象，并把反映模糊现象的各种概念称为模糊概念。因此，现实生活中充满了模糊现象与模糊概念。

在模糊决策中，模糊概念通常是用模糊集合来表示的。模糊集合（简称模糊集）是一种用来描述模糊现象和模糊概念的数学工具，是对普通集合的扩充。在描述一个模糊集合时，可以在普通集合的基础上，把特征函数的取值范围从集合$\{0,1\}$扩大到在$[0,1]$区间连续取值，这样一来，就能借助经典数学这一工具来定量地描述模糊集合了。

例 5.1　设$X=\{1,2,3,4\}$，这 4 个元素有大小之分，现在要组成一个“小数”的子集。显然元素 1 是百分之百的小数，应该属于这个子集。元素 4 不算小数，不属于这个子集。而如何来考虑元素 2 和 3 呢？它们能否被放在这个子集内呢？我们可以认为元素 2“也还小”，或者算“八成小”，也把它放在这个子集内，同时声明 2 是 80%的小数；元素 3 是“勉强小”，或者算“二成小”，也把它放在这个子集内，同时声明其是 20%的小数。显然按照以上方法所组成的小数子集不是普通子集，而是模糊子集。为了对这两类不同的集合加以区分，我们把小数子集记为$\tilde{A}$，它的元素仍为 1、2、3、4，同时给出各元素在该小数子集中的隶属度，即

$$\tilde{A}=\{(1|1),(2|0.8),(3|0.2),(4|0)\}$$

扎德又将它写成

$$\tilde{A}=\frac{1}{1}+\frac{0.8}{2}+\frac{0.2}{3}+\frac{0}{4}$$

在此，不要误将上式等号右端的式子当作分式求和。分母位置放置的是元素，分子位置放置的是相应元素的隶属度。当隶属度为零时，此项也可不写入。

在正式给出模糊集合的数学定义之前，我们需要了解“论域”这个概念。将所讨论的对象限制在一定范围内，并称所讨论的对象的全体为论域。基于此，下面结合隶属函数（Membership Function）来形式化描述模糊集合。

❑ **定义 5.1**　若对论域X中的每个元素x，都规定从论域到闭区间$[0,1]$的一个映射$\mu_{\tilde{A}}$：

$$\mu_{\tilde{A}}:X\to[0,1]$$

$$x\mapsto\mu_{\tilde{A}}(x)$$

则在X上定义了一个模糊集合$\tilde{A}$：

$$\tilde{A}=\left\{\frac{\mu_{\tilde{A}}(x)}{x}\middle|x\in X\right\} \tag{5-2}$$

式中，$\mu_{\tilde{A}}(x)$称为$\tilde{A}$的隶属函数。$\mu_{\tilde{A}}(x_i)$称为元素x_i的隶属度（Membership）；$\mu_{\tilde{A}}(x_i)/x_i$不是相除关系，只是同时标记元素及其隶属度。

从定义 5.1 可以看出，模糊集合 $\tilde{A}$ 完全由其隶属函数刻画。

隶属度具有以下性质。

1）取值范围

表示元素 x_i 的隶属度 $\mu_{\tilde{A}}(x_i)$ 可为区间 $[0,1]$ 上的任一实数，即 $0 \leqslant \mu_{\tilde{A}}(x_i) \leqslant 1$。

2）取值含义

当 $\mu_{\tilde{A}}(x_i)=0$ 时，表示元素 x_i 不属于这个模糊集合；当 $\mu_{\tilde{A}}(x_i)=1$ 时，表示元素 x_i 百分之百属于这个模糊集合；当 $\mu_{\tilde{A}}(x_i)=Z\ (0<Z<1)$ 时，表示元素 x_i 以概率 $Z\times 100\%$ 属于这个模糊集合。

5.1.3 模糊集合的表示

常用的模糊集合表示方法有函数描述法、Zadeh 表示法、序偶表示法、矢量表示法。

1. 函数描述法

隶属函数是模糊集合论的基础，在实质上反映的是事物的渐变性，因而如何确定隶属函数是一个关键问题。确定隶属函数的方法大致有以下几种。

（1）主观经验法：包括专家评分法、因素加权综合法、二元排序法。

（2）分析推理法：当论域连续时，根据问题性质，应用一定的分析与推理，决定选用何种隶属函数。

（3）调查统计法：用调查结果所得出的经验曲线作为隶属函数曲线。

在例 5.1 中，$\mu_{\tilde{A}}(x)$ 可用分布列表示，用分布列表示的隶属函数示例如表 5-1 所示。

表 5-1 用分布列表示的隶属函数示例

x	1	2	3	4
$\mu_{\tilde{A}}(x)$	1	0.8	0.2	0

或者写成

$$\mu_{\tilde{A}}(x)=\begin{cases}1, & x=1\\ 0.8, & x=2\\ 0.2, & x=3\\ 0, & x=4\end{cases}$$

显然 $\mu_{\tilde{A}}(2)=0.8$、$\mu_{\tilde{A}}(3)=0.2$ 是有争议的。如果有人给定

$$\mu_{\tilde{A}}(x)=\begin{cases}1, & x=1\\ 2/3, & x=2\\ 1/3, & x=3\\ 0, & x=4\end{cases}$$

进而用线性函数表示

$$\mu_{\tilde{A}}(x)=\frac{1}{3}(4-x),\quad x=1,2,3,4$$

这样选取隶属函数也是无可非议的。

应该指出，模糊集合中隶属函数值的确定本质上是客观的，但又带有主观性，通常根据经验推理或统计而定，也可以由某个权威给出，它实质上带有约定的性质。

一般来说，隶属函数的表达式，离散型可用分布列表示，而连续型则有以下四种基本分布。

1）正态型（对称型）

形如

$$\mu_{\tilde{A}}(x)=\mathrm{e}^{-\left(\frac{x-a}{b}\right)^2},\quad b>0 \tag{5-3}$$

的隶属函数的模糊集合被称为正态型模糊集合，$\mu_{\tilde{A}}(x)$被称为正态型隶属函数。函数$\mathrm{e}^{-\left(\frac{x-a}{b}\right)^2}$是概率论中很重要的一种概率分布（正态分布）的概率密度函数（见图5-1）。式中a、b都是给定的常数，在概率论中a被叫作数学期望，$b=\sqrt{2}\sigma$（σ为标准差），e是自然对数的底。这是常见的一种分布。

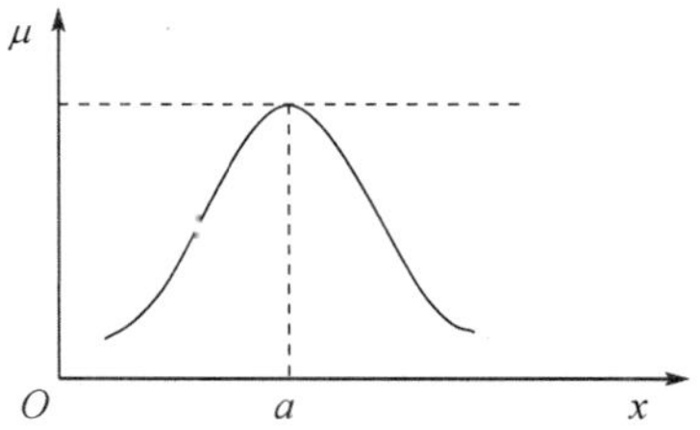

图5-1　正态型隶属函数

2）戒上型（偏小型）

形如

$$\mu_{\tilde{A}}(x)=\begin{cases}1, & x\leqslant c\\ \dfrac{1}{1+[a(x-c)]^b}, & x>c\end{cases} \tag{5-4}$$

的隶属函数的模糊集合被称为戒上型模糊集合，$\mu_{\tilde{A}}(x)$被称为戒上型隶属函数（见图5-2），式中，$a>0$，$b>0$。

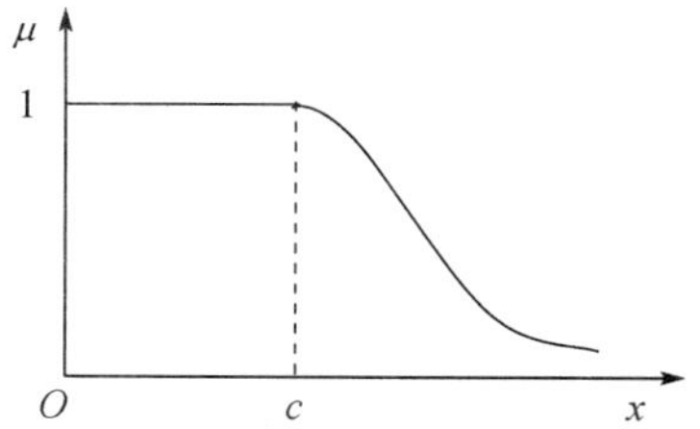

图5-2　戒上型隶属函数

3）戒下型（偏大型）

形如

$$\mu_{\tilde{A}}(x)=\begin{cases}0, & x\leqslant c\\ \dfrac{1}{1+[a(x-c)]^{-b}}, & x>c\end{cases} \tag{5-5}$$

的隶属函数的模糊集合被称为戒下型模糊集合，$\mu_{\tilde{A}}(x)$ 被称为戒下型隶属函数（见图 5-3），式中，$a>0$，$b>0$。

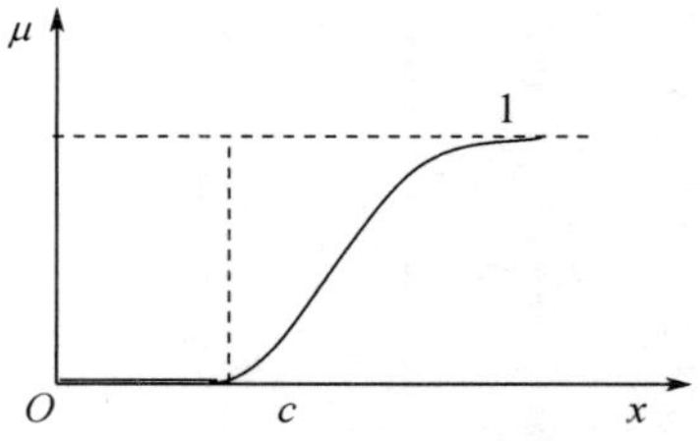

图 5-3　戒下型隶属函数

4）Γ 型

形如

$$\mu_{\tilde{A}}(x)=\begin{cases}0, & x<0\\ \left(\dfrac{x}{\lambda v}\right)^{v}\mathrm{e}^{v-\frac{x}{\lambda}}, & x\geqslant 0\end{cases} \tag{5-6}$$

的隶属函数的模糊集合被称为 Γ 型模糊集合，$\mu_{\tilde{A}}(x)$ 被称为 Γ 型隶属函数。式中，$\lambda>0$，$v>0$。

当 $v-\dfrac{x}{\lambda}=0$，即 $x=\lambda v$ 时，隶属度为 1，如图 5-4 所示。

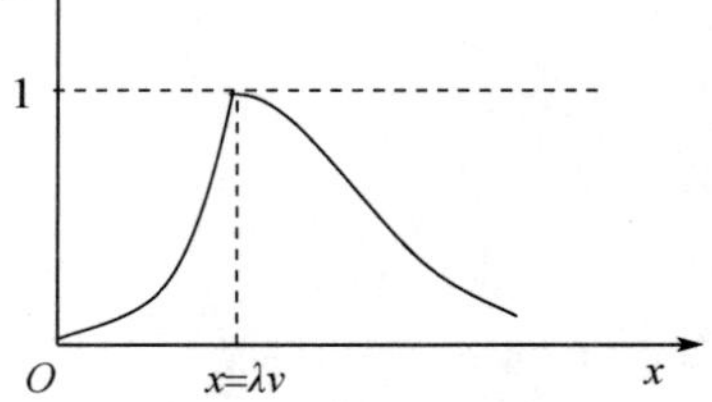

图 5-4　Γ 型隶属函数

在实际问题中，若用模糊数学去处理模糊概念，则选择适当的隶属函数是很重要的。如果选取不当，那么会远离实际情况，从而影响效果。

例 5.2　描述“年轻”模糊集合，一般认为 25 岁以下是标准的年轻，年过 25 岁，则年轻的程度将递减，故隶属函数应属戒上型。扎德曾给出“年轻”模糊集合的隶属函数：

$$\mu_{\tilde{A}}(x)=\begin{cases}1, & 0\leqslant x\leqslant 25\\ \dfrac{1}{1+\left(\dfrac{x-25}{5}\right)^{2}}, & 25<x\leqslant 200\end{cases}$$

其中论域 X 为[0,200]，常数 5 表示以 5 岁为一级，是为计算方便而给定的。这里，X 是一个连续的实数区间。现计算几个年龄的隶属度，年轻隶属度的计算结果如表 5-2 所示。

表 5-2　年轻隶属度的计算结果

x	0	25	28	30	40	50
$\mu_{年轻}(x)$	1	1	0.74	0.5	0.1	0.04

同样，扎德给出了"年老"模糊集合的隶属函数：

$$\mu_{\tilde{A}}(x)=\begin{cases}0, & 0\leqslant x\leqslant 50\\ \dfrac{1}{1+\left(\dfrac{x-50}{5}\right)^{2}}, & 50<x\leqslant 200\end{cases}$$

年老隶属度的计算结果如表 5-3 所示。

表 5-3　年老隶属度的计算结果

x	0	50	55	60	70	80
$\mu_{年老}(x)$	0	0	0.5	0.8	0.94	0.97

年龄越大其隶属度也越大，"年老"模糊集合的隶属函数应属戒下型。50 岁也是被公认为开始年老的年龄。

总之，隶属函数的确定是客观事物本质属性在人脑中的反映，既有客观标准，也有主观因素。探求的方法是多种多样的，一定要力求准确、真实，并通过检验证实才有实用价值。

2. Zadeh 表示法

模糊集合的 Zadeh 表示法与论域性质有关，下面从三种不同论域性质分别给出模糊集合的 Zadeh 表示法。

1）论域为离散的、有限的

对于离散且有限的论域 $X=\{x_1,x_2,\cdots,x_n\}$，其模糊集合可表示为 $\tilde{A}=\{\mu_{\tilde{A}}(x_1),\mu_{\tilde{A}}(x_2),\cdots,\mu_{\tilde{A}}(x_n)\}$。为了能表示出论域中的元素与其隶属度之间的对应关系，扎德引入了一种同时标注元素及其隶属度，并用"$\sum$"号把它们连接起来的表示方式，即

$$\tilde{A}=\sum_{i}^{n}\frac{\mu_{\tilde{A}}(x_i)}{x_i} \tag{5-7}$$

式中，"$\sum$"号不是加法运算，只是作为一种连接符号。

2）论域为离散的、无限的

对于离散且无限的论域 $X=\{x_1,x_2,\cdots\}$，只需在式（5-7）中将 n 换为 ∞，即

$$\tilde{A}=\sum_{i}^{\infty}\frac{\mu_{\tilde{A}}(x_i)}{x_i} \tag{5-8}$$

3）论域为连续的或者不可数的

对于连续或者不可数的论域，其模糊集合 $\tilde{A}$ 可借用积分号记为

$$\tilde{A}=\int_{x\in X}\frac{\mu_{\tilde{A}}(x)}{x} \tag{5-9}$$

式中，“$\int$ ”不是数学中的积分号，仅借以表示论域中无穷多个元素与其隶属度对应关系的总体。

3．序偶表示法

论域 X 中的元素 x_i 与其对应的隶属度 $\mu_{\tilde{A}}(x_i)$ 组成序偶，可将模糊集合 $\tilde{A}$ 表示为

$$\tilde{A}=\left\{\left\langle x_1,\mu_{\tilde{A}}(x_1)\right\rangle,\left\langle x_2,\mu_{\tilde{A}}(x_2)\right\rangle,\cdots,\left\langle x_n,\mu_{\tilde{A}}(x_n)\right\rangle\right\} \tag{5-10}$$

4．矢量表示法

对于论域 X 中的元素 x_i，将其对应的隶属度 $\mu_{\tilde{A}}(x_i)$ 按照顺序写成矢量形式，用来表示模糊集合 $\tilde{A}$：

$$\tilde{A}=(\mu_{\tilde{A}}(x_1),\mu_{\tilde{A}}(x_2),\cdots,\mu_{\tilde{A}}(x_n)) \tag{5-11}$$

接下来通过一个例子来对比以上四种表示方法。

设论域 $X=\{140,150,160,170,180,190\}$（单位：cm）表示人的身高，则 X 上的一个模糊集合“高个子” $\tilde{A}$ 分别用四种方法表示如下。

函数表示法：

$$\mu_{\tilde{A}}(x)=\frac{x-140}{190-140}$$

Zadeh 表示法：

$$\tilde{A}=\frac{0}{140}+\frac{0.2}{150}+\frac{0.4}{160}+\frac{0.6}{170}+\frac{0.8}{180}+\frac{1}{190}$$

序偶表示法：

$$\tilde{A}=\left\{\langle 140,0\rangle,\langle 150,0.2\rangle,\langle 160,0.4\rangle,\langle 170,0.6\rangle,\langle 180,0.8\rangle,\langle 190,1\rangle\right\}$$

矢量表示法：

$$\tilde{A}=(0,0.2,0.4,0.6,0.8,1)$$

5.1.4　模糊集合的运算

模糊数学是用精确数学的方法处理模糊现象的数学。为了寻找架在形式化思维和模糊复杂系统之间的桥梁，必须找到一套描述模糊事物、处理模糊现象的数学方法。为此，需要讨论模糊集合的运算。

模糊集合的运算是普通集合（简称普通集）运算的拓广。由于模糊集合是用隶属函数来表征的，因此两个模糊集合间的运算，实际上就是逐点对隶属度做相应的运算。下面首先探讨模糊集合中空集、全集、等集、子集的概念，这些概念实际上是普通集合相应概念的推广；再讨论模糊集合中补集、并集、交集的运算。

1．空集

设有模糊集合 $\tilde{A}$，当且仅当对于所有元素 x 它的隶属函数恒为零时，称 $\tilde{A}$ 为空模糊集合，记作 $\tilde{A}=\varnothing$，即

$$\tilde{A}=\varnothing \Leftrightarrow \mu_{\tilde{A}}(x)=0 \quad (5\text{-}12)$$

显然模糊集合中的空集就是一个普通集合。

2．全集

模糊集合中的全集，也是普通集合，它的隶属函数是 1，即

$$\tilde{A}=E \Leftrightarrow \mu_{\tilde{A}}(x)=1 \quad (5\text{-}13)$$

3．等集

两个模糊集合 $\tilde{A}$ 和 $\tilde{B}$，当且仅当对于所有的元素 x 它们的隶属函数都相等时，称它们相等，记为 $\tilde{A}=\tilde{B}$，则

$$\tilde{A}=\tilde{B} \Leftrightarrow \mu_{\tilde{A}}(x)=\mu_{\tilde{B}}(x) \quad (5\text{-}14)$$

4．子集

设有模糊集合 $\tilde{A}$ 和 $\tilde{B}$，对于所有元素 x，当且仅当 $\mu_{\tilde{A}}(x)\leqslant\mu_{\tilde{B}}(x)$ 时，称 $\tilde{A}$ 包含于 $\tilde{B}$，此时称 $\tilde{A}$ 为 $\tilde{B}$ 的子集，记为 $\tilde{A}\subseteq\tilde{B}$，即

$$\tilde{A}\subseteq\tilde{B} \Leftrightarrow \mu_{\tilde{A}}(x)\leqslant\mu_{\tilde{B}}(x) \quad (5\text{-}15)$$

当且仅当 $\mu_{\tilde{A}}(x)<\mu_{\tilde{B}}(x)$ 时，称 $\tilde{A}$ 真包含于 $\tilde{B}$，此时称 $\tilde{A}$ 为 $\tilde{B}$ 的真子集，记为 $\tilde{A}\subset\tilde{B}$。

例如，设 $\tilde{A}$ 为“少年”模糊集合，$\tilde{B}$ 为“年轻”模糊集合，任何人属于 $\tilde{A}$ 的隶属度总是小于属于 $\tilde{B}$ 的隶属度，因此，“少年”模糊集合是“年轻”模糊集合的子集。

5．补集

模糊集合 $\tilde{A}$ 的绝对补集记为 $\overline{\tilde{A}}$，定义如下：具有隶属函数

$$\mu_{\overline{\tilde{A}}}(x)=1-\mu_{\tilde{A}}(x)$$

的模糊集合称为 $\tilde{A}$ 的绝对补集，即 $\tilde{A}$ 的补集

$$\overline{\tilde{A}}(\text{或}\neg\tilde{A}) \Leftrightarrow \mu_{\overline{\tilde{A}}}(x)=1-\mu_{\tilde{A}}(x)$$

若$\tilde{A}$和$\tilde{B}$均为模糊集合，则$\tilde{A}$关于$\tilde{B}$的相对补集记为$\tilde{B}-\tilde{A}$，由

$$\mu_{\tilde{B}-\tilde{A}}(x)=\mu_{\tilde{B}}(x)-\mu_{\tilde{A}}(x) \tag{5-16}$$

定义，其中规定$\mu_{\tilde{B}}(x)\geqslant\mu_{\tilde{A}}(x)$。

例如，设$\tilde{A}$为“高个子”模糊集合，$\bar{\tilde{A}}$为“非高个子”模糊集合，对于身高为1.78m的x_1来说，若$\mu_{\tilde{A}}(x_1)=0.9$，则他属于“非高个子”的隶属度（或资格）为

$$\mu_{\bar{\tilde{A}}}(x_1)=1-0.9=0.1$$

又如，设$\tilde{A}$为“胖子”模糊集合，$\tilde{B}$为“高个子”模糊集合，某人x_1属于“胖子”模糊集合的隶属度$\mu_{\tilde{A}}(x_1)=0.6$，而属于“高个子”模糊集合的隶属度$\mu_{\tilde{B}}(x_1)=0.9$，则x_1属于“胖子”模糊集合关于“高个子”模糊集合的相对补集的隶属度（或资格）为

$$\mu_{\tilde{B}-\tilde{A}}(x)=\mu_{\tilde{B}}(x)-\mu_{\tilde{A}}(x)=0.9-0.6=0.3$$

表示某人x_1属于“高个子”的资格比属于“胖子”的资格要强0.3。

6. 并集

设论域X上两个模糊集合$\tilde{A}$和$\tilde{B}$的隶属函数分别是$\mu_{\tilde{A}}(x)$和$\mu_{\tilde{B}}(x)$，它们的并集是一个模糊集合，用$\tilde{C}$来表示，记为$\tilde{C}=\tilde{A}\cup\tilde{B}$，其隶属函数与$\tilde{A}$和$\tilde{B}$的隶属函数之间有关系

$$\mu_{\tilde{C}}(x)=\max\left\{\mu_{\tilde{B}}(x),\mu_{\tilde{A}}(x)\right\},\quad \forall x\in X \tag{5-17}$$

即

$$\tilde{C}=\tilde{A}\cup\tilde{B}\Leftrightarrow\mu_{\tilde{C}}(x)=\max\left\{\mu_{\tilde{B}}(x),\mu_{\tilde{A}}(x)\right\} \tag{5-18}$$

例如，设$\tilde{A}$为“胖子”模糊集合，$\tilde{B}$为“高个子”模糊集合，今有五人组成的集合

$$X=\left\{x_1,x_2,x_3,x_4,x_5\right\}$$

他们分别属于“胖子”模糊集合$\tilde{A}$和“高个子”模糊集合$\tilde{B}$的隶属度为

$$\begin{cases}\mu_{\tilde{A}}(x_1)=0.5, & \mu_{\tilde{B}}(x_1)=0.6\\ \mu_{\tilde{A}}(x_2)=0.8, & \mu_{\tilde{B}}(x_2)=0.5\\ \mu_{\tilde{A}}(x_3)=0.4, & \mu_{\tilde{B}}(x_3)=1\\ \mu_{\tilde{A}}(x_4)=0.6, & \mu_{\tilde{B}}(x_4)=0.3\\ \mu_{\tilde{A}}(x_5)=0.4, & \mu_{\tilde{B}}(x_5)=0.4\end{cases}$$

这时，$\tilde{A}$和$\tilde{B}$的并集$\tilde{C}=\tilde{A}\cup\tilde{B}$表示“或胖或高的人”模糊集合，其隶属函数为

$$\begin{aligned}\mu_{\tilde{C}}(x_1)&=\max\left\{\mu_{\tilde{B}}(x),\mu_{\tilde{A}}(x)\right\}\\ &=0.5\vee0.6=0.6\end{aligned}$$

$$\mu_{\tilde{C}}(x_2)=0.8\vee0.5=0.8$$

$$\mu_{\tilde{C}}(x_3) = 0.4 \vee 1 = 1$$

$$\mu_{\tilde{C}}(x_4) = 0.6 \vee 0.3 = 0.6$$

$$\mu_{\tilde{C}}(x_5) = 0.4 \vee 0.4 = 0.4$$

式中，“$\vee$”被称为取大运算。

模糊集合并运算也可表示为

$$\tilde{A} \cup \tilde{B} \Leftrightarrow \mu_{\tilde{A}\cup\tilde{B}}(x) = \mu_{\tilde{A}}(x) \vee \mu_{\tilde{B}}(x) \tag{5-19}$$

在上述模糊集合并运算的定义中，如果隶属函数只取 1 或 0，那么就成了普通集合的并运算。因此，普通集合只是模糊集合的一个特例，模糊集合的并运算是普通集合并运算的扩大和推广。

7. 交集

$\tilde{A}$ 和 $\tilde{B}$ 的交集也是一个模糊集合，记为 $\tilde{D} = \tilde{A} \cap \tilde{B}$，其隶属函数规定为

$$\tilde{D} = \tilde{A} \cap \tilde{B} \Leftrightarrow \mu_{\tilde{D}}(x) = \min\left\{\mu_{\tilde{B}}(x), \mu_{\tilde{A}}(x)\right\} \tag{5-20}$$

也可表示为

$$\tilde{A} \cap \tilde{B} \Leftrightarrow \mu_{\tilde{A}\cap\tilde{B}}(x) = \mu_{\tilde{A}}(x) \wedge \mu_{\tilde{B}}(x) \tag{5-21}$$

式中，“$\wedge$”被称为取小运算。

对于上述的五人集合，可有

$$\begin{cases} \mu_{\tilde{A}\cap\tilde{B}}(x_1) = 0.5 \\ \mu_{\tilde{A}\cap\tilde{B}}(x_2) = 0.5 \\ \mu_{\tilde{A}\cap\tilde{B}}(x_3) = 0.4 \\ \mu_{\tilde{A}\cap\tilde{B}}(x_4) = 0.3 \\ \mu_{\tilde{A}\cap\tilde{B}}(x_5) = 0.4 \end{cases}$$

这里，交集 $\tilde{A} \cap \tilde{B}$ 表示“又胖又高的人”模糊集合。

$\mu_{\tilde{A}\cup\tilde{B}}(x)$、$\mu_{\tilde{A}\cap\tilde{B}}(x)$ 分别如图 5-5、图 5-6 所示。

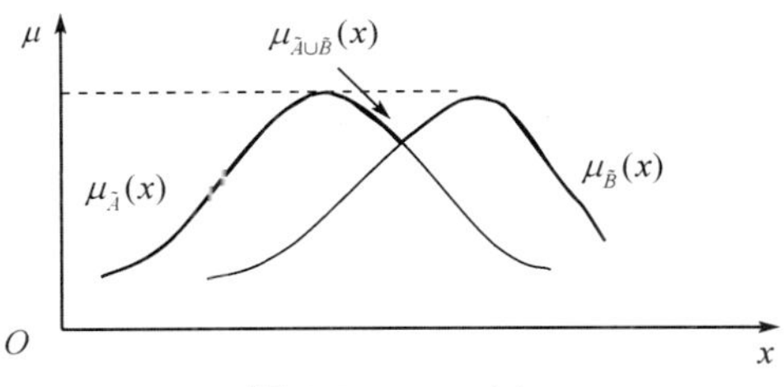

图 5-5　$\mu_{\tilde{A}\cup\tilde{B}}(x)$

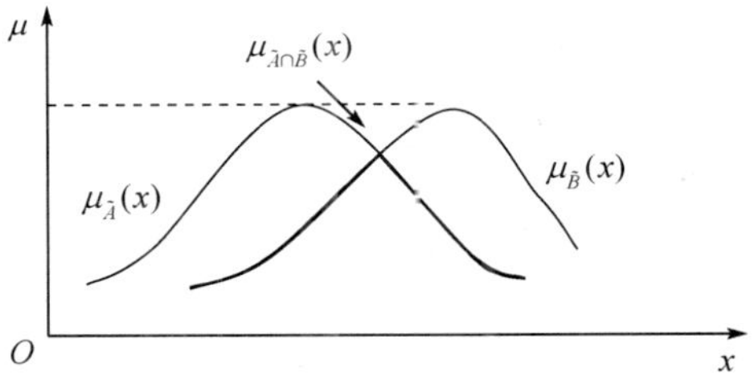

图 5-6　$\mu_{\tilde{A}\cap\tilde{B}}(x)$

模糊集合交运算的定义也是普通集合交运算定义的扩大和推广。只要隶属函数只取 1 或

0，模糊集合的交运算就成了普通集合的交运算。

模糊集合的并、交运算，不仅与普通集合的同类运算相通，还具有实际意义。例如，在统一招收研究生时，考了英语与日语两门外语。有位考生英语得 90 分，日语得 60 分。这时，假如有的导师只要求考生掌握一门外语，那就可以以 90 分代表该生的外语水平（取大）；如果有的导师要求掌握两门外语，那么就只能以 60 分来代表该生的外语水平（取小）了。

以上结论也可写成定理形式。

定理 5.1 模糊集合的运算通过它的隶属函数实现。

$\tilde{A}=\varnothing \Leftrightarrow \mu_{\tilde{A}}(x)=0$；

$\tilde{A}=E \Leftrightarrow \mu_{\tilde{A}}(x)=1$；

$\tilde{A}=\tilde{B} \Leftrightarrow \mu_{\tilde{A}}(x)=\mu_{\tilde{B}}(x)$；

$\tilde{A}\subseteq \tilde{B} \Leftrightarrow \mu_{\tilde{A}}(x)\leqslant \mu_{\tilde{B}}(x)$；

$\bar{\tilde{A}}(或\neg\tilde{A}) \Leftrightarrow \mu_{\bar{\tilde{A}}}(x)=1-\mu_{\tilde{A}}(x)$；

$\tilde{A}\cup \tilde{B} \Leftrightarrow \mu_{\tilde{A}\cup\tilde{B}}(x)=\mu_{\tilde{A}}(x)\vee \mu_{\tilde{B}}(x)$；

$\tilde{A}\cap \tilde{B} \Leftrightarrow \mu_{\tilde{A}\cap\tilde{B}}(x)=\mu_{\tilde{A}}(x)\wedge \mu_{\tilde{B}}(x)$。

例 5.3 设 $X=\{1,2,3,4\}$，则

小数集：

$$\tilde{A}=\frac{1}{1}+\frac{0.8}{2}+\frac{0.2}{3}+\frac{0}{4}$$

大数集：

$$\tilde{B}=\frac{0}{1}+\frac{0.2}{2}+\frac{0.8}{3}+\frac{1}{4}$$

较小数集：

$$\tilde{C}=\frac{0.5}{1}+\frac{1}{2}+\frac{0.5}{3}+\frac{0}{4}$$

不较小数集：

$$\bar{\tilde{C}}=\frac{0.5}{1}+\frac{0}{2}+\frac{0.5}{3}+\frac{1}{4}$$

小或较小数集：

$$\begin{aligned}\tilde{A}\cup\tilde{C}&=\frac{1\vee 0.5}{1}+\frac{0.8\vee 1}{2}+\frac{0.2\vee 0.5}{3}+\frac{0\vee 0}{4}\\&=\frac{1}{1}+\frac{1}{2}+\frac{0.5}{3}+\frac{0}{4}\end{aligned}$$

既小又大的数集：

$$\begin{aligned}\tilde{A}\cap\tilde{B}&=\frac{1\wedge 0}{1}+\frac{0.8\wedge 0.2}{2}+\frac{0.2\wedge 0.8}{3}+\frac{0\wedge 1}{4}\\&=\frac{0}{1}+\frac{0.2}{2}+\frac{0.2}{3}+\frac{0}{4}\end{aligned}$$

本例题提供了将模糊语言数学化的示例。

5.2　模糊综合评价法

要对复杂的事物或系统进行评价，往往要综合考虑其受到的多种影响因素。模糊综合评价法（Fuzzy Comprehensive Evaluation method，FCE）是指综合考虑事物或系统的多种影响因素，并将模糊理论与综合评价相结合得到评价的方法，在国民经济和工程技术领域中有着广泛的应用。模糊综合评价法是以模糊数学为基础，应用模糊关系（Fuzzy Relation）合成原理，针对受到多个因素制约的事物或对象，将一些边界不清、不易定量的因素定量化，从多个因素对评价事物隶属等级状况进行综合性评价的一种方法。该方法具有结果清晰、系统性强的特点，能较好地解决模糊的、难以量化的问题，适合于各种非确定性问题的解决。

5.2.1　模糊关系的定义

客观世界的各事物之间普遍存在着联系，描述事物之间联系的数学模型之一就是关系。关系是集合论中最基本的概念之一，而作为通常关系的扩张与拓广的模糊关系，在模糊集合论中占有极为重要的地位，具有广泛应用，模糊综合评价法就基于模糊关系及其运算。

在普通集合中，其论域由多个集合的笛卡儿乘积构成。

❑ **定义 5.2**　集合 A 和 B 的直积（Direct Product）$A\times B$ 规定为序对 (a,b) 的集合：

$$A\times B=\{(a,b)\mid a\in A,b\in B\} \tag{5-22}$$

又称笛卡儿乘积。

笛卡儿乘积是两集合元素之间一种有序的无约束的搭配。若给搭配以约束，便体现了一种特殊关系，关系的内容寓于搭配的约束之中。因此，关系事实上就是被包含在笛卡儿乘积中的一个子集，通俗地说就是，笛卡儿乘积中一种有约束的搭配。

❑ **定义 5.3**　集合 A 和 B 的直积 $A\times B$ 的一个子集 R 称为从 A 到 B 的一个二元关系，简称关系，记作

$$A\xrightarrow{R}B \tag{5-23}$$

当 $A=B$ 时，R 被称为 A 上的关系。

一般地，定义 $A_1\times A_2\times\cdots\times A_n$ 的子集为 $A_1,A_2,\cdots,A_n$ 之间的 n 元关系。

例 5.4 $A=\{$张三，李四，王五$\}$，$B=\{$优，良，中，差$\}$，$A\times B$ 就是张三、李四、王五这三人在考试中可能出现的情况，它共有 $3\times4=12$ 种搭配方式。设在某次考试中，张三得“优”，李四、王五得“中”，则构成一个从 A 到 B 的关系，即

$$R=\{(\text{张三，优}),(\text{李四，中}),(\text{王五，中})\}$$

显然 R 是 $A\times B$ 的一个子集。

在普通集合上定义的关系都是确定性关系。但是在模糊集合上一般不存在这种确定性关系，而是一种模糊关系。

❑ **定义 5.4** 称直积空间 $X\times Y=\{(x,y)\mid x\in X, y\in Y\}$ 上的一个模糊集合 $\tilde{R}$ 为从 X 到 Y 的一个模糊关系，记作

$$X\xrightarrow{\tilde{R}}Y \tag{5-24}$$

模糊关系 $\tilde{R}$ 由其隶属函数

$$\mu_{\tilde{R}}(x,y): X\times Y\to[0,1] \tag{5-25}$$

刻画，$\mu_{\tilde{R}}(x_0,y_0)$ 叫作 (x_0,y_0) 具有关系 $\tilde{R}$ 的程度。

其中，(x_i,y_i) 具有关系 $\tilde{R}$ 的程度 $r_{ij}\in[0,1]$，$\tilde{R}$ 可以记为

$$\tilde{R}=\left\{\frac{\mu_{\tilde{R}}(x_0,y_0)}{(x,y)}\middle| x\in X, y\in Y\right\} \tag{5-26}$$

当 $X=Y$ 时，称 X 到 Y 的模糊关系为 X 上的二元模糊关系。

若论域是 n 个集合的直积空间 $X_1\times X_2\times\cdots\times X_n$，则模糊关系 $\tilde{R}$ 是这个空间的模糊集合，它的隶属函数是 n 个变量的多元函数，记为

$$\mu_{\tilde{R}}(x_1,x_2,\cdots,x_n): X_1\times X_2\times\cdots\times X_n\to[0,1] \tag{5-27}$$

5.2.2 模糊关系的运算

二元模糊关系可以用模糊矩阵来表示，和普通矩阵一样，$m\times n$ 阶模糊矩阵可以看成由 m 个模糊向量组成，它的元素

$$r_{ij}=\mu_{\tilde{R}}(x_i,y_j): X\times Y\to[0,1] \tag{5-28}$$

模糊矩阵是研究模糊关系及其性质的重要工具，模糊矩阵的运算主要有相等、包含、并、交、补、合成等。设模糊矩阵 $\tilde{\boldsymbol{A}}=(a_{ij})$，$\tilde{\boldsymbol{B}}=(b_{ij})$，$a_{ij}\in[0,1]$，$b_{ij}\in[0,1]\ (i,j=1,2,\cdots,n)$。

1）相等

若 $a_{ij}=b_{ij}\ (i,j=1,2,\cdots,n)$，则称 $\tilde{\boldsymbol{A}}=\tilde{\boldsymbol{B}}$。

2）包含

若 $a_{ij}\leqslant b_{ij}\ (i,j=1,2,\cdots,n)$，则称 $\tilde{\boldsymbol{A}}\subseteq\tilde{\boldsymbol{B}}$。

3）并

设 $c_{ij}=a_{ij}\vee b_{ij}(i,j=1,2,\cdots,n)$，称 $\tilde{\boldsymbol{C}}=(c_{ij})$ 为 $\tilde{\boldsymbol{A}}$ 、 $\tilde{\boldsymbol{B}}$ 的并矩阵，记为 $\tilde{\boldsymbol{C}}=\tilde{\boldsymbol{A}}\cup\tilde{\boldsymbol{B}}$ 。

4）交

设 $c_{ij}=a_{ij}\wedge b_{ij}(i,j=1,2,\cdots,n)$，称 $\tilde{\boldsymbol{C}}=(c_{ij})$ 为 $\tilde{\boldsymbol{A}}$ 、 $\tilde{\boldsymbol{B}}$ 的交矩阵，记为 $\tilde{\boldsymbol{C}}=\tilde{\boldsymbol{A}}\cap\tilde{\boldsymbol{B}}$ 。

5）补（余）

$\bar{\tilde{\boldsymbol{A}}}=(1-a_{ij})$ 称为 $\tilde{\boldsymbol{A}}$ 的补矩阵。

例 5.5　设模糊矩阵 $\tilde{\boldsymbol{A}}=\begin{bmatrix}0.5 & 0.3\\0.4 & 0.8\end{bmatrix}$， $\tilde{\boldsymbol{B}}=\begin{bmatrix}0.8 & 0.5\\0.3 & 0.7\end{bmatrix}$，则

$$\tilde{\boldsymbol{A}}\cup\tilde{\boldsymbol{B}}=\begin{bmatrix}0.5\vee 0.8 & 0.3\vee 0.5\\0.4\vee 0.3 & 0.8\vee 0.7\end{bmatrix}=\begin{bmatrix}0.8 & 0.5\\0.4 & 0.8\end{bmatrix}$$

$$\tilde{\boldsymbol{A}}\cap\tilde{\boldsymbol{B}}=\begin{bmatrix}0.5\wedge 0.8 & 0.3\wedge 0.5\\0.4\wedge 0.3 & 0.8\wedge 0.7\end{bmatrix}=\begin{bmatrix}0.5 & 0.3\\0.3 & 0.7\end{bmatrix}$$

$$\bar{\tilde{\boldsymbol{A}}}=\begin{bmatrix}1-0.5 & 1-0.3\\1-0.4 & 1-0.8\end{bmatrix}=\begin{bmatrix}0.5 & 0.7\\0.6 & 0.2\end{bmatrix}$$

6）合成

❑ **定义 5.5**　设矩阵 $\tilde{\boldsymbol{A}}=(a_{ij})_{m\times n}$ 表示 X 到 Y 的模糊关系，矩阵 $\tilde{\boldsymbol{B}}=(b_{ij})_{n\times p}$ 表示 Y 到 Z 的模糊关系，则 $\tilde{A}$ 与 $\tilde{\boldsymbol{B}}$ 的合成

$$\tilde{\boldsymbol{C}}=\tilde{\boldsymbol{A}}\circ\tilde{\boldsymbol{B}} \tag{5-29}$$

定义为 X 到 Z 的模糊关系，其隶属函数为

$$\begin{aligned}\mu_{\tilde{\boldsymbol{C}}}(x,z)&=\mu_{\tilde{\boldsymbol{A}}\circ\tilde{\boldsymbol{B}}}(x,z)\\&=\sup_{y\in Y}\{\min\{\mu_{\tilde{\boldsymbol{A}}}(x,y),\mu_{\tilde{\boldsymbol{B}}}(y,z)\}\}\end{aligned} \tag{5-30}$$

或

$$c_{ij}=\bigvee_{k=1}^{n}a_{ik}\wedge b_{kj},\quad i=1,2,\cdots,m,\quad j=1,2,\cdots,p \tag{5-31}$$

式中，x、y、z 分别表示论域 X、Y、Z 中的元素；$\sup\limits_{y\in Y}$ 表示对所有 $y\in Y$ 取最小上界；$\tilde{\boldsymbol{C}}$ 叫作矩阵 $\tilde{\boldsymbol{A}}$ 与 $\tilde{\boldsymbol{B}}$ 的合成矩阵，也称为 $\tilde{\boldsymbol{A}}$ 与 $\tilde{\boldsymbol{B}}$ 的模糊乘积。

例 5.6　设模糊矩阵

$$\tilde{\boldsymbol{A}}=\begin{bmatrix}0.3 & 0.7 & 0.2\\1 & 0 & 0.4\\0 & 0.5 & 1\\0.6 & 0.7 & 0.8\end{bmatrix},\quad \tilde{\boldsymbol{B}}=\begin{bmatrix}0.1 & 0.9\\0.9 & 0.1\\0.6 & 0.4\end{bmatrix}$$

则

$$\tilde{A} \circ \tilde{B} = \tilde{C} = \begin{bmatrix} 0.7 & 0.3 \\ 0.4 & 0.9 \\ 0.6 & 0.4 \\ 0.7 & 0.6 \end{bmatrix}$$

其中

$$\begin{aligned} c_{11} &= (a_{11} \wedge b_{11}) \vee (a_{12} \wedge b_{21}) \vee (a_{13} \wedge b_{31}) \\ &= (0.3 \wedge 0.1) \vee (0.7 \wedge 0.9) \vee (0.2 \wedge 0.6) \\ &= 0.1 \vee 0.7 \vee 0.2 \\ &= 0.7 \end{aligned}$$

如此等等。

5.2.3 模糊综合评价法的主要步骤

模糊综合评价法的基本原理是利用模糊线性变换原理和最大隶属度原则，进行自下而上的逐步综合，从而得到最终评价结果。

模糊综合评价法涉及以下三个要素。

（1）评价因素。它是评价对象的各种属性或性能。设评价因素集合 $V=\{v_1,v_2,\cdots,v_m\}$， v_i 表示某问题需要考虑的因素。

（2）评语（评价等级）。评语集合 $U=\{u_1,u_2,\cdots,u_n\}$， u_i 表示要判断的等级。

（3）单因素评价。为了进行综合评价，先要进行单因素评价，即对每一个评价因素 v_i 单独做出一个判断，从而构成从 V 到 U 的一个模糊映射 $\tilde{\boldsymbol{R}}$，即隶属度矩阵（或称为模糊判断矩阵）。表 5-4 所示为模糊关系示例。

表 5-4　模糊关系示例

$\tilde{\boldsymbol{R}}$	u_1	u_2	…	u_n
v_1	r_{11}	r_{12}	…	r_{1n}
v_2	r_{21}	r_{22}	…	r_{2n}
⋮	⋮	⋮		⋮
v_m	r_{m1}	r_{m2}	…	r_{mn}

行向量 $(r_{i1},r_{i2},\cdots,r_{in})$ 是考虑单因素 v_i 在 U 上的决断。

模糊综合评价法的主要步骤如下。

步骤一：确定评价因素集合。根据评价目的，筛选出反映评价对象的主要因素 m 个，用相应指标进行度量，确定评价因素集合 $V=\{v_1,v_2,\cdots,v_m\}$， v_i 表示某问题需要考虑的因素。

步骤二：确定评语集合。对每个因素给予若干个等级或者若干个评语，设可能出现的评语有 n 个，确定评语集合 $U=\{u_1,u_2,\cdots,u_n\}$， u_j 表示要判断的等级。

步骤三：单因素评价。对于评价因素集合中的每个因素 $v_i(i=1,2,\cdots,m)$，分析其对于评语

$u_j(j=1,2,\cdots,n)$ 的隶属度 r_{ij}，得出第 i 个单因素评价结果 $\tilde{\boldsymbol{R}}_i=(r_{i1},r_{i2},\cdots,r_{in})$，其中 $i=1,2,\cdots,m$，形成隶属度矩阵：

$$\tilde{\boldsymbol{R}}=(\tilde{\boldsymbol{R}}_1,\tilde{\boldsymbol{R}}_2,\cdots,\tilde{\boldsymbol{R}}_n)^{\mathrm{T}}=(r_{ij})_{m\times n}$$

步骤四：确定评价因素的权重。通常，各个因素的重要程度是不一样的，应按照因素的重要性给予相应的权重分配。各权重满足归一性和非负性，即

$$\tilde{\boldsymbol{W}}=(w_1,w_2,\cdots,w_m),\quad w_i\geqslant 0,\quad \sum_i w_i=1$$

步骤五：进行综合评判。考虑各项加权，反映所有因素的综合影响，由隶属度矩阵 $\tilde{\boldsymbol{R}}$ 和权重向量 $\tilde{\boldsymbol{W}}$ 计算模糊综合评价结果 $\tilde{\boldsymbol{B}}=\tilde{\boldsymbol{W}}\circ\tilde{\boldsymbol{R}}$

$$\tilde{\boldsymbol{B}}=(w_1,w_2,\cdots,w_m)\circ\begin{bmatrix} r_{11} & r_{12} & \cdots & r_{1n}\\ r_{21} & r_{22} & \cdots & r_{2n}\\ \vdots & \vdots & & \vdots\\ r_{m1} & r_{m2} & \cdots & r_{mn}\end{bmatrix}=(b_1,b_2,\cdots,b_n)$$

式中，$b_j(j=1,2,\cdots,n)$ 被称为模糊综合评价指标。将模糊综合评价指标归一化，即得到归一化的模糊综合评价指标 $\tilde{\boldsymbol{B}}'$：

$$\tilde{\boldsymbol{B}}'=\left[\frac{b_1}{\sum_{j=1}^{n}b_j},\frac{b_2}{\sum_{j=1}^{n}b_j},\cdots,\frac{b_n}{\sum_{j=1}^{n}b_j}\right]=(b_1',b_2',\cdots,b_n')$$

取 $\text{result}=\max\{b_j'\},(j=1,2,\cdots,n)$，得到最可行的方案。

上述步骤针对的是评价因素结构简单、仅为单层次的情况。对于复杂的问题，其评价因素往往是多方面的，且不同因素之间存在着不同的层次。对于评价因素集合分成多个层级的情况，需要将评价因素集合按照某种属性分成几类，先对每一类按照上述单层次评价步骤进行综合评判，得到第 k 类因素的评价结果 $\tilde{\boldsymbol{B}}_k'$，将各类因素的评价结果共同构成上一层的隶属度矩阵。再结合上一层因素的权重，构成上一层综合评价结果。依次迭代到最高层，从而得到最终结果。

模糊综合评价法在环保、气象、农业、林业、财经管理、商业、医学、教育等领域都有广泛的应用。它是多个方案在多种评判标准下的优选方法，这种方法多用于难以评判的多因素问题。它的数学模型就是模糊变换，一般容易在计算机上实现。如果根据经验总结出 $\tilde{\boldsymbol{R}}$，并把它储存于电子计算机内，那么只要将 $\tilde{\boldsymbol{W}}$ 输入计算机，就可得出 $\tilde{\boldsymbol{B}}=\tilde{\boldsymbol{W}}\circ\tilde{\boldsymbol{R}}$。模糊转换器如图 5-7 所示。这里把模糊关系 $\tilde{\boldsymbol{R}}$ 看成了模糊转换器，这是一种既准确又迅速的科学方法。

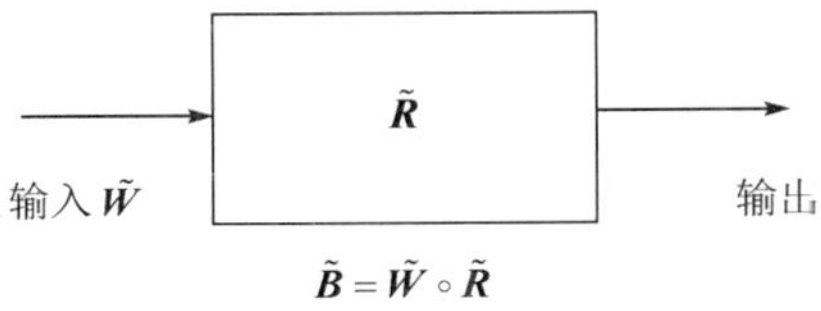

图 5-7　模糊转换器

若已知 $\tilde{\boldsymbol{W}}$ 和 $\tilde{\boldsymbol{R}}$，求 $\tilde{\boldsymbol{B}}$，即已知输入和模糊转换器，求输出，则其是综合评判问题，即模糊变换问题。

模糊综合评价法的优点：能够全面地考虑系统方案中诸多模糊因素的影响，将定性与定量的分析有机结合，将主观因素与客观因素较好地结合，数学模型简单，直观易懂，可操作性强，对多因素、多层次的复杂问题的评判比较好，是另外的数学分支和模型难以代替的方法。其缺点：一是隶属函数的确定还没有系统的方法，并且合成的算法还有待进一步探讨；二是其评估过程大量运用了人的主观判断，且各个因素的权重带有一定的主观性。

5.2.4 模糊综合评价法的应用

例 5.7 （飞机空战能力指标评价）飞机的空战能力是飞机作战效能的最重要组成部分，在不少场合甚至可以直接作为飞机作战效能的代名词，它是评估敌我双方空战实力的重要指标。分析和研究作战飞机的空战能力，是研究作战飞机作战使用问题的前提和依据。

评判时要考虑机动性、发现目标能力、操纵性能、火力、生存能力 5 个因素（一级指标），13 个子因素（二级指标），$n=13$。二级指标包括机动性一级指标下的加速性能 v_1、超音速巡航 v_2、敏捷性 v_3 3 个二级指标，发现目标能力一级指标下的目视能力 v_4、头盔瞄准器 v_5、光电雷达 v_6 3 个二级指标，操纵性能一级指标下的操纵效能 v_7 1 个二级指标，火力一级指标下的近距离格斗弹 v_8、航炮 v_9 2 个二级指标，生存能力一级指标下的飞机尺寸 v_{10}、红外隐身性 v_{11}、雷达隐身性 v_{12}、易损性 v_{13} 4 个二级指标。评判分为 5 个等级，$m=5$：很好（u_1）、较好（u_2）、一般（u_3）、较差（u_4）和差（u_5）。飞机空战能力指标评价因素如图 5-8 所示。

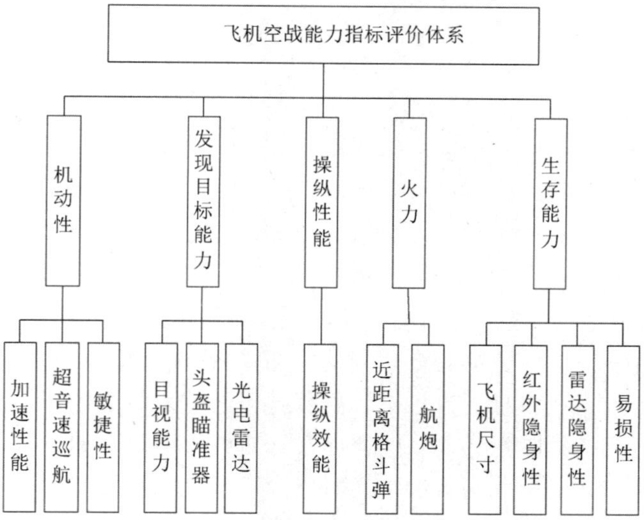

图 5-8 飞机空战能力指标评价因素

现请一批专业人员进行单因素评价。单就加速性能考虑，10%的专业人员评价很好，50%的专业人员评价较好，20%的专业人员评价一般，10%的专业人员评价较差，10%的专业人员评价差，从而得到反映加速性能的模糊向量（0.1,0.5,0.2,0.1,0.1），这 5 个分量之和正好是 1，如果不是 1 则要做归一化处理，使其和为 1。同样对其他 12 个二级指标做出评价，飞机空战能力指标评价等级测度值如表 5-5 所示。

表 5-5　飞机空战能力指标评价等级测度值

一级指标	二级指标	很好	较好	一般	较差	差
机动性	加速性能	0.1	0.5	0.2	0.1	0.1
	超音速巡航	0.2	0.5	0.2	0.1	0
	敏捷性	0.2	0.4	0.3	0.1	0
发现目标能力	目视能力	0.1	0.6	0.2	0.1	0
	头盔瞄准器	0	0.7	0	0.2	0.1
	光电雷达	0.1	0.4	0.2	0.2	0.1
操纵性能	操纵效能	0.2	0.4	0.3	0.1	0
火力	近距离格斗弹	0.2	0.3	0.2	0.2	0.1
	航炮	0.2	0.4	0.3	0.1	0
生存能力	飞机尺寸	0.3	0.4	0.1	0.1	0.1
	红外隐身性	0.2	0.6	0.1	0.1	0
	雷达隐身性	0.3	0.4	0.2	0.1	0
	易损性	0.3	0.3	0.3	0.1	0

联合以上单因素评价，可得到模糊关系

$$\tilde{\boldsymbol{R}} = \begin{bmatrix} 0.1 & 0.5 & 0.2 & 0.1 & 0.1 \\ 0.2 & 0.5 & 0.2 & 0.1 & 0 \\ 0.2 & 0.4 & 0.3 & 0.1 & 0 \\ 0.1 & 0.6 & 0.2 & 0.1 & 0 \\ 0 & 0.7 & 0 & 0.2 & 0.1 \\ 0.1 & 0.4 & 0.2 & 0.2 & 0.1 \\ 0.2 & 0.4 & 0.3 & 0.1 & 0 \\ 0.2 & 0.3 & 0.2 & 0.2 & 0.1 \\ 0.2 & 0.4 & 0.3 & 0.1 & 0 \\ 0.3 & 0.4 & 0.1 & 0.1 & 0.1 \\ 0.2 & 0.6 & 0.1 & 0.1 & 0 \\ 0.3 & 0.4 & 0.2 & 0.1 & 0 \\ 0.3 & 0.3 & 0.3 & 0.1 & 0 \end{bmatrix}$$

同时，这批专业人员由于专业、性别、年龄、工作经验等不同，对飞机空战能力指标的 5 个一级指标、13 个二级指标给予的权重是不同的。某些专业人员认为飞机的机动性比其他因素更重要，其他专业人员则有不同的看法。现假设某专业人员给出的 5 个一级指标、13 个二级指标的权重为

$$
\begin{aligned}
&\boldsymbol{w}=(0.16,0.35,0.11,0.33,0.05)\\
&\boldsymbol{w}_1=(0.35,0.25,0.4)\\
&\boldsymbol{w}_2=(0.3,0.35,0.35)\\
&w_3=1\\
&\boldsymbol{w}_4=(0.8,0.2)\\
&\boldsymbol{w}_5=(0.15,0.33,0.33,0.19)
\end{aligned}
$$

注意：各分量之和应为 1，否则进行归一化处理。

于是通过模糊变换，可得到该专业人员对该飞机的综合评判为

$$
\left.\begin{aligned}
\boldsymbol{B}_1&=\boldsymbol{w}_1\circ\boldsymbol{R}_1\\
\boldsymbol{B}_2&=\boldsymbol{w}_2\circ\boldsymbol{R}_2\\
\boldsymbol{B}_3&=w_3\circ\boldsymbol{R}_3\\
\boldsymbol{B}_4&=\boldsymbol{w}_4\circ\boldsymbol{R}_4\\
\boldsymbol{B}_5&=\boldsymbol{w}_5\circ\boldsymbol{R}_5
\end{aligned}\right\}\Rightarrow \boldsymbol{B}=\left[\boldsymbol{B}_1;\boldsymbol{B}_2;\boldsymbol{B}_3;\boldsymbol{B}_4;\boldsymbol{B}_5\right]
$$

通过计算得到结果 $\boldsymbol{A}=\boldsymbol{w}\circ\boldsymbol{B}=(0.2,0.35,0.2,0.2,0.1)$。通过评判结果可见，$\max\{0.2,0.35,0.2,0.2,0.1\}=0.35$，故该专业人员对该飞机的综合评判为“较好”。

5.3 模糊层次分析法

确定权重是决策的重要部分，层次分析法（AHP）是一种有效的确定权重的方法。本书第四专题已经对 AHP 进行了介绍，该方法简洁、实用，广泛应用于社会、经济、管理、军事等诸多领域。但是，AHP 的关键在于构造两两比较判断矩阵，而构造判断矩阵时通常没有考虑人的判断模糊性，只考虑了人判断的两种可能的极端情况：以隶属度 1 选择某个指标，以隶属度 0 选择其他指标，因此给出的判断矩阵具有较强的主观性，检验判断矩阵一致性困难，判断矩阵的一致性与人类思维的一致性具有显著性差异。实际上，人在表达判断比较结果时是这样的：专家们往往会给出一些模糊量，如三值判断：最低可能值、最可能值、最高可能值，进行二值区间判断。这就需要用到模糊层次分析法（Fuzzy Analytic Hierarchy Process, FAHP)，该方法是将模糊数学和 AHP 相结合的一种系统分析方法，评价更加多元、更加科学，为量化评价指标选择最优方案提供了依据，并得到了广泛的应用。

5.3.1 模糊层次分析法的基本原理

AHP 最大的问题是当某一层次评价指标过多（如 4 个以上）时，其思维一致性很难保证。在这种情况下，将模糊决策与 AHP 的优势结合起来形成的模糊层次分析法（FAHP）就能较好地解决这一问题。FAHP 的基本思想是，根据多目标评价问题的性质和总目标，把问题本身按层次进行分解，构成一个由下而上的梯阶层次结构。因此，FAHP 与 AHP 在基本思想和步骤上基本一致，但仍存在两点不同。

（1）建立的判断矩阵不同。AHP 通过元素的两两比较建立判断矩阵，而 FAHP 通过元素两两比较建立模糊判断矩阵。

（2）求矩阵中各个元素的相对重要性的权重方法不同。AHP 检验判断矩阵是否一致非常困难，且检验判断矩阵是否具有一致性的标准缺乏科学依据，判断矩阵的一致性与人类思维的一致性有明显差异。FAHP 做因素间的两两比较判断时，不用三角模糊数进行量化，而采用一个因素相对于另一个因素的重要程度来定量表示，最后得到模糊判断矩阵。

因此，用 FAHP 确定决策方案权重的根本问题在于如何构造判断矩阵，确定方案权重的大小。

FAHP 有两种：一种基于模糊判断矩阵；另一种基于模糊数。本书介绍两种具体的 FAHP，分别为基于模糊互补判断矩阵的 FAHP 和基于三角模糊函数的 FAHP。

5.3.2　基于模糊互补判断矩阵的 FAHP

在实际生活中，模糊判断本身更符合人们的思维习惯，同时受到专家知识水平、能力结构和事物本身的复杂性、不确定性等因素的影响，专家给出的判断往往不是以确定的数来表示的，而是以区间数、模糊数或以语言值等形式给出的。

❑ **定义 5.6**　设判断矩阵 $\boldsymbol{A}=(a_{ij})_{n\times n}\ (i,j=1,2,\cdots,n)$，对任意的 i,j 均有 $0<a_{ij}<1$，$a_{ij}+a_{ji}=1$，则称 $\boldsymbol{A}$ 为模糊互补判断矩阵。

因素 $C_i\ (i=1,2,\cdots,n)$ 之间的模糊标度构成的判断矩阵如表 5-6 所示。

表 5-6　模糊标度构成的判断矩阵

因素	C_1	C_2	…	C_n
C_1	a_{11}	a_{12}	…	a_{1n}
C_2	a_{21}	a_{22}	…	a_{2n}
⋮	⋮	⋮		⋮
C_n	a_{n1}	a_{n2}	…	a_{nn}

其中，$C_i:C_j\Rightarrow a_{ij}$。当 $a_{ij}=0.5$ 时，表示 C_i 和 C_j 同等重要；当 $a_{ij}>0.5$ 时，表示 C_i 比 C_j 重要；当 $a_{ij}<0.5$ 时，表示 C_j 比 C_i 重要。

可以看出，判断矩阵 $\boldsymbol{A}$ 具有以下性质。

（1）$a_{ij}+a_{ji}=1$。

（2）$a_{ii}=0.5$。

（3）$0<a_{ij}<1$。

🕮 **定理 5.2**　设 $\boldsymbol{A}=(a_{ij})_{n\times n}\ (i,j=1,2,\cdots,n)$ 是一个模糊互补判断矩阵，$\boldsymbol{W}=\left(w_1,w_2,\cdots,w_n\right)^{\mathrm{T}}$ 是 $\boldsymbol{A}$ 的权重向量，则 $\boldsymbol{W}$ 满足：

$$w_i=\frac{1}{n}\left(\sum_{j=1}^{n}a_{ij}+1-\frac{n}{2}\right),\quad i=1,2,\cdots,n \tag{5-32}$$

证明：令 $F(\boldsymbol{W})=\sum_{i=1}^{n}\sum_{j=1}^{n}\left[a_{ij}-(w_i-w_j+0.5)\right]^2$，其中 w_i 非负且 $\sum_{i=1}^{n}w_i=1$。

做拉格朗日函数 $L(\boldsymbol{W},\lambda)=F(\boldsymbol{W})+\lambda\left(\sum_{i=1}^{n}w_i-1\right)$，令 $\frac{\partial L}{\partial w_i}=0\ (i=1,2,\cdots,n)$，有

$$(-1)\sum_{j=1}^{n}2\left[a_{ij}-\left(w_i-w_j+0.5\right)\right]+\lambda=0$$

则

$$-2\sum_{j=1}^{n}\left[a_{ij}-\left(w_i-w_j+0.5\right)\right]+\lambda=0$$

那么

$$\sum_{i=1}^{n}\left[-2\sum_{j=1}^{n}\left(a_{ij}-nw_i+1+0.5n\right)+\lambda\right]=0$$

于是

$$-2\left(\sum_{i=1}^{n}\sum_{j=1}^{n}a_{ij}-n+n-0.5n^2\right)+\lambda n=0$$

则有

$$-2\left(\sum_{i=1}^{n}\sum_{j=1}^{n}a_{ij}-0.5n^2\right)+\lambda n=0$$

由模糊互补判断矩阵的性质易知 $\sum_{i=1}^{n}\sum_{j=1}^{n}a_{ij}=0.5n^2$，推得 $\lambda=0$。

从而

$$-2\left(\sum_{j=1}^{n}a_{ij}-nw_i+1-0.5n\right)=0$$

推得

$$\sum_{j=1}^{n}a_{ij}-nw_i+1-0.5n=0$$

因此

$$w_i=\frac{1}{n}\left(\sum_{j=1}^{n}a_{ij}+1-\frac{n}{2}\right),\quad i=1,2,\cdots,n$$

可以直接由模糊互补判断矩阵利用式（5-32）求出权重向量。若 $\sum_{j=1}^{n}a_{ij}\leqslant\frac{n}{2}-1$，则权重 w_i 会出现负值与零值，此时应将问题反馈给专家重新判定。

例 5.8 求模糊互补判断矩阵 $\boldsymbol{A}=\begin{bmatrix}0.5&0.3&0.6&0.7\\0.7&0.5&0.7&0.5\\0.4&0.3&0.5&0.4\\0.3&0.5&0.6&0.5\end{bmatrix}$ 的权重向量。

解：由式（5-32）可以直接求出权重向量为

$$\boldsymbol{W}=\left(0.275,0.350,0.150,0.225\right)^{\mathrm{T}}$$

5.3.3　基于三角模糊函数的 FAHP

荷兰学者 F.J.M.Van Laarhoven 和 W.Pedrycz 提出了用三角模糊数表示模糊比较判断的方法。

❑ **定义 5.7**　设 $\tilde{A}$ 为论域 U 上的模糊集合，$\mu_{\tilde{A}}(x)$ 是论域 U 到实数闭区间[0,1]的映射，且满足

$$\mu_{\tilde{A}}(x)=\begin{cases}\dfrac{1}{m-l}x-\dfrac{l}{m-l}, & x\in[l,m)\\ \dfrac{1}{m-u}x-\dfrac{u}{m-u}, & x\in[m,u]\\ 0, & x\in(-\infty,l)\cup(u,+\infty)\end{cases} \tag{5-33}$$

则称 $\tilde{A}$ 为三角模糊数，称 $\mu_{\tilde{A}}(x)$ 为三角模糊函数。式中，$l\leqslant m, l\leqslant u$，$l$ 和 u 是 $\tilde{A}$ 的下界值和上界值，表示模糊的程度，$u-l$ 越大，模糊程度越强；m 是模糊集合 $\tilde{A}$ 的隶属度为 1 时的取值。

三角模糊数 $\tilde{A}$ 表示为 (l,m,u)，其中 $x=m$ 时，x 完全属于三角模糊数 $\tilde{A}$，l 和 u 分别为下界值和上界值，在 l 和 u 以外的数值完全不属于 $\tilde{A}$。

三角模糊函数 $\mu_{\tilde{A}}(x)$ 如图 5-9 所示。

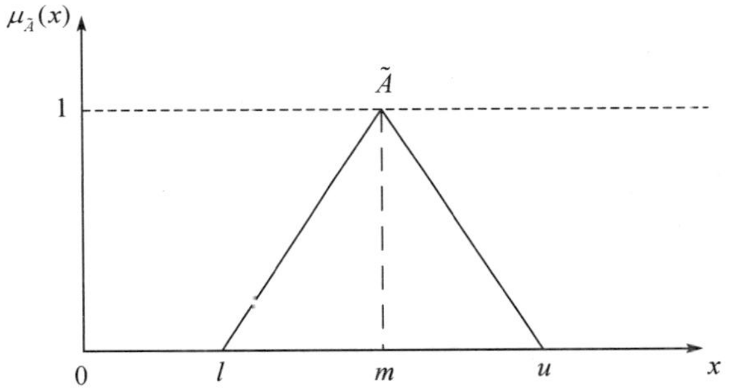

图 5-9　三角模糊函数 $\mu_{\tilde{A}}(x)$

三角模糊函数具有以下性质。设 $\tilde{A}_1$ 和 $\tilde{A}_2$ 为论域 U 上的两个三角模糊数，其中 $\tilde{A}_1=(l_1,m_1,u_1)$，$\tilde{A}_2=(l_2,m_2,u_2)$。

（1）加法性质。

$$\tilde{A}_1\oplus\tilde{A}_2=(l_1,m_1,u_1)\oplus(l_2,m_2,u_2)=(l_1+l_2,m_1+m_2,u_1+u_2)$$

（2）乘法性质。

$$\tilde{A}_1\otimes\tilde{A}_2=(l_1,m_1,u_1)\otimes(l_2,m_2,u_2)=(l_1l_2,m_1m_2,u_1u_2)$$

（3）倒数性质。

$$\frac{1}{\tilde{A}}=\left(\frac{1}{u},\frac{1}{m},\frac{1}{l}\right)$$

（4）数乘性质。

$$\forall \lambda \geqslant 0,\ \lambda \tilde{A} = \lambda(l,m,u) = (\lambda l, \lambda m, \lambda u)$$

（5）除法性质。

$$\frac{\tilde{A}_1}{\tilde{A}_2} = \left(\frac{l_1}{u_2}, \frac{m_1}{m_2}, \frac{u_1}{l_2}\right)$$

FAHP 用模糊数表示相对权重，在指标评价的两两比较矩阵中，为了考虑人的模糊性，三角模糊数 $\tilde{M}_1$、$\tilde{M}_3$、$\tilde{M}_5$、$\tilde{M}_7$、$\tilde{M}_9$ 被用来代表传统的 AHP 中的 1、3、5、7、9，而用 $\tilde{M}_2$、$\tilde{M}_4$、$\tilde{M}_6$、$\tilde{M}_8$ 表示中间值，FAHP 的模糊数表示如表 5-7 所示。

表 5-7　FAHP 的模糊数表示

模糊数表示的相对权重	传统 AHP9 刻度	定义	说明	FAHP9 刻度
$\tilde{M}_1$	1	同等重要	A、B 对目标具有同样的贡献	$\tilde{1}=(1,1,2)$
$\tilde{M}_3$	3	稍微重要	A 比 B 稍微重要	$\tilde{3}=(2,3,4)$
$\tilde{M}_5$	5	重要	A 比 B 重要	$\tilde{5}=(4,5,6)$
$\tilde{M}_7$	7	明显重要	A 比 B 明显重要	$\tilde{7}=(6,7,8)$
$\tilde{M}_9$	9	非常重要	A 比 B 非常重要	$\tilde{9}=(8,9,9)$
$\tilde{M}_2$、$\tilde{M}_4$、$\tilde{M}_6$、$\tilde{M}_8$	2、4、6、8	中间重要性	中间状态对应的标度值	$\tilde{2}$、$\tilde{4}$、$\tilde{6}$、$\tilde{8}$

❑ **定义 5.8**　设 $\tilde{A}_1$ 和 $\tilde{A}_2$ 为论域 U 上的两个三角模糊数，其中 $\tilde{A}_1=(l_1,m_1,u_1)$，$\tilde{A}_2=(l_2,m_2,u_2)$，则 $\tilde{A}_1 \geqslant \tilde{A}_2$ 的可能度定义为 $V(\tilde{A}_1 \geqslant \tilde{A}_2)=\sup_{x\geqslant y}[\min(\mu_{\tilde{A}_1}(x),\mu_{\tilde{A}_2}(y))]$，即

$$V(\tilde{A}_1 \geqslant \tilde{A}_2)=\mu(d)=\begin{cases}1, & m_1 \geqslant m_2 \\ \dfrac{l_2-u_1}{(m_1-u_1)-(m_2-l_2)}, & m_1 \leqslant m_2, u_1 \geqslant l_2 \\ 0, & \text{其他}\end{cases} \tag{5-34}$$

$\tilde{A}_1 \geqslant \tilde{A}_2$ 的可能度如图 5-10 所示。

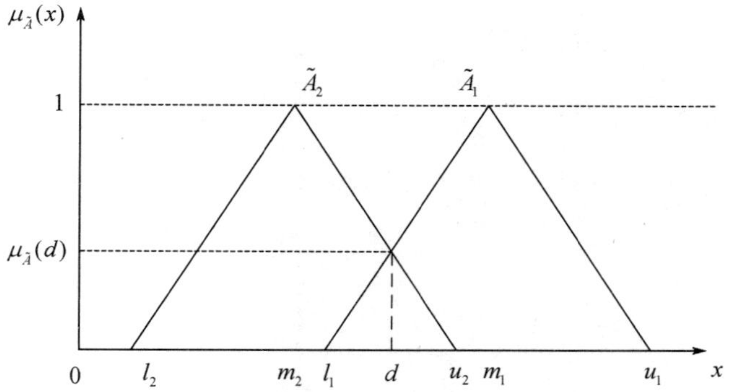

图 5-10　$\tilde{A}_1 \geqslant \tilde{A}_2$ 的可能度

1 个模糊数大于其他 k 个模糊数的可能度被定义为

$$\begin{aligned} V(\tilde{A} \geqslant \tilde{A}_1, \tilde{A}_2, \cdots, \tilde{A}_k) &= V\left[\left(\tilde{A} \geqslant \tilde{A}_1\right), \left(\tilde{A} \geqslant \tilde{A}_2\right), \cdots, \left(\tilde{A} \geqslant \tilde{A}_k\right)\right] \\ &= \min V(\tilde{A} \geqslant \tilde{A}_i), \quad i = 1, 2, \cdots, k \end{aligned} \tag{5-35}$$

将式（5-35）作为这个模糊数与其他模糊数比较之后得到的最终权重。

5.3.4 模糊层次分析法的主要步骤

下面给出基于三角模糊函数的 FAEP 的主要步骤，在这些步骤中需要重点关注模糊判断矩阵及其权重的计算。

步骤一：明确问题，建立层次结构模型。分析问题，确定系统中各个因素之间的因果关系，利用框图描述层次的递阶结构与诸因素的从属关系，对决策问题的各种要素建立层次结构模型（多层次递阶结构模型）。对于一般决策问题，通常可描述成目标层、准则层、方案层。

步骤二：两两比较，构造模糊判断矩阵，并进行一致性检验（包括单层的和组合的）。若基于三角模糊函数构造判断矩阵，则比较各个因素 $C_1, C_2, \cdots, C_n$ 对目标 O 的重要性时 $C_i : C_j \Rightarrow a_{ij}$，$a_{ij} = (l, m, u)$，$a_{ii} = (1,1,1)$，则 $a_{ji} = \dfrac{1}{a_{ij}} = \left(\dfrac{1}{u}, \dfrac{1}{m}, \dfrac{1}{l}\right)$。

对于多个专家的打分结果 $a_{ij}^{(1)} = (l_1, m_1, u_1), a_{ij}^{(2)} = (l_2, m_2, u_2), \cdots, a_{ij}^{(z)} = (l_z, m_z, u_z)$，其中 z 为专家人数，则将所有专家打分模糊数整合成一个模糊数 $\left(\dfrac{l_1 + l_2 + \cdots + l_z}{z}, \dfrac{m_1 + m_2 + \cdots + m_z}{z}, \dfrac{u_1 + u_2 + \cdots + u_z}{z}\right)$。

将层次结构模型中同一层次的要素相对于上一层次的要素，相互间做成对比较，并根据评定尺度确定其相对重要程度，进而形成模糊判断矩阵。

步骤三：确定初始权重。利用模糊判断矩阵，通过以下公式确定各个因素的相对重要度，即初始权重。

$$\boldsymbol{D}_{C_i} = \frac{\sum_{j=1}^{n} a_{ij}}{\sum_{i=1}^{n} \sum_{j=1}^{n} a_{ij}}, \quad i = 1, 2, \cdots, n \tag{5-36}$$

步骤四：去模糊化，得到最终权重。通过综合重要度的计算，对所有的方案进行优先排序，从而为决策者选择最优方案提供科学的决策依据。采用基于三角模糊函数的 FAHP，对初始权重进行 $\boldsymbol{D}_{C_i}(i = 1, 2, \cdots, n)$ 间的可能度计算，进而运用式（5-37）计算每个因素的权重，最后归一化为最终权重。

$$\begin{aligned} W_{C_i} &= \underset{j=1,2,\cdots,n\text{且}j\neq i}{V}(\boldsymbol{D}_{C_i} \geqslant \boldsymbol{D}_{C_j}, \cdots) = V[\underset{j=1,2,\cdots,n\text{且}j\neq i}{(\boldsymbol{D}_{C_i} \geqslant \boldsymbol{D}_{C_j})}, \cdots] \\ &= \min \underset{j=1,2,\cdots,n\text{且}j\neq i}{V}(\boldsymbol{D}_{C_i} \geqslant \boldsymbol{D}_{C_j}, \cdots), \qquad i = 1, 2, \cdots, n \end{aligned} \tag{5-37}$$

这里需要做以下说明。

（1）FAHP 允许用梯度比例代替精确比例，用梯形模糊数表示因素间的两两重要性比较结果。

（2）基于梯形模糊函数的 FAHP 与基于三角模糊函数的 FAHP 的运算过程相似，本书不再介绍。

（3）与基于三角模糊函数的 FAHP 不同的是，基于梯形模糊函数的 FAHP 需要进行一致性检验。另外，两者求模糊权重的计算方法有所不同。

5.3.5 模糊层次分析法的应用

例 5.9 （军校学员综合素质评价问题）军队院校的根本任务是培养德才兼备的高素质新型军事人才。要提高人才培养质量，就必须对教学质量进行适时评估，而学员的综合素质评价则是教学质量评估的重要内容。下面，运用基于三角模糊函数的 FAHP 对军校学员综合素质评价问题的权重确定过程进行描述。

步骤一：明确问题，建立层次结构模型。

设在专家会议中，明确了军校学员综合素质评价指标，其分为四个方面，即思想政治素质、科学文化素质、军事素质、身心素质。但是这些指标并不能被直接观察和测量，因此还需要继续细化分解。专家又对这 4 个指标分别提出了下级指标，对思想政治素质提出了政治理论修养、思想道德修养、牺牲奉献精神 3 个下级指标，对科学文化素质提出了基础理论知识、实践操作能力、语言文字能力、创新能力、自学能力 5 个下级指标，对军事素质提出了军人作风、管理与指挥、装备操作能力 3 个下级指标，对身心素质提出了身体素质、心理素质、军事体能 3 个下级指标。图 5-11 所示为军校学员综合素质评价层次结构模型。

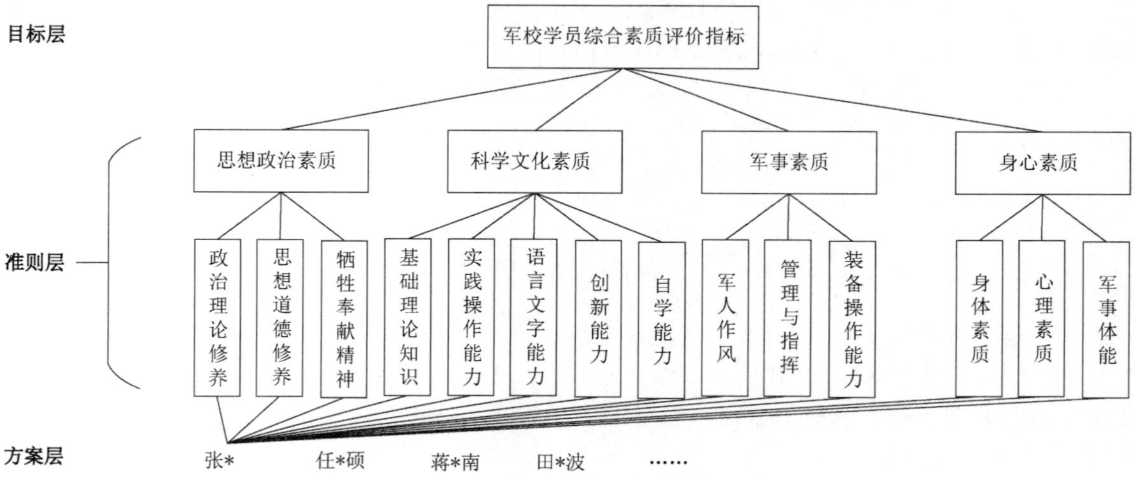

图 5-11 军校学员综合素质评价层次结构模型

步骤二：两两比较，构造模糊判断矩阵。

设定指标 C_1 对应思想政治素质，指标 C_2 对应科学文化素质，指标 C_3 对应军事素质，指标 C_4 对应身心素质。假定 3 个专家已对指标进行两两对比（为方便举例，简化了各个指标下级指标的求解过程），军校学员综合素质评价打分结果如表 5-8 所示。

表 5-8　军校学员综合素质评价打分结果

指标	C_1	C_2	C_3	C_4
C_1	(1, 1, 1) (1, 1, 1) (1, 1, 1)	(2/3, 1, 3/2) (3/2, 2, 5/2) (2/5, 1/2, 3/2)	(2/3, 1, 3/2) (2/5, 1/2, 2/3) (2/3, 1, 3/2)	(5/2, 3, 7/2) (5/2, 3, 7/2) (3/2, 2, 5/2)
C_2	(2/3, 1, 3/2) (2/5, 1/2, 2/3) (2/3, 2, 5/2)	(1, 1, 1) (1, 1, 1) (1, 1, 1)	(1/2, 1, 1) (1/3, 1/2, 1) (1/2, 1, 1)	(2/5, 1, 3/2) (2/5, 1, 3/2) (2/3, 2, 5/2)
C_3	(2/3, 1, 3/2) (3/2, 2, 5/2) (2/3, 1, 3/2)	(1, 1, 2) (1, 2, 3) (1, 1, 2)	(1, 1, 1) (1, 1, 1) (1, 1, 1)	(3/2, 2, 5/2) (3/2, 2, 5/2) (3/2, 2, 5/2)
C_4	(2/7, 1/3, 2/5) (2/7, 1/3, 2/5) (2/5, 1/2, 2/3)	(2/3, 1, 5/2) (2/3, 1, 5/2) (2/5, 1/2, 3/2)	(2/5, 1/2, 2/3) (2/5, 1/2, 2/3) (2/5, 1/2, 2/3)	(1, 1, 1) (1, 1, 1) (1, 1, 1)

对打分结果进行整合处理，得到模糊判断矩阵。比如，对 C_1 与 C_2 的 3 个比较模糊值 $C_1:C_2=\begin{bmatrix}(2/3, & 1, & 3/2)\\(3/2, & 2, & 5/2)\\(2/5, & 1/2, & 3/2)\end{bmatrix}$ 进行处理，$a_{12}=\begin{bmatrix}(2/3+3/2+2/5)/3\approx 0.8556\\(1+2+1/2)/3\approx 1.1667\\(3/2+5/2+3/2)/3\approx 1.8333\end{bmatrix}^{\mathrm{T}}\approx(0.86,\ \ 1.17,\ \ 1.83)$。军校学员综合素质评价模糊判断矩阵如表 5-9 所示。

表 5-9　军校学员综合素质评价模糊判断矩阵

指标	C_1	C_2	C_3	C_4
C_1	(1, 1, 1)	(0.86, 1.17, 1.83)	(0.58, 0.83, 1.22)	(2.17, 2.67, 3.17)
C_2	(0.53, 1.17, 1.56)	(1, 1, 1)	(0.44, 0.83, 1)	(0.49, 1.33, 1.83)
C_3	(0.94, 1.33, 1.83)	(1, 1.33, 2.33)	(1, 1, 1)	(1.5, 2, 2.5)
C_4	(0.32, 0.39, 0.49)	(0.58, 0.83, 2.17)	(0.4, 0.5, 0.67)	(1, 1, 1)

采用中值判断一致性，从而得到模糊一致性判断矩阵。比如，a'_{12} 取 0.86、1.17、1.83 三个值的中间值，即 1.17，则有模糊一致性判断矩阵如下：

$$\begin{array}{c} \\ C_1\\ C_2\\ C_3\\ C_4\end{array}\begin{array}{c}\begin{array}{cccc}C_1 & C_2 & C_3 & C_4\end{array}\\ \begin{bmatrix}1 & 1.17 & 0.83 & 2.67\\ 1.17 & 1 & 0.83 & 1.33\\ 1.33 & 1.33 & 1 & 2\\ 0.39 & 0.83 & 0.5 & 1\end{bmatrix}\end{array}$$

采用 4.3.2 节的一致性检验方法，得到模糊判断矩阵的特征向量 $\boldsymbol{W}=(0.2920, 0.2471, 0.3134, 0.1474)^{\mathrm{T}}$，最大特征值 $\lambda_{\max}=4.2283$，进而得到一致性指标 $\mathrm{CI}=0.0761$，平均随机一致性指标 $\mathrm{RI}=0.89$，一致性比率 $\mathrm{CR}\approx 0.0855$。由于 $\mathrm{CR}\leqslant 0.1$，所以

接受该矩阵，即通过一致性检验。

步骤三：确定初始权重。

利用模糊判断矩阵，根据式（5-36）计算初始权重，则有

$$\sum_{j=1}^{4} a_{1j} = (4.61,\quad 5.67,\quad 7.22),\quad \sum_{j=1}^{4} a_{2j} = (2.51,\quad 4.33,\quad 5.39)$$

$$\sum_{j=1}^{4} a_{3j} = (4.44,\quad 5.66,\quad 7.66),\quad \sum_{j=1}^{4} a_{4j} = (2.30,\quad 2.72,\quad 4.33)$$

$$\sum_{i=1}^{4}\sum_{j=1}^{4} a_{1j} = (13.86,\quad 18.38,\quad 24.60)$$

从而得到 $$\boldsymbol{D}_{C_1} = \frac{\sum_{j=1}^{4} a_{1j}}{\sum_{i=1}^{4}\sum_{j=1}^{4} a_{ij}} = \frac{(4.61,\quad 5.67,\quad 7.22)}{(13.86,\quad 18.38,\quad 24.60)} = (0.1874,\quad 0.3085,\quad 0.5209)$$

同理，可得

$$\boldsymbol{D}_{C_2} = (0.1020,\quad 0.2356,\quad 0.3889),\quad \boldsymbol{D}_{C_3} = (0.1805,\quad 0.3079,\quad 0.5527),$$
$$\boldsymbol{D}_{C_4} = (0.0935,\quad 0.1480,\quad 0.3124)$$

步骤四：去模糊化，得到最终权重。

根据初始权重，依据式（5-34），计算可能度。比如，由于 $m_{\boldsymbol{D}_{C_1}} = 0.3085 > 0.2356 = m_{\boldsymbol{D}_{C_2}}$，可以得到 $V(\boldsymbol{D}_{C_1} \geqslant \boldsymbol{D}_{C_2}) = 1$；而 $V(\boldsymbol{D}_{C_2} \geqslant \boldsymbol{D}_{C_1}) = \dfrac{0.1874 - 0.3889}{(0.2356 - 0.3889) - (0.3085 - 0.1874)} = 0.7343$。采用相同的方法，得到完整的可能度 $\begin{cases} V(\boldsymbol{D}_{C_1} \geqslant \boldsymbol{D}_{C_2}) = 1 \\ V(\boldsymbol{D}_{C_1} \geqslant \boldsymbol{D}_{C_3}) = 1 \\ V(\boldsymbol{D}_{C_1} \geqslant \boldsymbol{D}_{C_4}) = 1 \end{cases}$，$\begin{cases} V(\boldsymbol{D}_{C_2} \geqslant \boldsymbol{D}_{C_1}) = 0.7343 \\ V(\boldsymbol{D}_{C_2} \geqslant \boldsymbol{D}_{C_3}) = 0.7424 \\ V(\boldsymbol{D}_{C_2} \geqslant \boldsymbol{D}_{C_4}) = 1 \end{cases}$，$\begin{cases} V(\boldsymbol{D}_{C_3} \geqslant \boldsymbol{D}_{C_1}) = 0.9984 \\ V(\boldsymbol{D}_{C_3} \geqslant \boldsymbol{D}_{C_2}) = 1 \\ V(\boldsymbol{D}_{C_3} \geqslant \boldsymbol{D}_{C_4}) = 1 \end{cases}$，$\begin{cases} V(\boldsymbol{D}_{C_4} \geqslant \boldsymbol{D}_{C_1}) = 0.4378 \\ V(\boldsymbol{D}_{C_4} \geqslant \boldsymbol{D}_{C_2}) = 0.7060 \\ V(\boldsymbol{D}_{C_4} \geqslant \boldsymbol{D}_{C_3}) = 0.4520 \end{cases}$。

从而得到

$$\begin{cases} \min V(\boldsymbol{D}_{C_1} \geqslant \boldsymbol{D}_{C_2}, \boldsymbol{D}_{C_3}, \boldsymbol{D}_{C_4}) = 1 \\ \min V(\boldsymbol{D}_{C_2} \geqslant \boldsymbol{D}_{C_1}, \boldsymbol{D}_{C_3}, \boldsymbol{D}_{C_4}) = 0.7343 \\ \min V(\boldsymbol{D}_{C_3} \geqslant \boldsymbol{D}_{C_1}, \boldsymbol{D}_{C_2}, \boldsymbol{D}_{C_4}) = 0.9984 \\ \min V(\boldsymbol{D}_{C_4} \geqslant \boldsymbol{D}_{C_1}, \boldsymbol{D}_{C_2}, \boldsymbol{D}_{C_3}) = 0.4378 \end{cases}$$

对结果进行归一化处理，则有 $W_{C_1}=0.3154$，$W_{C_2}=0.2316$，$W_{C_3}=0.3149$，$W_{C_4}=0.1381$。

因此，军校学员综合素质评价各个指标的权重分配为，思想政治素质指标的权重为0.3154，科学文化素质指标的权重为0.2316，军事素质指标的权重为0.3149，身心素质指标的权重为0.1381。

习题

1. 试列举出你所学专业中的3个模糊集合。
2. 概率论所研究的随机现象与模糊数学所研究的模糊现象有何异同?并举例说明。
3. 设论域 $X=\{x_1,x_2,x_3,x_4,x_5\}$ 上的模糊集

$$\tilde{A}=\frac{0.2}{x_1}+\frac{0.5}{x_2}+\frac{0.1}{x_3}+\frac{0.6}{x_4}+\frac{0.8}{x_5}$$

$$\tilde{B}=\frac{0.7}{x_1}-\frac{0.8}{x_2}+\frac{0.4}{x_3}+\frac{0.5}{x_4}+\frac{0.2}{x_5}$$

求 $\tilde{A}\cup\tilde{B}$、$\tilde{A}\cap\tilde{B}$、$\bar{\tilde{A}}$、$\bar{\tilde{B}}$。

4. 设模糊矩阵

$$\tilde{\boldsymbol{A}}=\begin{bmatrix}0.8 & 0 & 0.8 & 0.5\\0.2 & 0.3 & 0.2 & 0\\0.6 & 0.7 & 0 & 0\\0 & 1 & 0.6 & 0.1\end{bmatrix},\quad \tilde{\boldsymbol{B}}=\begin{bmatrix}0.6 & 0.5 & 0.7 & 0\\0.7 & 0 & 0.6 & 0\\0.3 & 0.3 & 0 & 0.8\\1 & 0 & 0 & 0.3\end{bmatrix}$$

求 $\tilde{\boldsymbol{A}}\circ\tilde{\boldsymbol{B}}$、$\tilde{\boldsymbol{B}}\circ\tilde{\boldsymbol{A}}$。

5. 简述模糊综合评价法的基本原理和主要步骤。
6. 简述模糊层次分析法的基本原理和主要步骤。
7. 对某作战方案运用模糊综合评价法进行评价。作战方案的各个因素对于评语集合的隶属度如表5-10所示。

表5-10　作战方案的各个因素对于评语集合的隶属度

因素	优	良	一般	差	极差
我方的伤亡数	0.26	0.16	0.18	0.12	0.09
我方消耗弹药量	0.43	0.34	0.26	0.47	0.35
我方占领时间	0.30	0.18	0.17	0.12	0.12
敌方的伤亡数	0.16	0.20	0.15	0.11	0.13
敌方消耗弹药量	0.52	0.43	0.61	0.29	0.41

各个因素的权重分配为 $\boldsymbol{w}=(0.25,0.04,0.28,0.38,0.05)$。

第六专题　智能决策

随着我军信息系统建设的快速发展，情报侦察、预警探测、情报分发、指挥控制、作战训练、综合保障等系统广泛投入使用，由此产生了大量的军事基础数据和应用数据，传统的信息使用模式已难以适应部队作战与训练的需求。智能决策理论与方法涉及信息科学、管理科学、系统科学、行为科学、数学、人工智能、社会学、心理学、经济学等诸多学科领域，在政治、经济、军事、科技、文化等方面具有广泛的指导意义和应用价值。在军事领域应用智能决策技术，可有效改变传统的信息处理和使用模式，提高各类决策支持系统的非结构化求解能力，使决策者从大量繁杂的基础数据中准确、全面、快速地提取和分析有效信息并形成决策方案。

6.1　智能决策的理论基础

6.1.1　智能决策的概念

智能（Intelligence）是指人认识客观事物并运用知识解决实际问题的能力，它集中表现在反映客观事物深刻、正确、完全的程度上，以及应用知识解决实际问题的速度和质量上，往往通过观察、记忆、判断、联想和创造等表现出来。科技界对智能的理解：智能是在一定的环境下针对特定的问题和目标，有效地获得信息、处理信息、形成知识和策略，并利用策略解决问题达到目标的能力。智能包括知识和智力，它具有感知、记忆、思维、学习、自适应、行为优化等能力。智能可分为生物智能和人工智能，简述如下。

1）生物智能

生物智能（Biological Intelligence，BI）又称自然智能（Natural Intelligence，NI），通常是指人的智能，即人类的知识、智力和多种才能的总和，表现为人类对客观事物进行合理分析、判断，开展有目的的行动，有效处理周围环境事宜的综合能力。

2）人工智能

人工智能（Artificial Intelligence，AI）又称机器智能（Machine Intelligence，MI），是研究、开发用于模拟、延伸和扩展人的智能的理论、方法、技术和应用系统的一门技术科学。人工智能的主要学派有符号主义、联结主义、行为主义，分别对应物理符号系统假设和有限合理性原理、神经网络及神经网络间的联结机制与学习算法、控制论及感知-动作型控制系统。

从智能化水平看，人工智能主要分为三个层次。

（1）计算智能（Computational Intelligence，CI），又称为运算智能，指计算机在科学计算、逻辑处理上的能力。计算智能借鉴了仿生学的思想，基于人们对生物智能机理的认识，利用计算机，采用数值计算的方法模拟和再现人类的某些智能行为。计算智能主要包括神经计算、模糊计算、进化计算等智能算法。可以将计算智能看成人工智能的一个分支，或者看成人工智能的核心部分。当前，计算机在计算智能方面已经超越了人类。

（2）感知智能（Perception Intelligence，PI），指计算机对外界的感知能力。与计算智能相比，感知智能的层次更高，不仅需要对数据进行运算，还需要对数据的内容进行识别，如语音识别、文字识别、图像识别等。由于深度学习技术领域的突破，现阶段对于感知智能的研究已经取得了重大进展，处于可实用的水平，但仍有很大的发展空间。

（3）认知智能（Cognitive Intelligence，CI），指计算机认识事物并做出合适决策的能力。这是最为复杂的智能，它需要在感知智能的基础上进行更深程度的学习，从而理解和掌握语音、文字或图像等信息中蕴含的知识，并利用这些知识完成对事物的决策。认知智能是对人类理解、推理和决策能力的模仿和强化，研究难度更大。

计算智能作为最低层次的智能，为感知智能和认知智能提供着计算方面的基础；感知智能作为中间层次的智能，对其研究的不断深入一方面可以降低对计算能力的需求，另一方面也可为认知智能提供更加准确的信息；而突破认知智能的瓶颈问题，将切实提高人工智能的智能化水平，有助于推动人工智能得到更加广泛的应用。

在当前社会和现代战争中，面对日益增多的巨量数据，单纯依靠人的经验、知识、判断等很难将数据转换成够用、可用的信息和知识，传统的数据处理和决策方法也显得越来越不足。随着人工智能的发展，大量智能技术被研究并应用于实践。在决策领域应用智能技术提升决策效能，成为一个很好的选择。

智能决策目前还没有一个公认的和权威的定义，本书采用百分点数据科学家团队给出的定义：智能决策是在动态和多维信息收集的基础上，对复杂问题进行自主识别、判断、推理，并做出前瞻性、实时性决策的过程，同时系统要具有自优化、自适应的能力。具体来说，智能决策就是收集大量的信息与知识，并将之存储在数据库和知识库中，基于此对问题进行分解和分析，建立问题求解模型，根据模型各部分的目标、功能、数据和要求进行求解，并将结果返回给决策者的过程。

智能决策支持系统将人工智能融入决策系统，对数据库、模型库、方法库、知识库进行管理和调用，并使用智能方法进行决策。相对于传统的决策支持系统，智能决策支持系统将决策支持系统同人工智能结合，在决策支持系统的基础上加入知识库，应用智能算法进行分析，从而既能够发挥专家系统以知识推理形式解决定性分析问题的特点，又能够发挥决策支持系统以模型计算为核心解决定量分析问题的特点，拓展了解决问题的能力和范围。

以军事领域指挥信息系统的辅助决策功能为例，对于层次较低如战术级的指挥决策而言，目前指挥信息系统的辅助决策功能已经可以基本满足需求；而对于层次较高的战役或是战略层面的指挥而言，指挥信息系统的辅助决策功能就显得力不从心了。很多研究证明，层次越高的作战指挥需要的“艺术性”成分越高，计算机无法胜任高层次的作战指挥任务也正是因为缺少了这种“艺术性”思考的能力。因此，现阶段的研究往往集中于分工问题，即研究哪些任务可以由计算机完成，哪些任务只能由人完成。显然，造成这种情况的本质原因是计算机的认知水平和智能程度太低。

未来战场环境和战争形态突出表现为赛博作战、空天作战、无人作战、新概念武器作战，战争的复杂性、动态性、快捷性等特点要求军事人员对战争具有更多的智能准备，其中一个最突出的方面就是军事决策的智能准备。将神经网络、模糊推理、专家系统、决策支持系统、群智能优化算法等人工智能方法应用于军事决策，其做法有着十分广阔的前景。

6.1.2 智能决策的关键技术

人工智能具有搜索、知识表示、学习三种主要能力，体现出计算智能、感知智能、认知智能三个层次。人工智能的主要技术有探索推理技术、知识表示方法、神经网络、模糊计算、进化计算、专家系统、机器学习、自然语言处理、自动规划、机器人技术等。人工智能技术的核心是智能算法，也可以叫作非模型算法，当人们对系统的模型认识不是很深刻，或者客观的原因导致人们无法对系统的控制模型进行深入研究时，智能算法往往能够起到不小的作用。

从智能决策的概念可知，智能决策技术包含人工智能技术，将一些人工智能技术、方法用于求解决策问题。与决策支持有关的人工智能技术有数据挖掘、专家系统、神经网络、模糊计算、进化计算、机器学习、自然语言处理等。

1．数据挖掘

数据挖掘也称数据开采、资料勘探，就是从大量数据中搜索出隐藏于其中的有用信息或模式的过程。数据挖掘通过信息收集、数据集成、数据归约、数据清理、数据变换、数据挖掘实施过程、模式评估、知识表示等步骤，通过数据分类、估计、预测、关联分组、聚类等功能，实现从大量数据中挖掘出对决策有帮助的数据，提取出有价值的信息，并将其作为下一步智能决策的数据源。通常采用的是以决策树、神经网络、回归分析、关联规则、聚类分析、贝叶斯分类为代表的数据挖掘方法。

2．专家系统

专家系统是把一个或多个专家在某一领域的知识与经验集中起来，并解决问题的程序系统。专家系统应用人工智能技术和计算机技术，根据某领域专家的知识和经验，进行推理和判断，模拟人类专家的决策过程，实现计算机模拟人类专家解决各领域的复杂问题。专家系统具有使专家知识集中，避免重复决策的优点。专家系统主要由知识库、推理机、综合数据库、人机交互界面、解释程序和知识获取程序六个部分构成。

3．神经网络

人工神经网络简称神经网络，也称连接模型，它是一种模仿人类神经网络行为特征进行分布式并行信息处理的算法数学模型。这种网络依靠复杂的系统，通过调整内部大量节点之间相互连接的关系，达到处理信息的目的。神经网络根据生物原型，结合求解问题，建立神经元、神经网络的概念及知识，建立物理、化学、数学等模型，进而运用网络学习算法解读数据。

4．模糊计算

模糊计算是人工智能的重要数学基础，是处理人工智能中的不确定性问题的重要工具，它以模糊集理论为基础，可以模拟人脑非精确、非线性的信息处理能力，在控制、模式识别、机器人、医疗诊断、交通规划等许多领域被广泛应用。

5．进化计算

进化计算是人工智能中计算智能涉及组合优化问题的处理技术，它是一种基于自然选择和遗传变异等生物进化机制的全局性概率搜索算法，通过繁殖、竞争、再繁殖、再竞争的迭代方式，实现“优胜劣汰”，一步步逼近复杂问题的最优解。进化计算主要包括遗传算法（Genetic Algorithm，GA）、进化规划（Evolutionary Programming，EP）、粒子群算法、蚁群算法等，已被广泛应用于模式识别、优化求解、图像处理、信号处理、自适应控制、机械设计等领域。

6．机器学习

机器学习是专门研究机器如何模拟或实现人类学习行为的一门多领域交叉学科，涵盖概率论、统计学、线性代数、高等数学、近似理论、复杂性理论等知识。机器学习主要研究人类学习过程的认知模型、通用学习算法和构造面向任务的专用学习系统的方法，其理论和方法已被广泛应用于解决工程应用和科学领域的复杂问题。智能决策技术中常用的机器学习方法主要包括决策树、粗糙集、证据推理及案例推理。

7．自然语言处理

自然语言处理也称人机对话，包括自然语言理解和自然语言生成两个部分。自然语言处理研究用计算机模拟人的语言交互过程，使计算机能理解和处理人类社会进行交流的自然语言，实现人机之间的自然语言对话，以代替人的部分脑力劳动。自然语言理解的研究涉及语音学、音系学、语法学、语义学、语用学等学术分支。

6.1.3　最优化问题与最优化方法

在决策领域，经常会遇到这样一类问题：在给定条件下，如何获得最优的结果。这类问题就是最优化问题，从数学角度看就是求一个多元函数在给定集合上的极值，其数学模型为

$$
\begin{aligned}
&\max f(\boldsymbol{x}) \quad \text{or} \quad \min f(\boldsymbol{x}) \\
&\boldsymbol{x}=(x_1,x_2,\cdots,x_n)^{\mathrm{T}}, \quad \boldsymbol{x}\in \Omega \\
&\text{s.t.}\begin{cases} g_i(\boldsymbol{x})\leqslant 0, & i=1,2,\cdots,m \\ h_j(\boldsymbol{x})=0, & j=1,2,\cdots,p \end{cases}
\end{aligned}
\tag{6-1}
$$

式中，$\boldsymbol{x}$ 为决策向量，x_i 为自变量或决策变量（i=1,2,⋯,n）；Ω 为可行域；$f(\boldsymbol{x})$ 为目标函数；$g_i(\boldsymbol{x})\leqslant 0\ (i=1,2,\cdots,m)$ 和 $h_j(\boldsymbol{x})=0\ (j=1,2,\cdots,p)$ 为约束条件。

最优化问题分为函数优化问题和组合优化问题两大类，其中函数优化的对象是一定区间的连续变量，而组合优化的对象则是解空间中的离散状态。其中常见的函数优化问题有函数

极值问题、最短路径问题、拓扑问题、形状优化问题、多孔材料设计问题，典型的组合优化问题有旅行商问题（Traveling Salesman Problem，TSP）、加工调度问题（Scheduling Problem）、0-1 背包问题（Knapsack Problem）、装箱问题（Bin Packing Problem）、图着色问题（Graph Coloring Problem）、聚类问题（Clustering Problem）等。

最优化方法（算法）主要用于解决最优计划、最优分配、最优决策、最优设计等最优化问题，广泛应用于各个领域。从最优化模型可知，最优化方法有三个要素：变量、约束条件和目标函数。最优化方法是搜索方法，目标是找出一个优化问题的解，使得一个给定的量得到最优化。采用最优化方法解决实际问题主要分为下列两步：第一步，建立数学模型，对备选方案进行变量、约束条件及目标函数的模型构造；第二步，运用最优化方法在可行解范围内搜索最优解。因此，最优化方法其实就是一种搜索过程或规则，它基于某种思想和机制，通过一定的途径或规则来得到满足用户要求的问题的解。

最优化方法根据求得解的类型分为局部搜索算法和全局搜索算法，根据候选解转移的方法分为确定算法和随机算法，根据最优化问题的分类分为无约束方法、约束方法、多目标优化方法、多解方法、动态方法，根据问题求解规模分为经典优化算法和启发式优化算法。其中，最后一种分类方法最为常见，下面进行介绍。

经典优化算法又称为传统优化算法，通常针对运筹学中的线性规划、非线性规划、整数规划、多阶段决策等问题，运用单纯形法、共轭梯度法、分支定界法、背景分割法、动态规划法等进行精确求解。其算法计算复杂性一般很大，只适合于求解小规模问题，一般难以解决大规模的优化问题，而且不同方法往往只能解决特定的优化问题。例如，求解线性最优化问题的算法中应用最广泛、最有效的是单纯形法和内点法，求解整数规划问题的算法主要有穷举法、分支定界法和割平面法，求解动态规划问题的算法主要有逆推解法和顺推解法等。

近年来，各种现代优化算法迅速发展，不少基于随机搜索的现代优化算法取得了巨大的成功。与传统优化算法相比，现代优化算法在求解一些复杂的多维优化问题时具有全局优化性能强、通用性强、适合于并行处理等优势。现代优化算法通常在搜索策略中引入随机因素，从任意解出发，同时在大量方案中按规定策略随机搜索，以一定的概率收敛至全局最优解。这类算法一般是受大自然优化过程的启发而被提出来的，通常被称为启发式优化算法、智能优化算法（Intelligent Optimization Algorithm）、随机性搜索算法。由于启发式优化算法只需要考虑输入与输出之间的关系，而不需要深入研究造成这种关系的原因，因此启发式优化算法便于处理因果关系不是很明确或因果关系很复杂的优化问题。这种算法一般具有严密的理论依据，而不是单纯凭借专家经验，理论上可以在一定的时间内找到最优解或近似最优解。基于随机搜索的启发式优化算法，根据寻优过程中所用搜索点的数量，可分为基于个体的搜索优化算法和基于群体的搜索优化算法。

基于个体的搜索优化算法包括模拟金属物体退火现象的模拟退火（Simulated Annealing，SA）算法、模拟人类智力记忆过程的禁忌搜索（Tabu Search，TS）算法等。该类算法是基于邻域搜索的，能够获得局部最优解，然而多次局部最优解组合起来未必是全局最优解或较优解，故得到的是全局的相对最优解。

基于群体的搜索优化算法根据问题空间类型，可分为离散式的智能优化算法和求解连续问题的智能优化算法，前者被称为进化算法，后者被称为群智能算法。

（1）进化算法（Evolutionary Algorithm，EA）。进化算法包括模拟自然界生物种群进化规律的遗传算法、进化规划、进化策略（Evolution Strategy，ES）、遗传编程（Genetic Programming，GP），模拟种群个体间合作与竞争的差分进化（Differential Evolution，DE）算法，模拟生物免疫系统学习和认知功能的人工免疫（Artificial Immunity，AI）算法，模拟生物种群在栖息地的分布、迁移和灭绝规律的生物地理学优化（Biogeography-Based Optimization，BBO）算法等。进化算法是一种全局优化算法，具有智能性和并行性等特点，非常适合于求解大规模问题，许多学者对其进行了改进，使其避免不收敛或局部收敛，能够被有效使用到不同背景问题中。

（2）群智能算法（Swarm Intelligence Algorithm，SIA）。群智能算法包括模拟蚂蚁群落采集食物过程的蚁群优化（Ant Colony Optimization，ACO）算法，模拟鸟群飞行觅食行为的粒子群优化（Particle Swarm Optimization，PSO）算法，模拟蜜蜂自组织觅食行为的人工蜂群（Artificial Bee Colony，ABC）算法，模仿鱼群的觅食、聚群及追尾行为的人工鱼群算法（Artificial Fish Swarm Algorithm，AFSA），模拟青蛙觅食过程中信息共享和交流的混合蛙跳算法（Shuffled Frog Leaping Algorithm，SFLA）等。除了这些常见的算法，还有很多其他群智能算法，如萤火虫算法、布谷鸟算法、蝙蝠算法、菌群算法、狼群算法、烟花算法、花朵授粉算法、合同网协议算法等。群智能算法利用群体优势，在没有中心控制、不提供全局模型的前提下，通过局部个体之间的交互作用引发全局层面上智能的涌现。

启发式优化算法利用一些指导规则来指导在整个解空间中搜索优良解，具有很强的通用性，对目标函数的解析性质没有任何要求，因此以进化算法为代表的启发式优化算法对复杂优化问题的求解有着传统方法无可比拟的优势，已经成为解决复杂优化问题的主要方法。总之，启发式优化算法在求解大部分问题时非常有效，具有较强的鲁棒性，因而在许多应用领域得到了广泛应用。当然，启发式优化算法也有不足之处，如算法计算量大，不采用分布式计算方式时寻优时间长，控制算法的参数选择困难，算法在全局搜索中存在“早熟”问题，不能保证收敛于全局最优点而造成寻优失败。混合两种或两种以上的算法是提高算法优化性能的重要途径，混合启发式优化算法得到了广泛的研究和应用。遗传算法和粒子群优化算法是基于随机搜索的启发式优化算法中比较成功的算法，本章后续将对它们进行详细介绍。

6.1.4 智能决策的军事应用

如今智能决策已经越来越广泛地应用到教育、商务、安防、医疗、交通等领域中，产生了自然语言生成、语音识别、虚拟助理、决策管理、知识工作辅助、智能内容创作、情绪识别、图像识别、智能营销等热门应用。可见，智能决策已经深入人们工作、生活的多个方面。在军事领域加大智能决策应用研究，具有十分重要的意义。智能决策在军事上的应用大体包括以下几类。

1）在战场态势感知领域的应用

战场态势感知包括对敌我双方的位置和行动，以及所处地理环境等各方面信息的获取和吸收，也包括为所有部队提供统一的战场态势图，涉及目标识别、态势评估、威胁估计，可为作战行动提供战场信息和知识。在该领域可利用神经网络、数据挖掘等人工智能技术，及时、准确地进行目标识别、敌情判断；利用粗糙集、神经网络和遗传算法等对目标情报进行分类处理，得到有价值的情报知识；利用空间聚类分析、空间关联分析、缓冲区分析、地理信息系统等可视化技术，实现战场态势显示，给指挥员提供清晰、逼真的战场态势可视化场景。

2）在作战指挥控制领域的应用

作战指挥控制主要包括指挥决策和行动控制两个方面，实现分析判断情况、制订作战计划和方案、定下作战决心，并对部队和武器系统进行指挥控制，涉及任务分配、计划生成、决心下达、战场监控等。其中，任务分配、计划生成是作战指挥控制的核心环节，提供决策结果；决心下达、战场监控是作战指挥控制的组织和实施过程。在该领域可研究知识的分类和表示模型，构建信息知识库和规则知识库，进而通过知识库推理、聚类算法、机器学习等，保持知识体系的持续增长；利用基于知识发现的模糊专家系统和遗传算法，完成兵力的区分、部署、战斗队形配置；利用关联算法、统计决策理论和专家系统，确定敌人的主攻方向、目标的重要程度和打击顺序，进而进行威胁分析；利用决策树、人工神经网络算法及可视化技术进行目标火力分配。

3）在作战效能评估领域的应用

作战效能是指在预定或规定的作战使用环境，以及所考虑的组织、战略、战术、生存能力和威胁等条件下，由军事人员使用武器装备完成作战任务的能力；作战效能评估则是对这种能力的综合评价。研究分析影响作战效能的关键因素，构建能力评估指标体系，可利用灵敏度分析、聚类分析、神经网络、关联规则、模糊专家系统、决策树、系统动力学等方法，对指标数据进行分析，分析不同指标的关联关系，综合给出评估结果。

4）在支援保障领域的应用

支援保障是保证军队作战实施和日常工作得以正常进行的必要内容，可提供战场数据管理、装备保障、后勤保障等服务。运用智能决策技术，可以实现支援保障规划的快速制定、实施，以提高日常管理、资源分配、应急决策能力；可以对后勤保障人员进行培训、操作指导，对装备进行远程现场监视、异地故障分析和诊断等。

智能决策技术以管理科学、运筹学、控制论和决策科学为基础，以计算机技术、仿真技术和信息技术为手段，针对非结构化的决策问题，设计出具有智能决策支持的人机系统。随着我军信息化建设的深入发展，智能决策技术必将在军事领域发挥更大的作用。

6.2 基于遗传算法的智能决策

遗传算法是模拟生物进化的遗传选择和自然淘汰的一种搜索寻优算法。相比于其他智能算法，遗传算法具有不需要先验知识和良好的全局寻优能力等优势，可用于求解非线性规划、约束求解等问题，并在图像识别、优化调度、故障诊断、军事科学等领域得到了广泛应用。该算法也存在搜索效率较低的不足，不少学者对其进行了改进，以不断提高算法在社会、军事等领域的应用性。

6.2.1　遗传算法的起源与发展

早在 20 世纪 40 年代，就已有学者开始研究利用计算机进行生物模拟的技术，他们从生物学的角度进行了生物的进化过程模拟、遗传过程模拟等研究工作。

20 世纪 60 年代到 70 年代是遗传算法的萌生期和形成期。在这一时期，美国密歇根（Michigan）大学的 Holland 教授与其同事、学生研究形成了一个较完整的理论系统和方法，从试图解释自然系统中生物的复杂适应过程入手，模拟生物进化的机制来构造人工系统模型。1967 年，Holland 教授的学生 Baglay 首次提出了“遗传算法”这一术语和选择、交叉、变异等操作的概念。1975 年，Holland 教授出版了第一本系统论述遗传算法和人工自适应系统的专著《自然系统和人工系统中的适应性》（*Adaptation in Natural and Artificial Systems*），详细阐述了遗传算法的理论，并为其奠定了数学基础，发展了一套模拟生物自适应系统的理论。同年，De Jong 完成了具有指导意义的博士论文《遗传自适应系统的行为分析》（“An Analysis of the Behavior of A Class of Genetic Adaptive Systems”），建立了遗传算法的工作框架，为遗传算法及其应用打下了坚实的基础，从而引发了人们对遗传算法的广泛研究。

20 世纪 80 年代到 90 年代是遗传算法的快速发展时期。1980 年，Smith 将遗传算法应用于机器学习领域，并研制了一种分类器系统。1989 年，Goldberg 出版了专著《搜索、优化和机器学习中的遗传算法》，书中系统总结了遗传算法的主要研究成果，全面、完整地论述了遗传算法的基本原理及其应用，该书是人们学习遗传算法的一本经典教科书，也成为被引用最多的参考书之一。1991 年，Davis 出版了《遗传算法手册》，提供了大量遗传算法在科学计算、工程技术和经济社会中的应用实例，为遗传算法的推广和普及起到了重要作用。这一时期的重要特点是国际学术会议增多，同时遗传算法不断向其他学科和领域渗透。

近十几年来，国内许多学科及专业的学者也开始研究和应用遗传算法，并发表了多篇有影响的综述性文章，对国内学者进一步研究及应用遗传算法起到了积极作用。近几年来，国内的学者在理论研究和应用研究上都取得了许多成果，使我国在遗传算法研究上与国际处于同一水平线。为了不断提高遗传算法的应用性能，许多学者从不同角度对遗传算法进行了改进，一类是围绕基本遗传算法本身所做的改进，包括对控制参数的选择方法、编码方法、遗传操作方法、适应度函数的设计、算法结构等进行改进；另一类是将遗传算法与其他智能算法结合所做的改进，包括自适应遗传算法、模拟退火遗传算法、模糊遗传算法等。

6.2.2　遗传算法的基本概念和术语

遗传算法作为模拟生物进化过程的计算模型，从一个被称为群体的随机初始解的集合开始，通过对群体施加遗传操作实现群体内个体结构重组的迭代过程。由于遗传算法是自然遗传学和计算机科学相互结合形成的计算方法，所以遗传算法中的一些基本术语来自遗传学。遗传算法所涉及的基本概念和术语如下。

1．个体与种群

（1）个体（Individual）：指模拟生物个体而对问题中的对象（一般就是问题的解）的一种称呼，一个个体就是搜索空间中的一个点，表示问题中间过程或者最终的一个解，通常由一个用于描述其基本遗传结构的数据结构来表示。

（2）种群（Population）：指模拟生物种群而由若干个个体组成的群体，它一般是整个搜索空间的一个很小的子集，代表问题的解空间子集，即选定的一组解。

2．适应度与适应度函数

（1）适应度（Fitness）：指借鉴生物个体对环境的适应程度，而对问题中的个体对象所设计的表征其优劣的一种测度。

（2）适应度函数（Fitness Function）：指问题中的全体个体与其适应度之间的一个对应关系，是用来对种群中各个个体进行环境适应性度量的函数，它一般是一个实值函数。该函数作为遗传算法中指导搜索的评价函数，是实现算法优胜劣汰的主要依据。

3．染色体与基因

遗传是一种生物从其亲代继承特性和性状的现象。继承的信息由基因携带，多个基因组成染色体。

（1）染色体（Chromosome）：指对个体进行编码后所得到的编码串，是遗传物质的主要载体。

（2）基因（Gene）：指染色体中的每一个位，即编码串中的一个字符，是控制生物性状遗传物质功能和结构的基本单元，表示问题解中每一个分量的特征。

例如：	个体	染色体	基因
	9	1001	1 0 0 1
	（2,4,6）	010 100 110	0 1 0 1 0 0 1 1 0

从染色体和基因概念出发，还有几个相关概念。

（1）基因座（Locus）：基因在染色体中的位置。

（2）等位基因（Allele）：各个位置上的基因所取的值对应等位基因。

等位基因和基因座决定了染色体的特征，也决定了生物个体的特性。

从染色体的表现形式看，有两种相应的表示模式，分别为基因型（Genotype）和表现型（Phenotype）。

（3）基因型：染色体的内部表现模式，是指与表现密切相关的基因组成，表示染色体的编码结构。

（4）表现型：染色体的外部表现模式，是指生物个体表现出来的性状，表示染色体的解码结构。

同一基因型的生物个体在不同的环境条件下有不同的表现型。因此，表现型是基因型与环境相互作用的结果。

4．遗传操作

在生物生存过程中，能够通过自然选择逐渐向适应生存环境的方向转化，这就是生物的遗传进化。遗传操作也被称为遗传算子（Genetic Operator），是关于染色体的运算。遗传算法中有三种遗传操作：在父代基因种群中的双亲选择操作、两个父代双亲为产生子代基因的交叉操作、在子代基因种群中的变异操作。

（1）选择（Selection）：又被称为复制，是用某种方法从群体中选取若干个个体的操作。

（2）交叉（Crossover）：又被称为重组、交换、交配或杂交，是指互换两个染色体某些位上的基因，实现两个染色体重新组合的操作。例如，设染色体 S_1=01001011，S_2=10010101，交换两者后 4 位基因，则形成 S_1'=01000101，S_2'=10011011，可以看作原染色体 S_1 和 S_2 的子代染色体。

（3）变异（Mutation）：又被称为突变，是指改变染色体某个（些）位上的基因，让遗传因子以一定概率变化的现象。例如，设染色体 S=11001101，将其第三位上的 0 变为 1，即 S=11001101→11101101=S'。S' 也可以看作原染色体 S 的子代染色体。

遗传算法为模拟生物的遗传进化，必须完成编码和解码两种数据转换。

（1）编码（Coding）：是指从表现型到基因型的转换，即将搜索空间中的参数或可行解转换成遗传空间中的染色体或个体。

（2）解码（Decoding）：又被称为译码、释码，是指从基因型到表现型的转换，是编码的反方向操作，即将遗传空间中的染色体或者个体转换成解空间中的最优解。

另外，算法的控制参数对算法运行的收敛速度和结果有很大的影响，要想得到算法执行的最优性能，必须确定最优的参数设置。这些参数的设置随具体问题的不同会有所差别，带有一定的经验性，在解决不同问题时，最好根据实际情况选定。下面介绍一些主要参数。

1）种群规模 N

种群规模，也被称为群体大小，即种群中个体的数目，能够影响遗传算法的最终性能和效率。当种群规模太小时，由于群体只给出不充分的样本量，可能过早收敛到局部最优解，所以得到的结果一般欠佳。大的群体可以避免过早收敛到局部最优解，从而更有可能收敛到全局最优解。然而群体增大，需要的计算量也随之增大，导致较慢的收敛速度，当种群规模过大时会导致一个无法接受的慢收敛速度。根据经验，种群规模越大，收敛到最优解所需迭代的代数越少；而种群规模越小，收敛到最优解所需迭代的代数越多。一般来说，当变量较少时，种群规模设置为 30～50；当变量较多时，种群规模设置为 100～200。

2）最大进化代数 M

最大进化代数指遗传算法模拟生物进化过程的最大迭代代数。在实际应用中，最大进化代数的选择可以分为两步：先给出一个小的代数值，观察进化收敛情况，若不理想，则在原进化结果的基础上继续进化过程。通常可取最大进化代数为 20～50，通过试计算 5、6 次，即可判断出足够的最大进化代数值。

3）交叉率 p_c

交叉率控制交叉算子应用的频率，在每代复制后的中间群体中，有 $p_c \times N$ 个染色体实行交叉。交叉率越高，群体中染色体的更新就越快。若 p_c 过高，则相对于选择操作对进化程序能够产生的性能改进而言，高性能染色体被破坏得更快。如果交叉率过低，那么搜索可能会停滞不前。一般建议 p_c 的取值范围是 0.4～0.9。

4）变异率 p_m

变异率控制变异算子应用的频率，每代复制后，新的群体中的每个染色体的每一位以概率等于变异率进行随机改变，从而每代大约发生 $p_m \times N \times L$ 次变异，其中 L 为染色体中编码串的长度。变异率 p_m 值越大，种群的多样性越高，但是搜索的随机性增大；p_m 值越小，可能使某位过早丢失的信息无法恢复，造成种群的多样性越低，可能会使搜索限于局部最小。一般建议 p_m 的取值范围是 0.01～0.2。一个低水平的变异率足以防止整个种群中任一给定位保持永远收敛到单一的值。

6.2.3 遗传算法的基本思想及基本过程

1. 遗传算法的基本思想

遗传算法是一类借鉴生物界自然选择机制的随机搜索算法，它效仿生物的进化和遗传，将“优胜劣汰，适者生存”的生物进化原理引入优化参数编码形成的基因码链群体中，按所选择的适应度函数通过遗传中的选择、交叉及变异操作对个体进行筛选，使适应度高的个体被保留下来，组成新的种群，新的种群既继承了上一代的信息，又优于上一代。这样周而复始，种群中个体的适应度不断提高，直到满足一定的终止条件。遗传算法简单，可并行处理，并能得到全局最优解。

为了形象地说明遗传算法的基本思想，下面举一个羚羊的例子。在非洲大草原上生活着羚羊和狮子，狮子以捕食羚羊为生，羚羊中有些比较敏捷的不易被狮子抓住，而有些比较迟钝的则容易被狮子抓住。随着时间的推移，羚羊代代繁衍，由于敏捷的羚羊个体更多地活了下来，并参与到繁衍下一代中，所以这样一代代传下去，从整体上看每一代都会比父辈更敏捷。遗传算法就是对这种自然过程的模拟，将其抽象、简化，形成形式上的一种优化方法。它把问题的一个可能解表示为个体，若干个个体组成种群，每个个体用一个染色体表示，染色体由基因构成，一个基因控制一个或几个特征的遗传，一定特征的基因被定位在染色体的一定位置上。通过在染色体上进行选择、交叉、变异等遗传操作，在迭代进化中体现优胜劣汰，最终得到最优染色体作为最优解或次优解。

2. 遗传算法的基本过程

遗传算法主要由染色体编码、产生初始种群、计算染色体的适应度值、选择操作、交叉操作、变异操作、终止条件判定、确定最优个体、解码、输出最优解等部分组成，其基本流程图如图 6-1 所示。

结合图 6-1，给出遗传算法的主要内容和基本步骤描述。

（1）根据编码方案产生初始种群。根据有待解决的问题，确定编码方案，明确种群中个体的数目，进而对问题的自变量进行编码，随机产生设定数目的个体编码串，这些染色体构成初始种群。

（2）计算种群中每个个体的适应度值。根据设定的适应度函数，分别计算种群中每个个体的适应度值。

（3）判断是否满足终止条件。根据设定的终止条件判断是否结束迭代，如果满足终止条件，那么执行后续输出最优解操作；如果不满足终止条件，那么进入遗传操作以产生下一代种群。

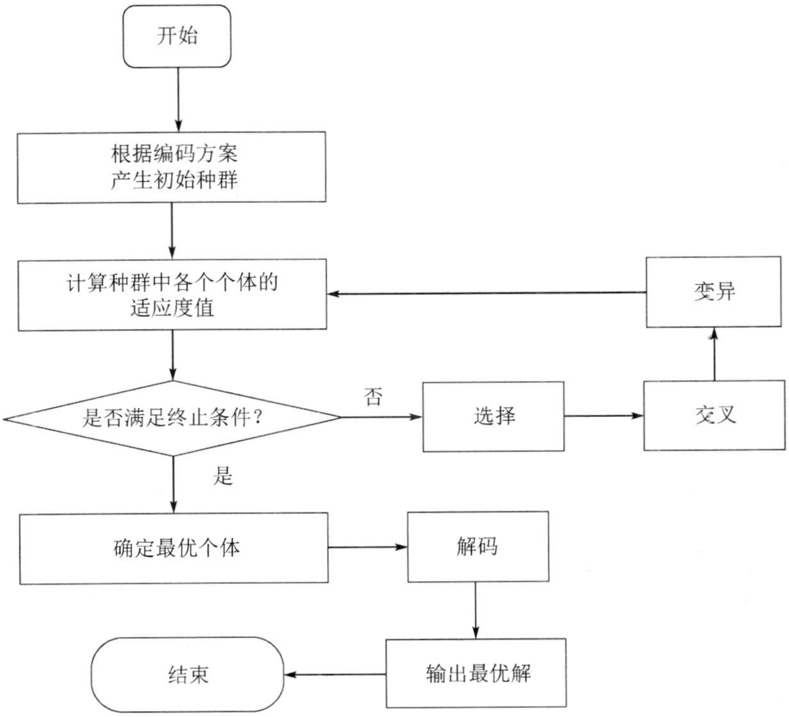

图 6-1　遗传算法的基本流程图

（4）选择操作。对种群进行选择，从当前种群中选出优良的染色体，使它们成为新一代的染色体，判断染色体优良与否的准则是各自的适应度，即染色体的适应度越高，其被选择的机会就越多。

（5）交叉操作。对选择操作产生的种群进行交叉操作，实现对随机选择的多对双亲染色体的位串处理，从而改变种群。

（6）变异操作。对交叉操作产生的种群进行变异操作，实现对随机选择的一些染色体某些基因的变异处理，从而改变种群，挖掘种群中个体的多样性，克服有可能陷入局部最优解的弊病。

（7）输出最优解。经过给定次数的迭代处理或满足目标条件后，把最好的染色体作为优化问题的最优个体，进行解码，并输出问题的最优解。

遗传算法可形式化地描述为

$$\mathrm{GA} = \left(N, F, s, c, m, p_{\mathrm{c}}, p_{\mathrm{m}}\right) \tag{6-2}$$

式中，N 为种群规模；F 为适应度函数；s 为选择操作算子；c 为交叉操作算子；m 为变异操作算子；p_{c} 为交叉率；p_{m} 为变异率。

下面对算法的主要步骤进行具体介绍，在介绍过程中将结合求一元函数 $f(x) = x\sin(10\pi x) + 2.0,\ x \in [-1, 2]$ 的最大值（求解结果精确到 6 位小数）举例说明。

3．遗传编码

将问题描述成位串的形式，即遗传编码。编码算法有二进制编码、格雷编码、实数编码、字符编码、多参数级联编码、多参数交叉编码等。一般将问题的参数用二进制编码构成子串，再将子串拼接起来构成染色体位串。下面主要介绍二进制编码算法。

二进制编码（Binary Encoding）是遗传算法中最常用的一种编码算法，因为二进制表示方法在理论方面比较容易分析。基本遗传算法使用固定长度的二进制符号串表示种群中的个体，其等位基因是由二值符号集$\{0,1\}$组成的。如果解空间中的变量是离散变量，那么直接用相应位数的二进制串对每个变量进行编码即可。对于那些连续变量，需要先将其离散化，再进行编码。

二进制编码将原问题的结构变换为染色体的位串结构。在二进制编码中，首先要确定二进制字符串的长度，该长度和变量的定义域与所求问题的计算精度有关。

假设某一参数的取值范围是$[u_{\min},u_{\max}]$，要求的计算精度为δ，则至少需要将$[u_{\min},u_{\max}]$分为ε个等长小区间，每个小区间用一个二进制编码串表示。于是，串长至少等于λ，它总共能够产生2^{λ}种不同的编码。这样，对应于区间$[u_{\min},u_{\max}]$内满足精度要求的每个值x_i，都可用一个λ位的二进制编码串$<b_{\lambda-1}b_{\lambda-2}\cdots b_1b_0>$来表示，即

<00000000…00000000>＝0　　　　$u_{\min}$

<00000000…00000001>＝1　　　　$u_{\min}+\delta$

…

<11111111…11111111>$=2^{\lambda}-1$　　　　$u_{\max}$

其中，ε、λ、δ的对应关系为

$$\varepsilon=\frac{u_{\max}-u_{\min}}{\delta} \tag{6-3}$$

$$2^{\lambda-1}\leqslant\varepsilon\leqslant 2^{\lambda} \tag{6-4}$$

参数x_i与二进制编码串$<b_{\lambda-1}b_{\lambda-2}\cdots b_1b_0>$的对应关系为

$$x_i=u_{\min}+\left(\sum_{j=0}^{\lambda-1}b_j\times 2^j\right)\frac{u_{\max}-u_{\min}}{2^{\lambda}-1} \tag{6-5}$$

例如，函数$f(x)=x\sin(10\pi x)+2.0,\ x\in[-1,2]$的变量$x$的定义域为$[-1,2]$，要求的计算精度为$10^{-6}$，则至少需要将$[-1,2]$分为3000000个等长小区间，每个小区间用一个二进制编码串表示。于是，串长至少等于22，原因是$2097152=2^{21}<3000000<2^{22}=4194304$。这样，对应于区间$[-1,2]$内满足精度要求的每个值$x$，都可用一个22位的二进制编码串$<b_{21}b_{20}\cdots b_0>$来表示。此编码过程实质上是将区间$[-1,2]$内对应的实数值转换为一个二进制编码串$<b_{21}b_{20}\cdots b_0>$。对于染色体1000101110110101000111，其每个二进制数为一个基因，这个染色体对应的十进制数为0.637197。

二进制编码的主要优点：编码、解码操作简单易行；交叉、变异等遗传操作便于实现；符合最小字符集编码原则；便于利用模式定理对算法进行理论分析。

二进制编码的缺点：对于一些连续函数的优化问题，其随机性使得其局部搜索能力较差，如对于一些高精度的问题，当解迫近于最优解后，由于其变异后表现型变化很大且不连续，所以会远离最优解，达不到稳定。

4．适应度函数

在遗传算法的执行过程中，每一代有许多不同的染色体（经过编码的个体）同时存在，这些染色体中哪个被保留（生存）、哪个被淘汰（死亡）是由它们对环境的适应能力决定的，适应性强的有更多的机会被保留下来。适应度函数 $F(x)$（评价函数）是一个用于对个体的适应性进行度量的函数，个体的适应度值表示了个体的适应性，是决定个体繁衍、消亡的因素。由于遗传算法使用求解问题的目标函数值来确定下一步的搜索信息，因此适应度函数应当根据目标函数 $f(x)$来确定。个体的适应度值总是非负的，通常一个个体的适应度值越大，它被遗传到下一代种群中的概率也就越大，所以，在任何情况下，总是希望适应度值越大越好。如果目标函数不是取最大值、最优值或者取值有负数，则应当对其进行某种变换，将其转换为标准的度量方式，以满足进化操作的要求，这样所得到的适应度函数被称为标准适应度函数。可以说，适应度函数 $F(x)$的构成与目标函数 $f(x)$有着密切关系，且往往是目标函数的变种。

1）以目标函数作为适应度函数

目标函数为最大化问题：

$$F(x)=f(x) \tag{6-6}$$

目标函数为最小化问题：

$$F(x)=-f(x) \tag{6-7}$$

2）以减差方式将目标函数转换为适应度函数

目标函数为最大化问题：

$$F(x)=\begin{cases} f(x)-C_{\min}, & f(x)>C_{\min} \\ 0, & \text{其他} \end{cases} \tag{6-8}$$

式中，$C_{\min}$ 为 $f(x)$ 的最小估计值。

目标函数为最小化问题：

$$F(x)=\begin{cases} C_{\max}-f(x), & f(x)<C_{\max} \\ 0, & \text{其他} \end{cases} \tag{6-9}$$

式中，$C_{\max}$ 为 $f(x)$ 的最大估计值。

3）以倒数方式将目标函数转换为适应度函数

目标函数为最大化问题：

$$F(x)=\frac{1}{1+c-f(x)}，\quad c\geqslant 0,\quad c-f(x)\geqslant 0 \tag{6-10}$$

式中，c 为 $f(x)$ 下限的保守估计值。

目标函数为最小化问题：

$$F(x)=\frac{1}{1+c+f(x)},\quad c\geqslant 0,\quad c+f(x)\geqslant 0 \tag{6-11}$$

式中，c 为 $f(x)$ 上限的保守估计值。

对于目标函数 $f(x)=x\sin(10\pi x)+2.0,\ x\in[-1,2]$，其取值范围如图 6-2 所示。

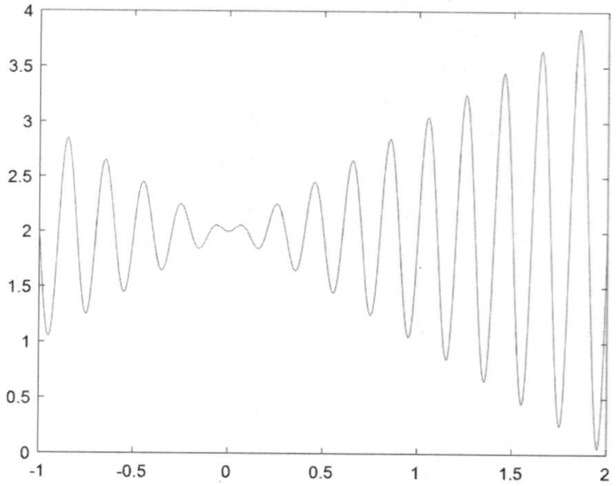

图 6-2　目标函数的取值范围

由于该问题为最大化问题，且 $f(x)>0$，所以采用以目标函数作为适应度函数的方式，计算该问题产生的初始种群的适应度值。例如，变量 x 产生的初始种群为 1000101110110101000111、1010101110110101100111、1100101110110101001000、……对应的十进制数为 0.637197、1.012220、1.387198、……则初始种群的适应度值为 2.218124、2.533393、2.956290、……

5. 选择操作

选择操作又被称为选择算子（Selection Operator），是从种群中选择生命力强的染色体产生新种群的过程。选择操作建立在对个体的适应度进行评价的基础上，个体的适应度值越大，其被选择的概率就越大，其子孙在下一代产生的个数就越多。选择操作根据不同的问题，采用不同的方法，最常见的方法有比例选择法（比率法）、排序选择法（排列法）、联赛选择法（竞技法）三种类型。

1）比例选择法

较常用且较基本的选择操作方法是比例选择法，其基本思想：各个个体被选中的概率与其适应度值的大小成正比。常用的比例选择策略包括轮盘赌选择策略和繁殖池选择策略等。

（1）轮盘赌选择策略。

轮盘赌选择（Roulette Wheel Selection）策略又被称为转盘选择策略，它是比例选择法中最常用的一种策略。该策略的基本思想：个体被选中的概率取决于该个体的相对适应度值，首先根据相对适应度值产生一个轮盘，然后产生一个随机数，这个随机数落入轮盘的哪个区域就选择相应的个体。轮盘赌选择策略的物理意义如图 6-3 所示。

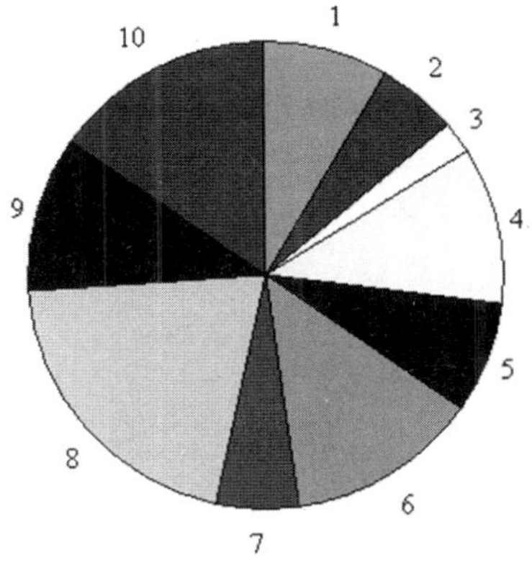

图 6-3　轮盘赌选择策略的物理意义

相对适应度的定义为

$$p(x_i)=\frac{F(x_i)}{\sum_{i=1}^{N}F(x_i)} \tag{6-12}$$

式中，$p(x_i)$ 是第 i 个个体的相对适应度，它代表了个体 x_i 被选中的概率；$F(x_i)$ 表示个体 x_i 的适应度；N 为种群规模；$\sum_{i=1}^{N}F(x_i)$ 表示种群所有个体的适应度累积值。

反复进行个体选择操作，直到产生的个体数量等于预定的种群规模。在每次选择时，产生一个随机数 r，$r\in(0,1)$，如果 $r\leqslant p(x_1)$，则选择个体 x_1 作为参与繁殖的个体；如果

$$\sum_{j=1}^{i-1}p\left(x_j\right)<r\leqslant\sum_{j=1}^{i}p\left(x_j\right),\quad i>1 \tag{6-13}$$

则选择个体 x_j 作为参与繁殖的个体。

（2）繁殖池选择策略。

繁殖池选择（Breeding Pool Selection）策略也是比例选择法中常用的一种策略。该策略的基本思想：首先对种群中每个个体 x_i 根据相对适应度 $p(x_i)$ 计算个体的繁殖量 N_i，对个体分别复制 N_i 个个体，并将这些个体组成一个临时种群，即形成一个繁殖池。然后从繁殖池中成对地随机抽取个体进行交叉操作，并用新产生的个体取代当前个体；最后形成下一代个体种群。显然，个体复制到繁殖池的数量越多，被选择进行遗传操作的机会就越大，而 N_i=0 的个体将被淘汰。

其中，相对适应度的定义为

$$p(x_i)=\frac{F(x_i)}{\sum_{i=1}^{N}F(x_i)} \tag{6-14}$$

而种群中个体 x_i 的繁殖数量可按以下公式计算：

$$N_i = \text{round}\left(p\left(x_i\right) \cdot N\right) \tag{6-15}$$

式中，$N_i = \text{round}(x)$ 表示与 x 距离最小的整数。

比例选择法虽然可以采用与上述不同的策略，但是基本思想都是直接以适应度值为基础进行比例选择，个体被选中的概率与其适应度值大小成正比。比例选择法可能会出现以下问题：一是在算法初期，个体适应度值比较分散，易使少数适应度值大的个体迅速占领整个种群，导致算法局部收敛；二是在算法后期，种群内个体适应度值比较接近，比例选择法将趋向于一般的随机搜索，导致算法收敛降速，效率下降。

2）排序选择法

排序选择（Ranking Selection）法是一种基于种群内个体间相对适应度而设计的等级选择机制。其基本思想：首先对种群中的所有个体按其相对适应度值的大小进行排序；然后基于个体 x_i 的排列顺序，为其分配相应的选择概率 p_i；最后基于这些选择概率，采用比例选择法产生下一代种群。这种方法可以较好地处理直接根据适应度值计算选择概率时存在的问题，可以消除个体适应度差别很大所产生的影响，使每个个体的选择概率仅与其在种群中的排序有关，而与其适应度值无直接关系。但是该方法忽略了个体适应度之间的实际差异，使得个体的遗传信息不能得到充分利用。

3）联赛选择法

联赛选择（Tournament Selection）法也被称为锦标赛选择法、竞技选择法、随机竞争选择法。其基本思想：类似于体育比赛制度，从种群中随机地选择一定数量的个体（允许重复）进行锦标赛式比较，对其中适应度值最大的个体进行复制，并作为下一代种群中的个体。重复执行此操作，直至下一代种群中的个体数目达到希望的种群规模。

不管采用哪种选择方法，都是为了将对进化有利的个体选择出来参与繁殖下一代，在上述方法中，还可以结合使用以下策略。

（1）精英策略。精英策略又被称为最优个体保存策略、最优个体保持策略，该策略预先设定好最优个体的保存比例，这些最优个体不进行本轮交叉与变异操作，直接参加到下一代进化中。但是，一定要选择合适的比例，若比例太大，则进化太慢。

（2）小生境策略。小生境来自生物学的一个概念，是指特定环境下的一种生存环境，生物在其进化过程中，一般总是与相同的物种生活在一起，共同繁殖后代。把这种思想提炼出来，运用到优化上的关键操作是：当两个个体的汉明距离（Hamming Distance）小于预先设定的某个值（称之为小生境距离）时，惩罚其中适应度值较小的个体。其中汉明距离是指在信息编码中，两个合法代码对应位上编码不同的位数，即码距。例如，111001 和 001101 从左边第一位开始依次有第一位、第二位、第四位不同，则汉明距离为 3。

（3）期望值策略。计算种群中每个个体在新一代的生存期望值，若某个个体被选中参与遗传操作，则其生存期望值减去 0.5；若不参与遗传操作，则减去 1；若某个个体生存期望值为负，则不参与选择。

（4）排挤策略。根据种群成员中的相似性，新一代个体将排挤（替代）相似的上一代个体，以增加群体的多样性。

上述对各种选择操作策略的描述表明，各种选择操作策略各有优缺点，可以在实际运用中对它们进行一定的组合，在解决复杂优化问题时，有可能在整体上改善方法的性能。

6. 交叉操作

交叉操作又被称为交叉算子（Crossover Operator），是将两个染色体重新组合的操作。交叉操作每次作用在选取的两个个体上，产生两个子代个体，一般与父代个体不同，且彼此也不同，每个子代个体都包含了两个父代个体的遗传基因。交叉操作使遗传算法具有全局随机搜索能力，并增强了种群中个体的多样性。

交叉重组是自然界生物进化的一个核心环节，同样在遗传算法中，交叉操作也起着核心作用。交叉操作方法与编码方法相关，根据个体编码方法的不同，遗传算法中采用的交叉操作方法也有所不同，因此交叉操作方法的设计要和个体编码设计统一进行。因此，对应个体编码方法，交叉操作方法有二进制交叉、实数交叉等。根据交叉点位置的不同和对所要解决问题的不同要求，可以设计出不同的交叉策略。下面主要介绍二进制交叉的各种策略。二进制交叉是指在二进制编码情况下所采用的交叉操作，主要包括单点交叉、两点交叉、多点交叉和均匀交叉等策略。

1）单点交叉

单点交叉（One-Point Crossover）是最常用和最基本的交叉操作算子，也被称为简单交叉。该方法首先在两个配对个体的编码串中随机设定一个交叉点，然后对两个父代个体交叉点前面或后面部分的基因进行交换，并生成子代中的两个新的个体。

例如，个体 x_i=1000101110110101000111，个体 x_j=1100101110110101001000，随机选择的交叉点在从左开始第 6 位和第 7 位之间，则产生的两个新的个体为 $x_i'=100010\underline{1110110101001000}$，$x_j'=110010\underline{1110110101000111}$。

2）两点交叉

两点交叉（Two-Point Crossover）是指先在两个父代个体的编码串中随机设定两个交叉点，然后按这两个交叉点进行部分基因交换，生成子代中的两个新的个体。

例如，个体 x_i=1000101110110101000111，个体 x_j=1100101110110101001000，随机选择的两个交叉点分别在从左开始第 4 位和第 5 位之间、第 19 位和第 20 位之间，则产生的两个新的个体为 $x_i'=1000\underline{101110110101001}111$，$x_j'=1100\underline{101110110101000}000$。

3）多点交叉

多点交叉（Multiple-Point Crossover）是指先在两个父代个体的编码串中随机生成多个交叉点，然后按这些交叉点分段地进行编码串的相互交互，生成子代中的两个新的个体。

假设设置的交叉点个数为 m 个，则可将个体串（染色体）划分为 $m+1$ 个分段。其划分方法如下。

当 m 为偶数时，对全部交叉点依次进行两两配对，构成 $m/2$ 个交叉段。

当 m 为奇数时，对前 $m-1$ 个交叉点依次进行两两配对，构成 $(m-1)/2$ 个交叉段，而第 m 个交叉点则按单点交叉方法构成一个交叉段。

例如，个体 x_i=1000101110110101000111，个体 x_j=1100101110110101001000，假设设置的交叉点个数为 3，随机选择的交叉点分别在从左开始第 4 位和第 5 位之间、第 9 位和第 10

位之间、第 15 位和第 16 位之间，则产生的两个新的个体为 $x_i'=1000\underline{10111}011010\underline{1001000}$，$x_j'=1100\underline{10111}011010\underline{1000111}$。

4）均匀交叉

单点交叉、两点交叉和多点交叉使得个体在交叉点处分成片段，而均匀交叉（Uniform Crossover）更加广义化，将每个点作为潜在的交叉点。均匀交叉按照概率交换两个父串中的每一位，它先随机生成一个与父串具有相同长度，并被称为交叉模板（或交叉掩码）的二进制串，然后利用该模板对两个父串进行交叉，即将模板中“1”对应的位进行交换，而“0”对应的位不交换，依次生成子代中的两个新的个体。事实上，这种方法对父串中的每一位都是以相同的概率随机进行交叉的。

例如，个体 x_i=0010101110100101010111

个体 x_j=1100101110110101001000

交叉掩码=1001110010100101110011

则产生的两个新的个体（画横线的位产生了交换）如下：

个体 $x_i'=\underline{1}01\underline{010}11\underline{1}0\underline{1}00\underline{1}0\underline{100}01\underline{00}$

个体 $x_j'=\underline{0}10\underline{010}11\underline{1}0\underline{1}10\underline{1}0\underline{101}10\underline{11}$

上述单点交叉、两点交叉、均匀交叉操作的示意图如图 6-4 所示。

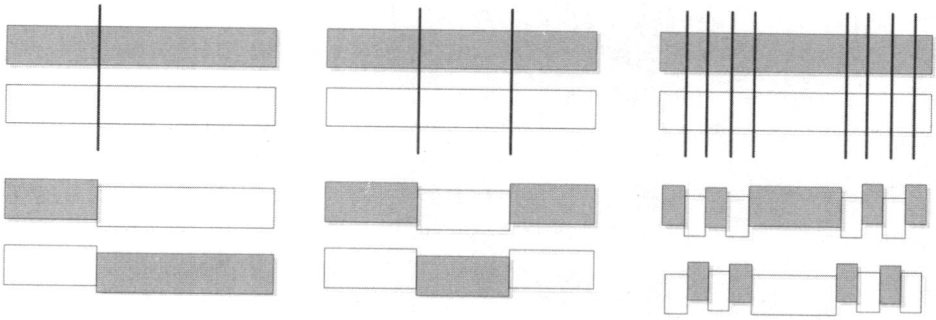

（a）单点交叉　　（b）两点交叉　　（c）均匀交叉

图 6-4　交叉操作示意图

在遗传算法中，交叉操作是以某一概率来选择种群中的个体进行交叉重组的。这个概率就是交叉率 p_c， p_c 的计算方法为

$$p_c=\frac{N_c}{N} \tag{6-16}$$

式中，N 为种群中个体的数目；N_c 为种群中被交叉个体的数目。

7. 变异操作

变异操作又被称为变异算子（Mutation Operator），是指对选中个体的染色体中的某些基因进行变动以形成新的个体的过程。变异模拟了生物遗传和自然进化中偶然的基因突变现象，能增加种群中个体的多样性。若只有选择和交叉，而没有变异，则无法在初始基因组合以外的空间进行搜索，使进化过程在早期就陷入局部解而终止，从而影响解的质量。为了在尽可能大的空间中获得质量较高的优化解，必须采用变异操作。

遗传算法中的变异操作以某一概率（称为变异率）选择种群中的个体，改变其染色体中某些基因的值或对其染色体进行某种方式的重组。该操作增强了算法的局部随机搜索能力，从而可维持种群的多样性。根据个体编码方式的不同，变异操作可分为二进制值变异和实值变异两种类型。下面主要介绍二进制值变异方法。

当个体的染色体用二进制编码表示时，其变异操作应采用二进制值变异方法。常见的二进制值变异方法有两种。

1）基本位变异

基本位变异是指先随机地产生一个或若干个变异位，然后将变异位上的基因值由“0”变为“1”，或由“1”变为“0”，从而产生一个新的个体。例如，个体 x_i=0010101110100101010111，变异位为从左开始第 3、9、16 位，变异后的个体为 $x_i'=00\underline{0}01011\underline{0}010010\underline{0}010111$。

2）逆转变异

逆转变异是指在个体染色体编码中随机选取两个逆转点，并以预定的逆转概率将两个逆转点之间的基因值逆向排序。例如，个体 x_i=0010101110100101010111，选取逆转点为第 8 和 13 位，变异后的个体为 $x_i'=0010101\underline{001011}101010111$。

在遗传算法中，变异操作是以某一概率来选择种群中的个体进行变异的。这个概率就是变异率 p_{m}，p_{m} 的计算方法为

$$p_{\mathrm{m}}=\frac{B}{N\lambda} \tag{6-17}$$

式中，N 为种群中个体的数目；B 为种群中变异的基因数目；λ 为个体中基因串长度。

8．终止条件

遗传算法的终止条件可以设定为以下 4 种。

（1）算法迭代的次数达到了预先设定的进化代数。

（2）算法运行的时间达到了预先设定的时限。

（3）算法的适应度值达到了预先设定的适应度值限度，即最优个体达到了预先设定的满意解。

（4）在算法运行中，目标函数值连续历经迭代而未改进的次数达到了预先设定的停滞代数，即种群中的最优个体在连续若干代中都没有再获得改进。

6.2.4　遗传算法的优缺点分析

遗传算法是随机搜索方法中的一种，它通过对参数空间进行编码，并用随机选择作为工具来引导搜索过程向着更高效的方向发展，是一种可用于复杂系统优化计算的鲁棒搜索算法，与其他的优化算法相比，它主要有以下优点。

1）具有很强的适应性和通用性

遗传算法使用适应度函数对个体的性能进行评价，而适应度函数通常为目标函数或者其

变种。因此，遗传算法只需要利用目标函数的取值信息，而不需要其他的任何先决条件或者辅助信息，具有很强的通用性。

2）具有较好的全局优化能力

有别于传统的从初始点出发进行搜索迭代的牛顿法、共轭梯度法等方法，遗传算法具有群体搜索的特性，它的搜索过程是从一个具有多个个体的初始种群开始的，加上变异算子，使得算法即使在所定义的适应度函数是不连续的、非规则的或有噪声的情况下，也能在解空间中广泛搜索，有效避免陷入局部最优解。

3）具有并行计算能力

遗传算法从包含一组初始解的种群开始搜索，在迭代过程中执行交叉和变异操作，相当于搜索了更多的点，且遗传算法同时搜索多个点的特点使其易于被并行化实现。

4）具有较好的扩展性

遗传算法的实现结构简单，易于扩展，可以在算法步骤中改进遗传算子、增加算法策略，还可以与其他算法或技术结合，进一步扩展遗传算法的功能和应用。

虽然遗传算法具有很多优点，但是在理论研究与应用研究中，有些地方还有待进一步地深入研究和改进，主要集中在以下几个方面。

1）理论论证还不充分

遗传算法借鉴了自然仿生思想，能够取得不错的应用效果，但是遗传算法的许多机制与现象，如计算复杂性、可信度、收敛性等还缺乏理论论证和定量分析。

2）运行效率不高

遗传算法多次迭代求解，当变量较多、精度要求较高时，遗传算法运行效率不高，通常而言，遗传算法的效率要低于传统的优化算法的效率。

3）参数设置缺乏定量标准

遗传算法有种群规模、最大进化代数、交叉率、变异率等参数，一般给出了可供参考的参数设置范围。但是对于不同的问题，参数需要结合经验、实际运行结果进行设置，缺乏定量标准，且受到不同的编码和遗传算子的影响。

4）处理带约束问题效果不佳

在使用遗传算法求解带约束的优化问题时，染色体经交叉、变异操作后，会产生不符合约束条件的染色体，需要采取搜索空间限定法、可行解变换法、罚函数法等进行处理，进一步增加了运算量。

5）容易出现过早收敛

基本遗传算法在求解优化问题时，由于局部搜索能力较弱，容易出现过早收敛（早熟）的问题，且即使增加迭代次数，也无法提高解的质量。

6.2.5 遗传算法的应用

目标分配问题是军事指挥决策研究的一个十分重要的问题，其解空间随平台数量和目标数量的增加而呈指数级增长，因此，目标分配问题是一个多参数、多约束的 NP 问题。此处以航空兵对地火力突击并实施对地攻击为作战任务，作战中可能出现的空中作战力量完全出动情况：空中作战力量通过一次突击力争彻底摧毁对方核心力量，使其不具备反制能力，即不按照传统战术保留预备力量，己方飞机全部出动，力求一次饱和攻击，毁伤目标价值最大，即确定哪种机型多少飞机攻击哪个目标（群）的效果最优。

假设有 a 架作战飞机，i 型作战飞机的数量为 A_i，有 b 个类型的攻击目标，j 型目标的数量为 B_j，威胁度为 u_j。防空地域的战斗能力决定着 i 型作战飞机突向 j 型目标的概率，若 j 型目标具有反制能力，则该概率是 i 型作战飞机的任务完成率 p_{ij}^{w1}，包括毁伤目标概率和生存率；若 j 型目标不具备反制能力，则该概率是 i 型作战飞机的任务完成率 p_{ij}^{w2}，包括防线突防概率和毁伤目标概率，此处将两类任务完成率都统一为 P_{ij}。以对敌目标造成损失价值的数学期望值作为目标函数，假定 x_{ij} 为 i 型作战飞机对 j 型目标的指定数量，则目标函数为

$$f(x)=\max\sum_{j=1}^{b}B_j u_j\left[1-\prod_{i=1}^{a}\left(1-P_{ij}\right)^{x_{ij}}\right] \tag{6-18}$$

约束条件为

$$\sum_{j=1}^{b}x_{ij}\leqslant A_i，\quad x_{ij}\in\left\{0,1,\cdots,A_i\right\}，\quad i=1,2,\cdots,a，\quad j=1,2,\cdots,b \tag{6-19}$$

显然，在出动己方所有飞机对敌实施饱和攻击的过程中，毁伤目标并且对敌目标造成损失价值最大是考虑的主要问题。

假设某机场当前可用于执行攻击任务的飞机有 2 架 H1 型、2 架 H2 型轰炸机，1 架 JH1 型、2 架 JH2 型歼轰机，1 架 QJ1 型、1 架 QJ2 型强击机，现拟定所有可用飞机出动，对敌方 7 个目标进行攻击。目标的价值系数（此处用威胁度评价）和一架飞机对目标的任务完成率是已知的，制定出兵力分配方案使攻击效果最优。

按照以上罗列顺序，模型的初始数据如下。

己方 6 型飞机的数量为 $\boldsymbol{A}=\left(A_1,A_2,A_3,A_4,A_5,A_6\right)=\left(2,2,1,2,1,1\right)$，计划打击的敌方目标为 7 个，目标的威胁度为 $\boldsymbol{u}=\left(u_1,u_2,u_3,u_4,u_5,u_6,u_7\right)=\left(0.2,0.35,0.15,0.05,0.1,0.1,0.05\right)$；6 型飞机对 7 个目标的任务完成率为 $\boldsymbol{P}$，取值为[0.8, 0.7, 0.0, 0.6, 0.8, 0.1, 0.8;0.1, 0.0, 0.8, 0.5, 0.3, 0.9, 0.7; 0.2, 0.9, 0.2, 0.4, 0.4, 0.7, 0.6; 0.2, 0.8, 0.3, 0.0, 0.6, 0.3, 0.2; 0.0, 0.3, 0.9, 0.7, 0.9, 0.2, 0.0; 0.7, 0.3, 0.0, 0.0, 0.5, 0.9, 0.1]。

本问题从数学角度看，是典型的最优化问题，就是给己方的 6 型 9 架飞机分配对敌方 7 个目标的攻击任务，使对目标的总体损失价值最大。此处设定每架飞机在该轮攻击中仅分配 1 个目标，而每个目标可能被多架飞机打击。使用遗传算法求解的基本过程如下。

第一步：编码设计。

目标分配的结果为每个武器对每个目标的分配情况，即每个武器对每个目标存在分配和不分配两种情况，可用 0 或者 1 表示，那么各个武器对各个目标的分配情况构成目标分配方

案，用二进制编码方式。由于本问题中有 9 架飞机、7 个目标，目标方案的二进制串包括 9 个子编码串，每个子编码串由 3 位二进制数组成。例如，对第 i 架飞机的目标分配参数进行二进制编码，“100”表示该架飞机执行打击第 4 个目标的任务。将这些子编码串连成一个完整的染色体，每个染色体的串长为 27。当然也可以使用实数编码，用 9 个实数构成的编码串表示各架飞机分配的目标编号。例如，“7,2,2,3,1,5,3,7,3”表示第 1～9 架飞机分配的目标编号，第一个“7”表示第 1 架飞机分配了第 7 个目标。此处采用实数编码。

第二步：初始种群生成。

通常可以采用随机方式生成初始种群，根据求解问题的具体情况，还可以采用随机产生再经过挑选的方式，得到在整个搜索空间中相对均匀分布的多个初始个体，共同构成初始种群。在此，设置种群规模为 50，并保持该值在迭代过程中不变。

第三步：适应度函数构造。

由于本问题的目标函数是对目标的总体损失价值最大，且目标函数值始终为正数，因此，可以直接用目标函数作为适应度函数。

第四步：选择操作。

在此使用比例选择法，采取轮盘赌选择策略结合精英策略的方法。主要过程：运用精英策略将适应度值最大的个体（一个或者多个）直接加入种群中。之后运用轮盘赌选择策略，首先计算出种群中所有个体的适应度值的总和，其次计算出每个个体的相对适应度值，再次随机生成一个 0～1 的随机数，最后根据式（6-13）确定选中哪个个体。

第五步：交叉操作。

可供选择的交叉策略包括单点交叉、两点交叉、多点交叉和均匀交叉等，此处采用单点交叉，并设定交叉率 $p_c = 0.8$ 。即先随机设定一个交叉点，然后对两个父代个体交叉点前面或后面部分的基因进行交换，并生成子代中的两个新的个体。

第六步：变异操作。

变异操作与个体编码方式相关，对于二进制编码可以用基本位变异方法或者逆转变异方法，本问题采取的是实数编码则使用基本位变异方法，即以一定变异率 p_m 确定染色体某一位上的基因是否变异，此处设定 $p_m = 0.05$ 。对每个染色体的每个基因座产生随机数 r ，若 $r \geqslant p_m$ ，则该基因不执行变异操作，否则产生一个[1,7]内的随机整数替换该基因。

第七步：终止条件。

本问题设置终止条件为最大迭代次数，此处设置为 100。

根据上述方法和参数设定，最终得到的最优解结果为“1,1,7,3,2,2,2,5,6”，目标函数值为 0.8756。计算结果表明，第 1 个目标分配了 2 架 H1 型轰炸机、第 2 个目标分配了 1 架 JH1 型、2 架 JH2 型歼轰机，第 3 个目标分配了 1 架 H2 型轰炸机，第 5 个目标分配了 1 架 QJ1 型强击机，第 6 个目标分配了 1 架 QJ2 型强击机，第 7 个目标分配了 1 架 H2 型轰炸机。这样的目标火力分配，在保证毁伤效果的基础上，能使敌方遭受 0.8756 价值系数的损失。

从以上分析发现，计算出的最优解可能存在 1 个或多个目标没有飞机对其实施攻击，即该目标未遭到任何损伤。如果在该类问题求解中，设定每个目标都需要进行打击，那么就需要将之设定为约束条件。在遗传算法执行中，处理该类约束条件主要可采用搜索空间限定法、可行解变换法、罚函数法。对于本问题，可以采用搜索空间限定法对产生的初始种群和各代种群的个体进行约束条件判断，对于初始种群要产生足够多的随机值以供选择并构成搜索空间，对于每一代种群可重复执行交叉和变异操作以确保下一代种群符合约束条件。

6.3 基于粒子群算法的智能决策

粒子群算法，也被称为粒子群优化（PSO）算法，是模拟鸟群觅食过程中的迁徙和群集行为而提出的一种基于群体智能的进化计算技术。此类算法具有并行处理、鲁棒性好等特点，能以较大概率找到问题的全局最优解，且计算效率比传统随机方法的高，已在函数优化、神经网络训练、多目标优化、模式识别、模糊控制优化、信号处理、图像处理、电磁波系统、电力系统优化、工业优化设计、生产管理、经济负荷分配、投资组合、可靠性分析、交通运输、机器人技术等许多领域取得了成功的应用，几乎涵盖了所有的工程领域，在军事领域也有很好的应用性。

6.3.1 粒子群算法的基础

1. 起源与发展

PSO 算法是一种进化计算技术，1995 年由 Kennedy 博士和 Eberhart 博士提出，源于对鸟群捕食行为的研究。算法模仿了这样一个场景：一群鸟在随机搜寻食物，在这个区域里只有一块食物，所有的鸟都不知道食物在哪里，但是它们知道当前的位置离食物还有多远。那么找到食物的最优策略是什么呢？最简单有效的策略就是搜寻目前离食物最近的鸟的周围区域，PSO 算法正是从这种场景中得到启发被提出并用于解决优化问题的。图 6-5 所示为鸟群随机搜寻食物。

图 6-5 鸟群随机搜寻食物

PSO 算法最初是受到飞鸟集群活动的规律性启发，进而利用群体智能建立的一个简化模型。鸟类在捕食过程中，鸟群成员可以通过个体间的信息交流与共享获得其他成员的发现与飞行经历。在食物源零星分布并且不可被预测的条件下，这种协作机制所带来的优势是决定性的，远远大于对食物的竞争所引起的劣势。该算法受鸟类捕食行为的启发并对这种行为进行模仿，将优化问题的搜索空间类比于鸟类的飞行空间，将每只鸟抽象为一个粒子，粒子无质量、无体积，用以表征问题的一个可行解，优化问题所要搜索的最优解等同于鸟类寻找的食物源。PSO 算法的信息共享机制可以解释为一种共生合作的行为，即每个粒子都在不停地搜索，并且其搜索行为在不同程度上受到群体中其他个体的影响，同时这些粒子还具备对所经历最优位置的记忆能力，即其搜索行为在受其他个体影响的同时，还受到自身经验的引导。基于独特的搜索机制，PSO 算法首先生成初始种群，即在可行解空间和速度空间随机初始化粒子的速度与位置，其中粒子的位置用于表征问题的可行解，然后通过种群间粒子个体的合作与竞争来求解优化问题。

PSO 算法一经被提出，立刻引起了进化计算领域研究者的广泛关注，并在短短几年时间里涌现出大量的研究成果，该算法目前已被国际进化计算会议列为讨论专题之一。近年来，许多国内外学者致力于改进 PSO 算法的研究，取得了很多令人鼓舞的成果，使算法的收敛速度和全局收敛等性能都有所提高。

2. 基本概念

PSO 算法所涉及的基本概念和术语如下。

（1）粒子：是指优化问题的潜在解，即搜索空间中的一个点，相当于寻找食物的一只鸟。

（2）种群：也称群体，是指优化问题解的集合，相当于寻找食物的鸟群。

（3）位置：一个粒子（鸟）当前所在的位置。

（4）经验：一个粒子（鸟）自身曾经离食物最近的位置。

（5）速度：一个粒子（鸟）飞行的速度，决定了它飞行的距离和方向，可根据它本身的飞行经验及同伴的飞行经验进行动态调整。

（6）适应度：一个粒子（鸟）距离食物的远近，用以判断目前的位置好坏，该值由目标函数决定。

（7）探索：是指粒子在空间中不断搜索新区域以寻找新的可行解的过程。

（8）开发：是指粒子在某个可行解附近寻找局部最优解的过程。

（9）记忆：每一个粒子必须被赋予记忆功能，能记住所搜寻到的最优位置，使得粒子具有追随当前最优粒子在解空间中搜索的能力。

3. 基本思想

PSO 算法的基本思想：一个由 N 个粒子组成的种群以一定的速度飞行，粒子的运动空间就是解空间，待优化的目标函数就是粒子的适应度，粒子的位置向量代表优化问题解空间中的变量，粒子的运动过程就是解的搜索过程。对于 D 维的优化问题，一个粒子的位置由一个 D 维向量表示，N 个粒子的位置代表问题的 N 个候选解。每个粒子在搜索时，根据搜索到的个体历史最好点和种群内（或邻域内）所有粒子的历史最好点更新飞行速度，从而实现位置（状态，也就是解）的更新。粒子位置的变化形成了具有随机变化和群体知识的空间搜索群体，可以搜索到空间中的最好点。

在 PSO 算法中，粒子的位置表示问题的潜在解。粒子会根据一定的原则更新自身的状态：一是保持粒子自身惯性；二是根据粒子自身的最优位置调整自身的状态；三是根据粒子群体的最优位置调整自身的状态。据此，PSO 算法初始化为一群随机粒子，通过多次迭代找到最优解。在每一次迭代中，粒子通过跟踪两个极值来更新自己：第一个极值是粒子自身目前所找到的最优解，这个解被称为个体极值；第二个极值是整个种群目前找到的最优解，这个最优解被称为全局极值。

PSO 算法与遗传算法类似，也是一种基于群体的优化技术，通过一组初始化的种群在搜索空间并行搜索；同时不需要梯度信息，对问题的依赖性较小。与遗传算法不同的是，它没有选择、交叉、变异等操作，通过种群中个体与个体间的竞争与协作实现种群的进化，可以解决遗传算法能够解决的问题。PSO 算法主要包括基本粒子群（PSO）算法、标准粒子群（APSO）算法、量子粒子群（QPSO）算法和动态多子群粒子群（DMSPSO）算法四种类型。这里主要介绍基本粒子群算法和标准粒子群算法，其他各种改进算法可参考其他文献。

6.3.2 基本粒子群算法

对于基本粒子群算法，已知条件为鸟（粒子）的位置、鸟当前位置和食物（解）之间的距离，求解的问题是找到食物的位置，求解过程是搜寻目前离食物最近的鸟的周围区域，根据自己飞行的经验判断食物所在，最终找到食物的位置。基本粒子群算法求解过程示意如图 6-6 所示。

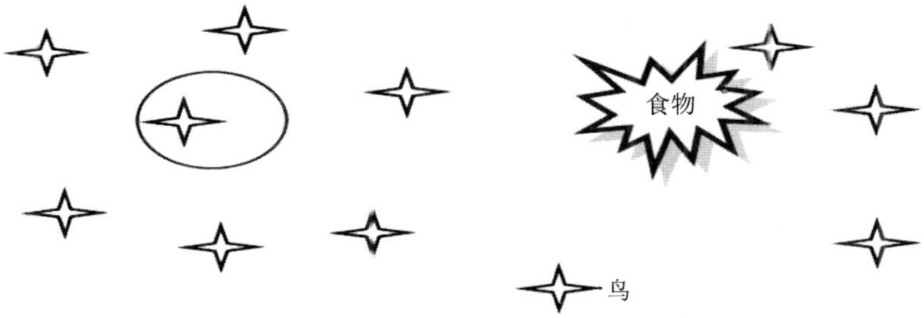

图 6-6　基本粒子群算法求解过程示意

1. 基本粒子群算法的数学模型

基本粒子群算法的数学描述如下。

设种群规模为 N，在一个 D 维的目标搜索空间中，问题的解空间为 S，算法当前迭代的代数为 k，种群中的第 $i(i=1,2,\cdots,N)$ 个粒子在第 k 代的位置可以表示为一个 D 维矢量 $\boldsymbol{x}_i^k=\left(x_{i1}^k,x_{i2}^k,\cdots,x_{iD}^k\right)^{\mathrm{T}}$，第 i 个粒子在第 k 代的飞行速度表示为 $\boldsymbol{v}_i^k=\left(v_{i1}^k,v_{i2}^k,\cdots,v_{iD}^k\right)^{\mathrm{T}}$，第 i 个粒子从开始迭代到第 k 代为止经历过的最好位置为 $\boldsymbol{p}_i^k=\left(p_{i1}^k,p_{i2}^k,\cdots,p_{iD}^k\right)^{\mathrm{T}}$，种群从开始迭代到第 k 代为止所经历过的最好位置为 $\boldsymbol{g}^k=\left(g_1^k,g_2^k,\cdots,g_D^k\right)^{\mathrm{T}}$。在迭代过程中，$\boldsymbol{p}_i^k$ 和 $\boldsymbol{g}^k$ 会不断更新。

基于以上表述，由 N 个粒子组成的种群，第 k 代时的状态为

$$\begin{cases}\boldsymbol{X}^k=\left(\boldsymbol{x}_1^k,\boldsymbol{x}_2^k,\cdots,\boldsymbol{x}_i^k,\cdots,\boldsymbol{x}_N^k\right)\\ \boldsymbol{V}^k=\left(\boldsymbol{v}_1^k,\boldsymbol{v}_2^k,\cdots,\boldsymbol{v}_i^k,\cdots,\boldsymbol{v}_N^k\right)\end{cases},\quad i\in\{1,2,\cdots,N\},\quad k\in\{1,2,\cdots M\} \tag{6-20}$$

第 i 个粒子在第 $k+1$ 代的飞行速度和位置的第 d 维更新公式为

$$\begin{cases} \boldsymbol{v}_{id}^{k+1} = \boldsymbol{v}_{id}^{k} + c_1 r_{1d}^{k+1}\left(\boldsymbol{p}_{id}^{k} - \boldsymbol{x}_{id}^{k}\right) + c_2 r_{2d}^{k+1}\left(\boldsymbol{g}_{d}^{k} - \boldsymbol{x}_{id}^{k}\right) \\ \boldsymbol{x}_{id}^{k+1} = \boldsymbol{x}_{id}^{k} + \boldsymbol{v}_{id}^{k+1} \end{cases} \tag{6-21}$$

式中，$i \in \{1,2,\cdots,N\}$，表示第 i 个粒子；$k \in \{1,2,\cdots,M\}$，表示当前迭代的代数；$d \in \{1,2,\cdots,D\}$，表示搜索空间的某个维度；c_1、c_2 为加速度常数，是调节学习的最大步长，一般取值范围为[0,2]，其中 c_1 为自学习因子，用于调节粒子向自身最好位置飞行的步长，c_2 为全局学习因子，用于调节粒子向全局最好位置飞行的步长；r_1、r_2（在公式中在每一代针对每个维度生成随机数）为两个相互独立的随机函数，取值范围为[0,1]，用于增加认知和社会搜索方向的随机性和算法的多样性。

为了减少进化过程中粒子离开搜索空间的可能，通常每个粒子在第 $d(1 \leqslant d \leqslant D)$ 维的位置变化范围限定在 $[x_{\min,d}, x_{\max,d}]$ 内，速度变化范围限定在 $[-v_{\max,d}, v_{\max,d}]$ 内，即在迭代中若 $\boldsymbol{v}_{id}^{k}$、$\boldsymbol{x}_{id}^{k}$ 超出了边界值，则该维的飞行速度或位置被限制为该维最大飞行速度或边界位置。

粒子飞行速度更新公式包含三部分：第一部分为惯性部分，表示粒子对当前自身运动状态的信任，为粒子提供一个必要动量，使其依据自身飞行速度进行惯性运动；第二部分为个体认知部分，代表粒子本身的思考行为，鼓励粒子飞向自身曾经发现的最优位置；第三部分为社会认知部分，表示粒子间的信息共享与合作，它引导粒子飞向种群中的最优位置。粒子飞行速度更新公式的第一部分对应多样化的特点，第二、三部分对应搜索过程集中化的特点，这三部分之间的相互平衡和制约决定了算法的主要性能。粒子的飞行速度和位置更新示意图如图 6-7 所示。

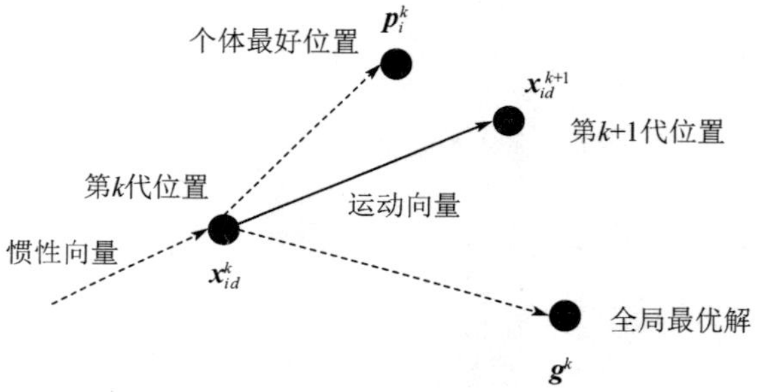

图 6-7　粒子的飞行速度和位置更新示意图

下面对基本粒子群算法的构成要素进行讨论。

1）种群规模 N

粒子群种群规模对算法求解性能虽不具有决定性影响，但当 N 很小时，算法复杂度很低，对求解空间的搜索能力较低，算法运行陷入局部最优的可能性很大；当 N 很大时，算法对求解空间的搜索更为全面，算法的优化能力很好，但计算量大。N 一般取 10～50。其实对于大部分的问题，10 个粒子已经足够取得好的结果，不过对于比较复杂的问题或者特定类别的问题，粒子数需要取到 100～200 才能取得较好的结果。

2）学习因子 c_1、c_2

$c_1 = 0$：此时基本粒子群算法被称为无私型粒子群算法，算法体现了“只有社会，没有自我”的特点，算法在运行中会迅速丧失种群多样性，易于陷入局部最优而无法跳出。

$c_2=0$：此时基本粒子群算法被称为自我认知型粒子群算法，算法体现了“只有自我，没有社会”的特点，算法在运行中完全没有信息的社会共享，导致算法收敛速度缓慢。

$c_1 \neq 0$ 且 $c_2 \neq 0$：此时基本粒子群算法被称为完全型粒子群算法，算法更容易保持收敛速度和搜索效果的均衡，是较好的选择。

c_1 和 c_2 决定了“独立思考”和“群体交流”部分的比例关系。若“独立思考”比重大，则 $c_1 > c_2$，粒子主要根据当前一代空间位置和种群最优解决定下一代搜索速度，种群会很快收敛到种群当前最优解处，倘若该点是局部最优解则算法便收敛于局部最优解。为了保证两部分的平衡性，通常取 $c_1 = c_2$。

3）最大飞行速度 $v_{\max,d}$

设置最大飞行速度的作用在于，维护算法的探索能力与开发能力的平衡。当 $v_{\max,d}$ 较大时，算法的探索能力增强，但是粒子容易越过较好的解；当 $v_{\max,d}$ 较小时，算法的开发能力增强，但容易陷入局部最优。经验表明，$v_{\max,d}$ 一般设为每维变量变化范围的 10%～20%。

4）邻域拓扑结构

基本粒子群算法的邻域拓扑结构包括两种：一种是将种群内所有个体都作为粒子的邻域，此时粒子群算法被称为全局粒子群算法；另一种是将种群内部分个体作为粒子的邻域，此时粒子群算法被称为局部粒子群算法。经验表明：全局粒子群算法收敛速度快，但是容易陷入局部最优；局部粒子群算法收敛速度慢，但是很难陷入局部最优。现在的粒子群算法大都在收敛速度与摆脱局部最优这两个方面下功夫，其实这两个方面是矛盾的，关键在于如何更好地进行折中。

2．基本粒子群算法的流程

基本粒子群算法主要由产生初始种群、计算种群中每个粒子的适应度、更新粒子的位置和速度、终止条件判定、输出最优解等部分组成，其流程图如图 6-8 所示。

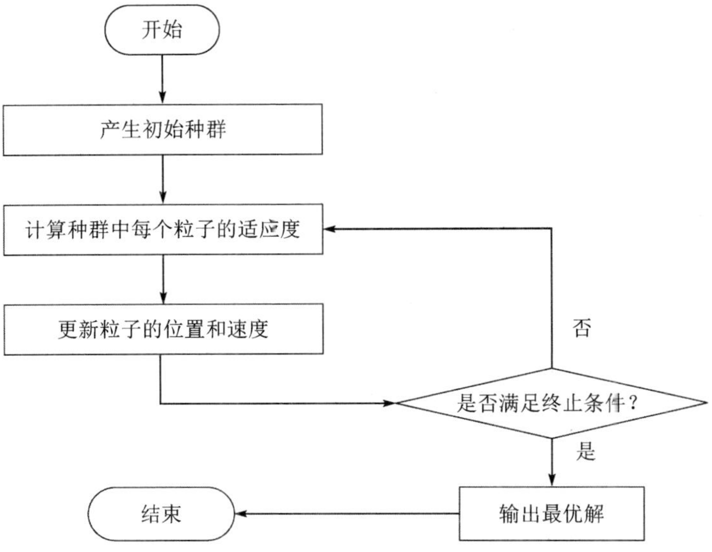

图 6-8　基本粒子群算法的流程图

结合图 6-8，给出算法的主要内容和基本步骤如下。

（1）根据问题需要，设定粒子的数量，随机生成粒子的初始位置和速度，并构成种群。

（2）根据适应度函数计算每个粒子的适应度。

（3）对于每个粒子，将其适应度与个体极值（该粒子所经历过的最好位置的适应度）进行比较，若较好，则将该粒子的当前位置作为该粒子当前的最好位置。

（4）对于每个粒子，将其适应度与全局极值（全局所经历过的最好位置的适应度）进行比较，若较好，则将该粒子的当前位置作为当前的全局最好位置。

（5）根据速度和位置更新公式，更新种群中每个粒子的速度和位置，并进行边界条件处理。

（6）判断算法是否满足达到最大迭代次数、全局最优位置满足最小界限等终止条件，若满足，则输出最优解并结束算法，否则返回步骤（2）继续搜索。

6.3.3 标准粒子群算法

1．带惯性权重的粒子群算法

对于不同的问题，局部最优能力和全局最优能力拥有不一样的评判标准。基于此，1998 年 Shi 和 Eberhalt 将一个惯性权重因子加入速度更新公式，得到了带惯性权重的粒子群算法。该算法在基本粒子群算法模型的基础上，对于第 $k+1$ 代粒子，其第 $d(1 \leqslant d \leqslant D)$ 维的速度更新公式为

$$\boldsymbol{v}_{id}^{k+1} = w\boldsymbol{v}_{id}^{k} + c_1 r_{1d}^{k+1}\left(\boldsymbol{p}_{id}^{k} - \boldsymbol{x}_{id}^{k}\right) + c_2 r_{2d}^{k+1}\left(\boldsymbol{g}_{d}^{k} - \boldsymbol{x}_{id}^{k}\right) \tag{6-22}$$

式中，w 为惯性权重因子，非负数，通常取值范围为[0.5,1]，控制粒子前一次迭代时的速度对粒子当前速度的影响程度。惯性权重因子的作用是权衡全局最优能力和局部最优能力，该因子有以下几类情况。

$w=0$：粒子失去对自身速度的记忆，很容易趋向于同一位置。

w 较小：粒子当前的速度影响较大，之前的速度影响较小，算法的局部搜索能力较强，全局搜索能力较弱，因此算法倾向于局部探索，精细搜索目前的小区域。

w 较大：粒子之前的速度影响较大，算法的全局搜索能力较强，局部搜索能力较弱，算法易于扩展新的搜索区域，利于全局搜索。

$w=1$：退化成基本粒子群算法。

2．带收缩因子的粒子群算法

标准粒子群算法的另一种形式是由 Clerc 在 1999 年提出的带收缩因子的粒子群算法，它是一种对惯性权重因子 w、加速因子 c_1 和 c_2 的方法描述，其速度更新公式为

$$\boldsymbol{v}_{id}^{k+1} = \chi\left[\boldsymbol{v}_{id}^{k} + c_1 r_{1d}^{k+1}\left(\boldsymbol{p}_{id}^{k} - \boldsymbol{x}_{id}^{k}\right) + c_2 r_{2d}^{k+1}\left(\boldsymbol{g}_{d}^{k} - \boldsymbol{x}_{id}^{k}\right)\right] \tag{6-23}$$

$$\chi = \frac{2}{\left|2 - \phi - \sqrt{\phi^2 - 4\phi}\right|} \tag{6-24}$$

式中，$\phi = c_1 + c_2$，$\phi > 4$。

2001 年，Shi 和 Eberhart 把带收缩因子的粒子群算法与带惯性权重的粒子群算法进行比较，结果表明：带收缩因子的粒子群算法可以获得更出色的收敛速度，但在搜索最优的可靠性上，它比带惯性权重的粒子群算法略有不足。为了改善这种情况，Shi 和 Eberhart 认为要对算法进行一定程度的限定，如预先设定种群搜索空间大小或设定参数为 $v_{\max,d} = x_{\max,d}$。后续研究也证实了设定最大速度限制可对测试函数的求解能力有所改善，能够提高标准粒子群算法的性能。

6.3.4　粒子群算法的优缺点分析

粒子群算法是一种启发式的优化计算方法，它能以较大概率收敛于全局最优解，其有以下几个优点。

1）易于描述和理解

与进化算法相比，粒子群算法保留了基于种群的全局搜索策略，但是其采用的速度-位移模型操作简单，避免了复杂的遗传操作。

2）运行速度较快

粒子群算法的寻优过程只涉及简单的实数加减法、乘法和产生随机数的运算，这些运算速度快，实现简单。

3）种群大小不敏感

相对于其他进化算法，粒子群算法只需要较小的进化种群，即使种群数目减小，性能下降也不是很大。

4）算法易于收敛

相对于其他进化算法，粒子群算法只需要较少的评价函数计算次数就可达到收敛。

5）无集中控制约束

粒子群算法不会因个体的故障影响整个问题的求解，确保了系统具备很强的鲁棒性。

6）可选方案较多

由于每个粒子在算法结束时都保留了其个体的极值，即粒子群算法除了可以找到问题的最优解，还会得到若干较好的次优解，因此将粒子群算法用于调度和决策问题可以给出多种有意义的方案。

7）求解问题范围较广

粒子群算法对优化问题定义的连续性无特殊要求，可用于求解连续性和离散性问题。

8）参数较少

粒子群算法只有非常少的参数需要调整，减少了参数调整的不确定性。

当然，粒子群算法也有缺点，主要集中在以下几个方面。

1）理论基础尚不完备

粒子群算法虽然提供了全局搜索的可能，但并不能严格证明它在全局最优点上的收敛性。

2）易陷入局部最优

粒子群算法在求解复杂的多峰问题时极易陷入局部最优，如对于有多个局部极值点的函数，容易陷入局部极值点，得不到正确的结果。

3）收敛精度不高

由于缺乏精密搜索方法的配合，粒子群算法往往不能得到精确的结果。

4）不具备处理约束条件和处理多目标的机制

针对单目标优化问题，粒子群算法不具备处理约束条件和处理多目标的机制。

5）后期收敛速度慢

粒子群算法后期的收敛速度慢。

6.3.5 粒子群算法的应用

为说明粒子群算法求解军事决策问题的过程，且与遗传算法有一个比较，此处仍然使用目标分配问题进行实例分析，实例的基本内容和数据与 6.2.5 节的相同。使用标准粒子群算法求解的基本过程如下。

第一步：适应度函数构造。

由于本实例的目标函数是对目标的总体损失价值最大，且目标函数值始终为正数，因此，可以直接用目标函数作为适应度函数。

第二步：初始种群生成。

本实例使用实数编码，对于粒子群的位置采用 9 个实数构成的编码串表示各架飞机分配的目标编号，取值为 1～7 的整数；对于粒子群的速度采用 9 个实数构成的编码串表示每个维度上向量的变化速度，取值为$[-v_{\max,d}, v_{\max,d}]$的实数，此处设置$v_{\max,d}=0.8$。根据适应度函数计算每个粒子的位置，并作为初始种群中每个粒子当前的个体最优解（个体历史最优粒子），将所有个体的最优解作为初始化的全局最优解（全局历史最优粒子）。

第三步：更新粒子的位置和速度。

首先采用精英策略，将适应度值最大的粒子直接保留不予更新位置和速度，对其他粒子位置的更新采用式（6-21），速度更新采用式（6-22），其中$c_1=c_2=1.5$，$w=0.8$；再进行边界处理，对超过定义域范围的位置和速度取该范围的极值；更新粒子的个体历史最优和全局历史最优。

第四步：终止条件。

本实例设置终止条件为最大迭代次数，此处设置为 100。

根据上述方法和参数设定，最终得到的最优解结果为“7,1,3,4,2,3,2,5,6”，目标函数值为 0.8770。计算结果表明，第 1 个目标分配了 1 架 H1 型轰炸机、第 2 个目标分配了 1 架 JH1 型、1 架 JH2 型歼轰机，第 3 个目标分配了 1 架 H2 型轰炸机、1 架 JH2 型歼轰机，第 4 个目标分配了 1 架 H2 型轰炸机，第 5 个目标分配了 1 架 QJ1 型强击机，第 6 个目标分配了 1 架 QJ2 型强击机，第 7 个目标分配了 1 架 H1 型轰炸机。这样的目标火力分配，在保证毁伤效果的基础上，能使敌方遭受 0.8770 价值系数的损失。标准粒子群算法迭代的适应度进化曲线如图 6-9 所示。

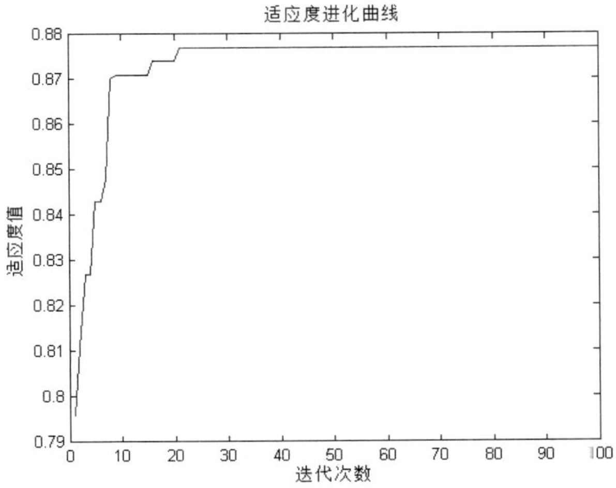

图 6-9 标准粒子群算法迭代的适应度进化曲线

习题

1. 试列举四种以上智能优化算法。遗传算法包括哪些操作算子和基本要素？
2. 遗传算法为什么需要变异算子？
3. 利用 MATLAB 中的遗传算法工具箱解决某一实际问题。
4. 简述粒子群算法和遗传算法的异同。
5. 试给出粒子群算法的位置更新公式，并说明式中各参数的含义。
6. 利用粒子群算法解决某一实际问题。

第七专题　竞争型决策——博弈论

前面讨论的决策问题，都是人和客观环境打交道时会遇到的问题，而客观环境对于决策主体是没有偏好的。但是，在现实生活或者军事作战中，还有一种经常出现的情况，就是决策主体的对方也是一个或几个决策主体，各自为了自身的利益在相互竞争，这就是具有竞争性质的决策问题。例如，在经济领域各个公司为了争夺市场份额展开竞争，在政治领域各个政党为了取得政权而进行竞争，在军事领域敌对双方为了取得战争胜利相互谋算等。

在这些决策主体的互相竞争中，每一方决策主体的行动后果都受到对手的影响，并且这些决策主体之间的利益是相互冲突的，这一类特殊的决策问题被称为竞争型决策问题，也被称为对策问题。竞争型决策的过程也被称为博弈，因此，竞争型决策问题求解方法的基础就是博弈论（也被称为对策论）。

因此，本专题讲述的竞争型决策方法的核心就是博弈论方法。博弈论译自英文“Game Theory”，直译过来就是“游戏理论”或者“赌博理论”。博弈论广泛地应用于经济、政治，甚至军事的局势研究、分析和决策，是研究理性决策主体之间的冲突与合作的理论，具体来讲就是研究决策主体的行为在发生直接相互作用时，决策主体如何进行决策，以及这种决策的均衡问题。

7.1　竞争型决策的基本概念

7.1.1　竞争型决策现象

为了让大家对竞争型决策有一个更为直观、清晰的认知，本节先介绍两个竞争型决策的典型例子，并对它们进行初步分析。其实，竞争型决策的现象普遍存在，大到中美贸易战，小到两个人下棋，都可以归为竞争型决策问题，即博弈问题，它并不像人们想象中那样深奥、复杂。

1. 囚徒困境

“囚徒困境”是竞争型决策中最经典的例子之一，也是博弈论中最经典的例子之一，介绍博弈论一般都从这个例子讲起。

一天，警局接到报案，一位富翁被杀死在自己的别墅中，家中的财物也被洗劫一空。经过多方调查，警方最终将嫌疑人锁定在杰克和亚当身上，因为事发当晚有人看到他们两个神色慌张地从被害人的家中跑出来。警方到两人的家中进行搜查，结果发现了一部分被害人家中失窃的财物，于是将二人作为谋杀和盗窃嫌疑人拘留。

但是到了拘留所里，两人矢口否认自己杀过人。他们辩称自己只是路过那里，想进去偷点东西，结果进去的时候发现主人已经被人杀死了，于是他们随便拿了点东西就走了。这样的解释不能让人信服，再者，谁都知道在判刑方面杀人要比盗窃严重得多。警察决定将两人隔离审讯。

隔离审讯的时候，警察告诉杰克："尽管你们不承认，但是我知道人就是你们两个杀的，事情早晚会水落石出的。现在我给你一个坦白的机会，如果你坦白了，亚当抵赖，那你就是主动自首，同时协助警方破案，你将被立即释放，亚当则要坐 10 年牢；如果你们都坦白了，每人坐 8 年牢；都不坦白的话，可能以入室盗窃罪判你们每人坐 1 年牢，如何选你自己想一想吧。"同样的话，警察也说给了亚当。

一般人可能认为杰克和亚当都会选择抵赖，这样他们只能以入室盗窃的罪名被判刑，每人只需坐 1 年牢。这对于两人来说是最好的一种结局。可结果会是这样的吗？答案是否定的，两人都选择了坦白，结果每人各被判刑了 8 年。

事情为什么会这样呢？杰克和亚当为什么会做出这样"不理智"的选择呢？其实这种结果正是两人的理智造成的。我们先看一下两人坦白与否及其结局的矩阵图，如图 7-1 所示。

		亚当：坦白	亚当：抵赖
杰克	坦白	（−8，−8）	（0，−10）
	抵赖	（−10，0）	（−1，−1）

图 7-1 囚徒困境中两人坦白与否及其结局的矩阵图

当警察把坦白与否的后果告诉杰克的时候，杰克心中就会开始盘算坦白对自己有利，还是抵赖对自己有利。杰克会想，如果选择坦白，要么被当即释放，要么同亚当一起坐 8 年牢；如果选择抵赖，虽然可能只坐 1 年牢，但也可能坐 10 年牢。虽然（−1,−1）对两人而言是最好的一种结局，但是由于是被分开审讯的，信息不通，所以谁也没法保证对方是否会选择坦白。当对方选择坦白时，自己也要选择坦白，因为 10 年大于 8 年；当对方选择抵赖时，自己还是选择坦白，因为 1 年大于 0 年，因此，在不知道对方选择的情况下，选择坦白对自己来说是一种优势策略。于是，杰克会选择坦白。同时，亚当也会这样想。最终的结局便是两个人都选择坦白，每人都要坐 8 年牢。

为什么杰克和亚当每个人都选择了对自己最有利的策略，最后得到的却是最差的结果呢？这其中便蕴含着博弈论的道理。

2. 田忌赛马

齐国大将田忌，平日里喜欢与贵族赛马赌钱。当时赛马的规矩是每一方出上等马、中等马、下等马各一匹，共赛三场，三局两胜制。由于田忌的马比贵族们的马略逊一筹，所以十赌九输。孙膑到田忌的府中做客，经常见田忌同贵族们赛马，对赛马的比赛规则和双方马的实力差距都比较了解。这天田忌赛马又输了，非常沮丧地回到府中。孙膑见状，便对田忌说："明天你尽管同那些贵族们下大赌注，我保证让你把以前输的全赢回来。"田忌相信了孙膑，第二天约贵族们赛马，并下了千金赌注。

孙膑为什么敢打保证呢？因为他对这场赛马的博弈做了分析。双方都派上等马、中等马、下等马各一匹，田忌每一等级的马都比对方同一等级的马差一些，因为没有规定出场顺序，所以比赛的对阵形式可能有六种，每一种对阵形式的结局是很容易猜测的。

第一种对阵形式：上等马对上等马，中等马对中等马，下等马对下等马。结局：三局零胜。

第二种对阵形式：上等马对上等马，下等马对中等马，中等马对下等马。结局：三局一胜。

第三种对阵形式：中等马对上等马，上等马对中等马，下等马对下等马。结局：三局一胜。

第四种对阵形式：中等马对上等马，下等马对中等马，上等马对下等马。结局：三局一胜。

第五种对阵形式：下等马对上等马，上等马对中等马，中等马对下等马。结局：三局两胜。

第六种对阵形式：下等马对上等马，中等马对中等马，上等马对下等马。结局：三局一胜。

在六种对阵形式中，只有一种能使田忌取胜，孙膑采取的正是这一种。赛前孙膑对田忌说："你用自己的下等马去对阵他的上等马，然后用上等马去对阵他的中等马，最后用中等马去对阵他的下等马。"比赛结束之后，田忌三局两胜，赢得了比赛。田忌从此对孙膑刮目相看，并将他推荐给了齐威王。同样的马，只是调整了出场顺序，便取得截然相反的结果。这里边蕴含着博弈论的道理。

在田忌赛马这个故事中，田忌同齐国的贵族们便是博弈的双方，也称为博弈的参与者。孙膑充分了解了各方的信息，也就是比赛的规则与各匹马之间的实力差距，并在六种可以选择的对阵形式中帮田忌选择了一种能争取最大利益的对阵形式，这也就是最优策略。所以说，这是一个很典型的博弈论在实际中应用的例子。

7.1.2 竞争型决策相关理论的发展历史

竞争型决策即博弈，其相关理论就是博弈论的相关知识。在这里还要区分一下博弈与博弈论的概念，以免混淆。它们既有共同点，又有很大的差别。"博弈"的字面意思是赌博和下棋，用来比喻为了利益进行竞争。自从人类存在的那一天开始，博弈便存在，人们身边无时无刻不在上演着一场场博弈。而博弈论则是一种系统的理论，属于应用数学的一个分支。可以说博弈中体现着博弈论的思想，是博弈论在现实中的体现。总之，竞争型决策作为一种争取利益的竞争，始终伴随着人类的发展，但是其相关理论，即博弈论作为一门科学理论，是一门非常年轻并且充满活力的学科，它有一个由静态博弈向动态博弈，由完全信息博弈向不完全信息博弈，由简单博弈向复杂博弈不断发展的过程。

1. 早期形成阶段

博弈论是 1928 年由美籍匈牙利数学家冯·诺依曼建立起来的。他同时是计算机的发明者，计算机在发明最初不过是庞大、笨重的算数器，但是今天已经深深影响了人们生活、工作的各个方面。博弈论也是如此，最初冯·诺依曼证明了博弈论基本原理时，它只不过是一个数学理论，对现实生活影响甚微，所以没有引起人们的注意。

直到 1944 年，冯·诺依曼与莫根施特恩合著的《博弈论与经济行为》发行出版，这本书的面世意义重大，先前冯·诺依曼的博弈论主要研究二人博弈，这本书将研究范围推广到了多人博弈；同时，还将博弈论从一种单纯的理论应用于经济领域。在经济领域的应用，奠定了博弈论发展为一门学科的基础和理论体系。

2. 成长和发展阶段

在第二次世界大战期间，博弈论的思想和研究方法在军事领域的应用推动下，其研究队伍有了很大的发展。纳什加入研究博弈论的队伍是这个时期最重要的事件之一。纳什在 1950 年将博弈论扩展到非零和博弈，提出了著名的"纳什均衡"概念，并证明了纳什均衡存在性的纳什定理，发展了非合作博弈的理论基础。除了纳什的研究成果，这个时期还出现了很多博弈理论家和博弈论研究成果，如囚徒困境博弈的实验。20 世纪 50 年代中后期一直到 20 世纪 70 年代是博弈论发展历史中产生重要理论成果的阶段，如"微分博弈"的概念、"强均衡"的概念、关于重复博弈的"民间定理"。这个期间重要的成果有泽尔滕 1965 年提出的：在博弈方选择"相机计划"的博弈中不是所有的纳什均衡都是合理的，因为可能存在空头威胁的问题。1975 年，人们又提出了"颤抖手均衡"的概念。20 世纪 70 年代，博弈论发展中重要的事件还包括"进化博弈论"的发展。此外"共同知识"在博弈论中的重要性也受到了重视。

3. 成熟与主流经济学融合阶段

20 世纪 80、90 年代是博弈论走向成熟的时期，在这个时期博弈论在经济学中的应用领域越来越广泛，在经济学中的地位达到了最高峰。这个时期的重要理论进展包括"顺退归纳法"、"序列均衡"的概念、《进化和博弈论》的出版、"完美贝叶斯均衡"的概念。正是在这个时期，博弈论受到了经济学家真正的广泛的重视，并被看作经济学核心的分析方法。也正是从这个时期开始，博弈论的思想、词汇开始在经济学杂志上大量出现。博弈论之所以在经济学中的地位上升得这么快，是因为：首先，现代经济活动的规模越来越大，对抗性竞争性越来越强，因此，经济活动的博弈性越来越强；其次，信息技术和社会经济信息化的发展使得人们对认识信息的作用和规律的要求不断提高，从而促进了信息经济学的发展，因此，信息经济学的发展也对博弈论的发展起到了促进作用。

7.1.3 竞争型决策的组成要素

对任意一个竞争型决策的分析都必须从描述该竞争型决策的特征出发，因此，我们需要了解用来描述竞争型决策的一般形式或者结构，也就是竞争型决策的组成要素，这也是分析竞争型决策的基础和重点。

一般来说，任意一个竞争型决策都具备以下 3 个基本组成要素：参与者、可供参与者选择的策略和参与者的支付。

具备上述 3 个组成要素的竞争型决策被称为策略式博弈，策略式博弈是一类最基础的竞争型决策，也被称为标准式博弈。竞争型决策的另外一种形式也比较常见，被称为扩展式博弈，一般一个扩展式博弈除了包含策略式博弈的 3 个基本组成要素，还可以包含下面一个或者多个组成要素：行动的次序、信息结构、所有随机事件的概率分布等。

从以上描述可以看出，策略式博弈并没有考虑行动的次序、信息结构和所有随机事件的概率分布等事项，这些可被笼统地称为博弈的规则。而扩展式博弈可以包含对行动的次序或者信息结构等的全面描述。

下面详细介绍竞争型决策的组成要素。

1．参与者

参与者就是指在竞争型决策过程中独立决策、独立承担结果的决策主体，也被称为博弈方或者局中人。参与者可能是自然人，也可能是各种社会组织，如企业、国家、联盟等。参与者的划分标准是，他们是否统一决策、统一行动、统一承担结果等，通常也就是利益一致的参与者作为竞争型决策的一方，并不是看数量的多少，如囚徒困境中有两个参与者，分别是杰克和亚当。

通常，假设竞争型决策中的参与者都是理性的，理性可以划分为完全理性、有限理性和非理性。完全理性的参与者总是会以效用最大化的方式行动，总是能够考虑所有的可能，并对任意复杂的过程进行推论；有限理性的参与者所获得的信息和推理能力都是有限的，所能够考虑的方案也是有限的，未必能够做出使效用最大化的决策；而非理性则是完全理性的对立面，非理性的参与者的决策毫无一致性可言。尽管非理性也有很多非常有意义的现象，但是竞争型决策中讨论的参与者的理性一般主要指完全理性和有限理性。

参与者的理性按照理性的对象来划分，可以分为集体理性和个体理性。集体理性是指参与者的行为动机是为了追求集体利益的最大化；而个体理性则是指参与者的行为动机是为了追求个体利益的最大化。

参与者的理性分类如图 7-2 所示。

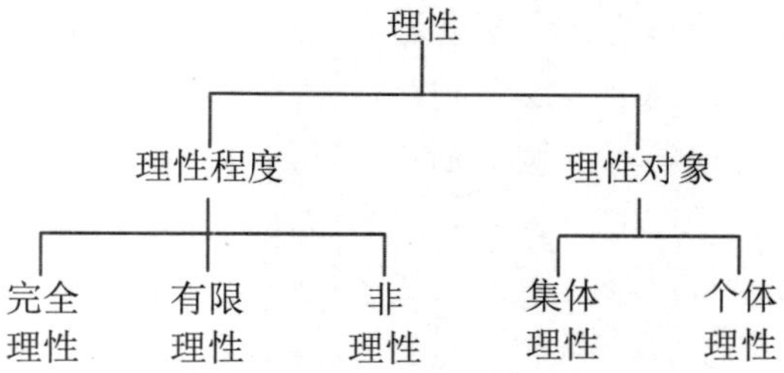

图 7-2　参与者的理性分类

2．可供参与者选择的策略

可供参与者选择的策略是指每个参与者在进行决策时（同时或先后，一次或多次）可以选择的方法、做法等，也就是决策问题要素中的备选方案。一个参与者所有的可选策略被称为这个参与者的策略集合，所有参与者都选定自己的一个策略时，所有这些策略所组成的匹配被称作一个策略组合。例如，在囚徒困境中，两个参与者杰克和亚当的策略集合都是（坦白，抵赖），他们的策略组合分别是（坦白，坦白）、（坦白，抵赖）、（抵赖，坦白）和（抵赖，抵赖）。

在竞争型决策中，参与者不一定会选择某个特定的策略。譬如，对参与者 i 来说，A 和 B 策略都很好，这令 i 拿不定主意。i 或许会随机选择其中一个，或许会按其偏好进行选择。这样的“策略”显然与此前的“策略”一词的含义不同，因此，可以引入“混合策略”的概念。参与者的一个混合策略是指他可采取的一种“根据概率分布对策略进行选择”的行动。比如，参与者 i 有两个策略 A 和 B，他以1/3 的概率选 A，以 2/3 的概率选 B，这样将所有可能分配给两个策略，构成的就是一个“混合策略”。

为了有所区别，将一般的策略称为“纯策略”，需要特别注意的是，纯策略是混合策略的特殊情况，二者是包含关系而不是对立关系。

3. 参与者的支付

参与者的支付即每个参与者从各种策略组合中获得的益损或效用，参与者的支付实质上是策略组合对应的益损或效用，是策略组合的函数。例如，在囚徒困境竞争决策模型中，两个参与者杰克和亚当的策略组合（坦白，坦白）的支付是（−8，−8），策略组合（抵赖，抵赖）的支付是（−1，−1）。

上述 3 个基本组成要素是构成一个竞争型决策的基本部分，它们构成了竞争型决策的标准型。在一个有 n 个参与者的竞争型决策的标准型表述中，参与者的策略集合为 $S_1,S_2,\cdots,S_n$，益损函数为 $u_1,u_2,\cdots,u_n$，在此用 $G=\{S_1,S_2,\cdots,S_n;\ u_1,u_2,\cdots,u_n\}$表示此竞争型决策。

4. 行动的次序

在现实的各种决策活动中，当存在多个独立决策方进行决策时，有时候这些决策方必须同时做出选择，因为这样能保证公平合理。而很多时候各决策方的决策又必须有先后之分，并且，在一些决策中每个决策方还要做不止一次的决策选择，这就免不了有一个次序问题。因此，规定一个决策就必须规定其中的次序，不同的次序必然是不同的决策，即使其他方面都相同。

5. 参与者行动时掌握的信息

信息是决策方有关决策的知识，如有关其他决策方的策略、收益等知识。信息的多少是影响其策略选择的一个重要因素，直接关系到决策的准确性。参与者应尽可能多地收集有关行动的信息，从而在决策时掌握主动权。

7.1.4　竞争型决策的分类

竞争型决策在现实中的应用非常广泛，所采用的研究方法也是复杂多样的，为了从整体上把握竞争型决策的特点和应用场合，需要对竞争型决策进行系统分类。竞争型决策可以结合其组成要素进行分类，如参与者的数量、策略的数量、得益状况、行动的次序、信息结构等。一般来讲，竞争型决策的分类不同，所采用的研究方法相应不同，有关互动机理的分析也会不同。

1．按照参与者的数量

按照参与者的数量，可将竞争型决策（以下称为博弈）分为两人博弈和多人博弈。

（1）两人博弈就是存在两个各自独立决策，但策略和支付具有相互依存与制约关系的参与者的竞争型决策。两人博弈是竞争型决策中较为常见、也是被研究得较多的类型。前面介绍的囚徒困境、田忌赛马都属于两人博弈问题。本专题主要介绍两人博弈的相关理论和方法。

（2）多人博弈是指有三个或三个以上参与者进行的博弈。多人博弈也是参与者在意识到其他参与者的存在，意识到存在其他参与者对自己决策的反应和反作用的情况下，寻求自身最大利益的决策活动，只是其他参与者不是一个，而是两个或更多。在分析参与者的策略行为时，不仅要考虑两两之间的相互作用，还要考虑参与者可能会形成的联盟。因此，这种情况比两人博弈时的更加复杂。此时，参与者在决策时是否面临强力约束将直接引出博弈分析的两种思路：非合作博弈与合作博弈。无论哪种博弈，人们在分析参与者的策略行为时都要考虑可能发生的联盟对均衡策略的影响。

2．按照策略的数量

按照策略的数量，可将博弈分为有限博弈和无限博弈。

（1）有限博弈是指各个参与者的可选策略是有限个的博弈。囚徒困境、田忌赛马都是有限博弈。有限博弈只有有限种可能的结果，可用支付矩阵法、扩展型法或简单罗列法，将所有的策略、结果及对应的支付列出。本书用来使读者学习竞争型决策的知识，而非解决特定问题，一般情况下，2～5 个策略就已经足够说明问题，所以本专题涉及的所有竞争型决策都是有限博弈。

（2）无限博弈是指至少有一个参与者的策略是无限多个的博弈。这种博弈的全部策略、结果或支付一般只能用数集或函数加以表示。需要指出的是，还有一种情况，就是参与者的数量是无限的，这种博弈也被称为无限博弈。

3．按照得益状况

按照得益状况，可将博弈分为零和博弈、常和博弈及变和博弈。

（1）零和博弈是所有参与者的得益总和始终为零的博弈，其是最常见的一种博弈类型，同时是被研究得较早、较多的博弈。可以说，在“纳什均衡”理论出现之前，博弈论中的研究重点就是零和博弈。在这种博弈问题中，参与者之间的利益始终是对立的，一方的收益必定是另一方的损失，某些参与者的赢肯定来源于其他参与者的输。这种博弈普遍存在于各种赌局中，如本专题前面所介绍的田忌赛马就是这样的博弈。

（2）常和博弈是所有参与者的得益总和始终为某一非零常数的博弈，也是很普遍的博弈类型。常和博弈在本质上与零和博弈相同，可以通过将所有的得益减去某一相同数值而变为零和博弈。当然，零和博弈也可被视为常和博弈的一种特例。在常和博弈中，参与者之间的利益也是相互对立的，更易引发竞争和冲突。常和博弈常用于分析固定份额财富或资源的分配，如联合国气候变化大会上大国之间就指定的碳排放量的分配、子公司之间的红利分配、企业年终奖的分配等；在积分制的竞技体育中也常见这种博弈，如排球比赛，获胜的团队获得 1 分，否则得 0 分。

（3）变和博弈是指博弈中参与者的得益总和会随着策略组合的不同而变化。在这种博弈中，参与者之间的利益既对立又统一，既不能完全避免竞争，又有合作的可能性，在人际互动中常见的“双赢”，就是一种变和博弈。变和博弈是较一般的博弈类型，常和博弈与零和博弈都是它的特例。而本专题所要讨论的竞争型决策大部分属于变和博弈。这类博弈的应用也很广泛，例如，已经提及的囚徒困境就属于变和博弈；又如，足球联赛中胜方积 3 分，平局各积 1 分，每场比赛的积分之和要么为 3 分，要么为 2 分。总之，这种博弈的结果可以从总得益的角度分为有效率的、无效率的、低效率的，也就是可以站在社会利益的立场上对它们做效率方面的评价。

4．按照行动的次序

按照行动的次序，可将博弈分为静态博弈、动态博弈和重复博弈。

（1）静态博弈是指，所有参与者同时或可看作同时选择策略的博弈。各参与者是同时决策的，或者虽然各参与者决策的时间不一定真正一致，但在他们做出选择之前不允许知道其他参与者选择的策略，在知道其他参与者选择的策略之后则不能改变自己的选择，从而各参与者的选择仍然可以被看作是同时做出的。前面介绍的囚徒困境、田忌赛马都属于静态博弈。

（2）动态博弈指的是，参与者的决策行动是有先后顺序的，而且后决策行动的参与者能够观察到先决策行动的参与者所选择的策略的博弈。除了各参与者同时决策的静态博弈，还有大量现实决策活动构成的博弈，各参与者的选择和行动不仅有先后次序，而且后选择、后行动的参与者在自己选择或行动之前，可以看到其他参与者的选择，人们把这种博弈称为动态博弈，或多阶段博弈。在动态博弈中，常见的一类是纸牌游戏和弈棋游戏。在这类游戏中，规则明确规定了每个参与者的行动次序，而且会涉及未被允许的出牌（棋）。当然，未被允许的出牌既有可能是统一而定的，也有可能是根据历史行动而定的。一般而言，先行动参与者的行动不仅影响后行动参与者所对应的策略集合大小，还可能影响未来参与者的数量，自然也会影响后行动参与者的最优选择。

（3）重复博弈是指，同一个博弈反复进行所构成的整体博弈，简单来说就是同一个博弈在相同的环境条件下重复进行。不同于静态博弈和动态博弈，重复博弈是一种特殊的博弈，构成重复博弈的一次性博弈叫作元博弈或阶段博弈，如“剪刀石头布”游戏、在两个国家间不定期上演的贸易制裁与反制裁等。与一次性博弈相比，重复博弈的决策方法及最后的决策结果是有明显区别的。在一次性博弈中，由于参与者之间的博弈只有一次，参与者只需顾及眼前利益即可，只要有利可图，参与者无须考虑公平与合作问题。但是在重复博弈中参与者必须考虑后继博弈的影响，如果参与者因在某一阶段选择了自私行为而伤害了对方，那么他必须顾忌在后继阶段对方报复的可能性与后果。

5．按照信息结构

按照信息结构，可将博弈分为完全且完美信息博弈、完全但不完美信息博弈和不完全信息博弈。

在网上流传着这样一个故事：一个古董商发现某人用珍贵的茶碟装猫食，于是假装对他的猫非常喜爱，想从他手里买下这只猫。猫主人一口回绝。为此古董商狠心出了高价，才说服猫主人成交。成交后，古董商装作不经意地说："这个碟子它用习惯了，就一块儿送我吧。"猫主人微微一笑："你知道用这个碟子，我卖了多少只猫吗？"

在这个故事中，古董商掌握着"茶碟是古董"这个信息，非常得意，并自作聪明地认为养猫人不知道。谁知猫主人不但知道，而且利用了古董商"认为自己不知道"的错误认知，更胜一筹。在现实生活中也常出现类似的情境，即参与者之间并不是相互知根知底的。但是，正如"知己知彼，百战不殆"所言，一个人对信息的掌握在很大程度上将会影响他的决策和结果。一般而言，拥有的信息越多，正确决策的可能性越大。因此，博弈的参与者会想尽办法收集信息，使自己的信息尽可能完备。换言之，参与者希望将不完全信息的博弈尽可能完备化。由此，我们也可以看出信息在博弈中的重要作用。

首先介绍参与者在博弈中所需要掌握的两类信息：一类是支付的信息；另一类是过程的信息。

关于支付的信息，它指每个参与者在每一种策略组合下的结果所对应的支付（或者得益）状况。按照各个参与者在博弈中所需要掌握的支付信息是否完整，可以将博弈分为完全信息博弈和不完全信息博弈。如果博弈时每个参与者的支付信息都被其他参与者了解了，也就是每个参与者的支付信息是共同知识，则称该博弈是完全信息博弈，本专题前面讲述的囚徒困境和田忌赛马都是完全信息博弈。如果存在某一个或几个参与者的支付信息不为他人所知，仅是自己的私人信息，即博弈的信息是不完全的，则称该博弈是不完全信息博弈。

过程的信息，一般存在于动态博弈中，是指参与者博弈过程中产生的信息。关于对过程信息的理解，我们以猜硬币博弈的例子进行讲述。两人在进行猜硬币博弈，首先由盖硬币方选择 1 元硬币的正面（有面额的一面）向上或反面向上，然后将之盖在桌面上。猜硬币方猜是正面向上还是反面向上。如果猜对了，则猜硬币方赢 1 元，盖硬币方输 1 元。否则，猜硬币方输给盖硬币方 1 元。在这个博弈中，所有参与者、参与者的行动集合及每个结果所对应的得益都是共同知识。但是，这个博弈是有行动次序的，可依照双方的行动次序画出树状图。首先是盖硬币方的两个选择：正面向上、反面向上。无论盖硬币方如何行动，猜硬币方都面临两个选择：猜正面向上、猜反面向上。因此，共有 2×2 种结果，对应得益如图 7-3 所示，这是一个动态博弈。从博弈的要素来看，它属于扩展式博弈。因此，图 7-3 所示的树状图被称为该博弈的扩展式表示。假如现在轮到猜硬币方行动，那么，硬币到底正面向上还是反面向上呢，他是不知道的。因此，在图 7-3 所示的树状图中，猜硬币方不知道自己处在左侧还是右侧节点上。博弈论认为此时猜硬币方处于多信息集节点上。要在多信息集节点上做出准确无误的行动是非常困难的，因为同一个行动在不同节点上对应完全相反的结果，因此称猜硬币方的过程信息是不完美的。类似的情境比比皆是，例如，在扑克游戏中若有人忘记了对手是否出过某张牌，此时他无法辨明自己处于"出过"和"没出过"这两个节点中的哪一个上。按照各个参与者在博弈中所需要掌握的过程信息是否完整，可以将博弈分为完美信息博弈和不完美信息博弈。

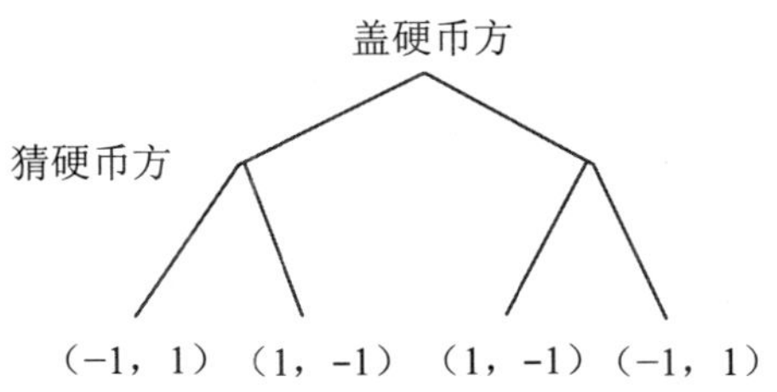

图 7-3　猜硬币得益

（1）完全且完美信息博弈：如象棋对弈。对弈双方都知道每局结束所对应的得益，也知道自己处于博弈树状图（扩展式）的哪一步——即使忘记了历史行动，看看棋盘便知，不会与其他棋局混淆。

（2）完全但不完美信息博弈：如常见的麻将游戏。在打麻将过程中，所有玩家都对各种结果（“和牌”）所对应的输赢数额一清二楚，也知道麻将的规则，此为信息完全。但是，所有玩家都不知道其他玩家手中的牌，这是不完美信息。例如，某一玩家打出“三萬”，其他玩家不知道该玩家是否还有一个“三萬”，因此其他玩家无法断定该玩家到底处于“有”和“没有”这两个节点中的哪一个上。

（3）不完全信息博弈：如情侣之间的表白。假设一个男生向一个女生表白，男生有（表白，沉默）两种策略（行动），女生有（拒绝，接受）两种策略。虽然男生对 4 种策略组合给自己所带来的得益能够主观感知，但是他不知道对方的真实感受。女生亦如此。所以，当尝试用前面所述的矩阵来表示这个博弈时，将会发现这个静态博弈矩阵无法被表示出来。

此外，按照参与者的理性程度，博弈可分为合作博弈和非合作博弈。当然也可从多个角度对博弈进行混合划分。例如，从参与者行动的次序和信息结构两个维度进行划分，博弈可以分为完全信息静态博弈、完全且完美信息动态博弈、完全但不完美信息动态博弈、不完全信息静态博弈、不完全信息动态博弈。

由于本书主要介绍决策的相关理论与方法，并不专门介绍博弈论，博弈只是本书中的一个专题，因此，本专题后面的内容主要介绍博弈中基本的完全信息静态博弈和完全且完美信息动态博弈，对完全但不完美信息动态博弈、不完全信息静态博弈、不完全信息动态博弈不做介绍，要了解其更为深入的知识，请阅读有关博弈论的书籍。

7.2　完全信息静态博弈

7.2.1　基本概念

从古董商和猫主人的博弈中，我们可以看出信息在整个决策过程中的重要作用，后面在介绍具体博弈问题的针对性决策方法过程中，本专题遵照由简到繁的原则，首先介绍完全信息静态博弈。完全信息静态博弈，顾名思义，完全信息指的是所有参与者清楚地了解与博弈有关的所有信息，静态是指博弈的参与者同时行动，或在行动时不知晓对方的行动，同时满足完全信息和静态这两个条件的博弈即完全信息静态博弈。

从以上描述中可以看出，前面介绍的囚徒困境和田忌赛马都属于完全信息静态博弈。接下来以囚徒困境为例，对完全信息静态博弈的概念内涵进行展开描述。囚徒困境由梅利尔·弗勒德（Merrill Flood）和梅尔文·德雷希尔（Melvin Dresher）于1950年提出，后来被艾伯特·塔克以囚徒的方式阐述出来。为了用博弈论的语言来描述它，首先需要明确博弈的3个基本组成要素。参与者：杰克和亚当。策略集合：每个参与者可选择的只有“坦白”策略和“抵赖”策略，所以，他们的策略集合都是{坦白，抵赖}。支付：博弈结束后，参与者可得到的回报。在囚徒困境中，双方得到的回报由双方所选策略决定。例如，当杰克选择“坦白”而亚当选择“抵赖”时，杰克的支付为0，亚当的支付为−10。上述三点对于两个参与者而言是共同知识。同时，两个参与者是理性的，将选取能够最大化自己利益的策略。

厘清3个基本组成要素后，可用博弈论的语言重述完全信息静态博弈。认为完全信息静态博弈的概念内涵就是：每个参与者都拥有其他所有参与者的特征、策略集合和得益函数等方面的准确信息，这样的博弈被称为完全信息博弈。参与者同时行动，或者非同时行动但后行动者观察不到先行动者选择的策略，称为静态博弈。同时满足完全信息和静态两个条件的博弈被称为完全信息静态博弈。完全信息静态博弈是非合作博弈最基本的类型。

7.2.2 寻找均衡点的两种基本方法

在囚徒困境的例子中，“双方都坦白”是这场博弈极为可能出现的结果，而且这一结果非常“稳定”。假如任何一个人单方面地改变自己的选择，将会得到更差的结果。所以没有人单方面更改策略，双方处于一种胶着的状态，即均衡状态。那么，应该如何分析并求得这些均衡呢？本节介绍两种寻找均衡点的基本方法。

1. 画线法

画线法的基本思路：找出一个参与者针对其他参与者每种策略或策略组合（对多人博弈）的最优对策，即自己的可选策略中与其他参与者的策略或策略组合配合，给自己带来最大得益的策略（这种相对最优对策总是存在的，不过不一定唯一）。若存在一个策略组合，使得所有参与者的支付值下都被画了线，则该策略组合就是一个均衡点。

下面通过一个简单的例子来分析画线法是怎样寻找均衡点的。假设有一个完全信息静态博弈，有两个参与者，分别是甲和乙，甲的策略集合为{上，中，下}，乙的策略集合为{左，中，右}，他们策略组合的支付（或者得益）情况如图7-4所示，括号中第1个数字表示甲的支付情况，第2个数字表示乙的支付情况。

		乙 左	乙 中	乙 右
甲	上	（0，4）	（4，0）	（5，3）
甲	中	（4，0）	（0，4）	（5，3）
甲	下	（3，5）	（3，5）	（6，6）

图7-4　策略组合的支付（或者得益）情况

首先分析在乙的策略下甲的选择。对于甲来说，如果乙选择“左”，那么比较第一列括号中的第 1 个数字（图 7-5 中被框出的数字）的大小，由于 4>3>0，因此甲应选择“中”，于是在“中”对应的“4”下方画一条线，如图 7-5 所示。

乙

		左	中	右
	上	(0，4)	(4，0)	(5，3)
甲	中	($\underline{4}$，0)	(0，4)	(5，3)
	下	(3，5)	(3，5)	(6，6)

图 7-5　博弈局面画线法示例 1

同理，如果乙选择“中”，那么甲应该选择“上”；如果乙选择“右”，那么甲应该选择“下”，分别在对应选择策略的支付下画线，如图 7-6 所示。

乙

		左	中	右
	上	(0，4)	($\underline{4}$，0)	(5，3)
甲	中	($\underline{4}$，0)	(0，4)	(5，3)
	下	(3，5)	(3，5)	($\underline{6}$，6)

图 7-6　博弈局面画线法示例 2

接下来分析在甲的策略下乙的选择。对于乙来说，如果甲选择“上”，那么比较第一行括号中的第 2 个数字（图 7-7 中被框出的数字）的大小，由于 4>3>0，因此乙应选择“左”，于是在“左”对应的“4”下方画一条线，如图 7-7 所示。

乙

		左	中	右
	上	(0，$\underline{4}$)	($\underline{4}$，0)	(5，3)
甲	中	($\underline{4}$，0)	(0，4)	(5，3)
	下	(3，5)	(3，5)	($\underline{6}$，6)

图 7-7　博弈局面画线法示例 3

同理，如果甲选择“中”，那么乙应该选择“中”；如果甲选择“下”，那么乙应该选择“右”，分别在对应选择策略的支付下画线，如图 7-8 所示。

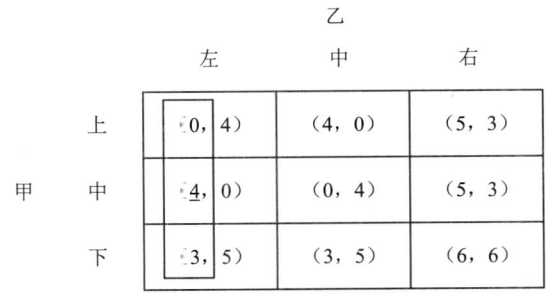

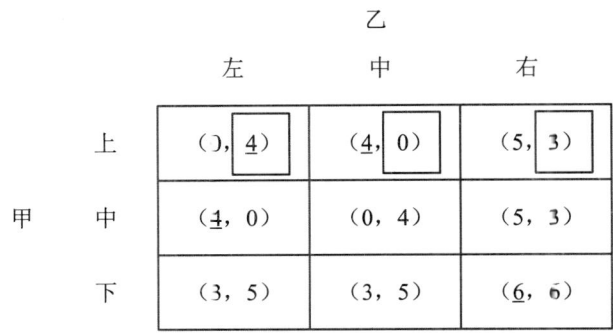

		乙		
		左	中	右
	上	（0，$\underline{4}$）	（$\underline{4}$，0）	（5，3）
甲	中	（$\underline{4}$，0）	（0，$\underline{4}$）	（5，3）
	下	（3，5）	（3，5）	（$\underline{6}$，$\underline{6}$）

图 7-8　博弈局面画线法示例 4

通过以上分析可以得出，甲和乙的策略组合（下，右）的支付值（6，6）下都被画了线，可以得出该博弈局面的均衡点为（下，右），如图 7-9 所示。

		乙		
		左	中	右
	上	（0，$\underline{4}$）	（$\underline{4}$，0）	（5，3）
甲	中	（$\underline{4}$，0）	（0，$\underline{4}$）	（5，3）
	下	（3，5）	（3，5）	（$\underline{6}$，$\underline{6}$）

图 7-9　博弈局面画线法示例 5

从上述分析可以看出，画线法紧扣分析的重点——支付，通过画线寻找均衡。

2．箭头法

箭头法的基本思路：考察在每个策略组合处各个参与者能否通过单独改变自己的策略而增加收益，若能，则从所分析策略组合对应的支付值数组引一箭头到改变策略后策略组合对应的支付值数组。若博弈局面存在一个策略组合，其支付值数组只有进来的箭头而没有出去的箭头，则该策略组合就是均衡点。该方法实质上是一种“趋利避害”的动态分析方法。

上面的例子比较复杂，这里以囚徒困境这个简单例子来说明箭头法是怎样寻找均衡点的。囚徒困境的博弈局面如图 7-10 所示。

		亚当	
		坦白	抵赖
杰克	坦白	（−8，−8）	（0，−10）
	抵赖	（−10，0）	（−1，−1）

图 7-10　囚徒困境的博弈局面

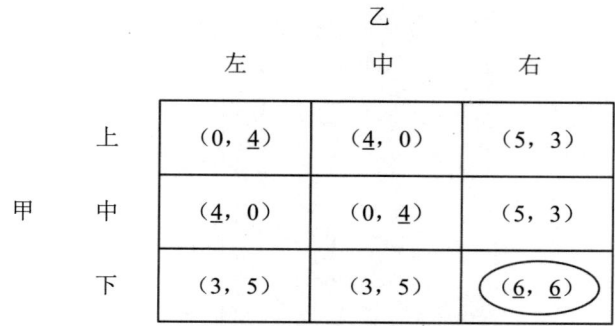

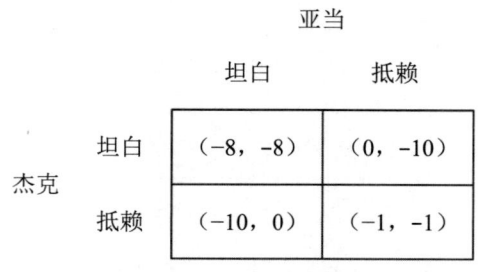

首先，随机从策略组合的矩阵中选择一个策略组合，以该策略组合下一个参与者可以单独改变策略而获利的支付值点为起点，开始画箭头推理，这里先以（抵赖，抵赖）为例。对杰克而言，既然亚当选择“抵赖”，自己如果改变策略，达成策略组合（坦白，抵赖），那么收益可以更高（0>−1），于是可从（抵赖，抵赖）中杰克的支付值点出发，第一个箭头从（抵赖，抵赖）指向（坦白，抵赖）。在（坦白，抵赖）这种策略组合下，杰克选择了坦白，那么亚当也会改变策略，达成策略组合（坦白，坦白），亚当的收益也可以更高（−8>−10），于是亚当也会改变策略，第二个箭头从（坦白，抵赖）指向（坦白，坦白）。而在策略组合（坦白，坦白）下，谁也不会独自改变策略而单独获利，因此，谁都不会改变策略。因此，（坦白，坦白）这种策略组合只有进去的箭头，没有出来的箭头，它就是一个均衡点，如图 7-11 所示。从其他随机策略组合出发进行画箭头的分析过程可以参照上述过程进行。

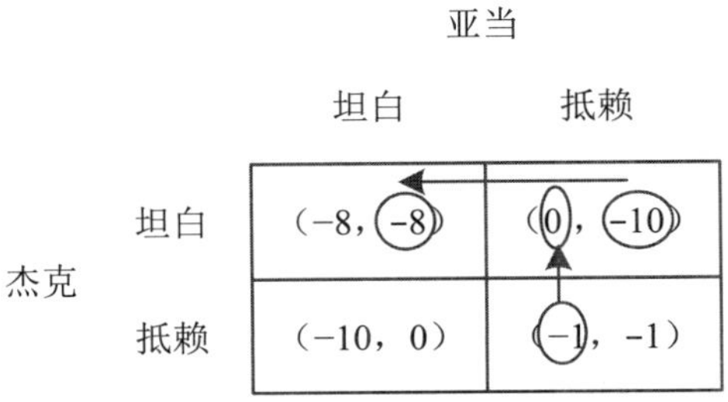

图 7-11 囚徒困境的箭头法分析过程

从上述分析可以看出，箭头法逐步寻找博弈何时能达到稳定，模拟动态演化过程。

7.2.3 两种特殊的均衡

1. 占优战略均衡

占优战略就是指不管其他参与者的策略如何，该参与者总能找到一个最优策略，这个最优策略被称为上策。关于上策，《魏书・崔浩传》是这样描述的：今不劳兵马，坐观成败，斗两彪而收长久之利，上策也。更进一步，如果在博弈中每个参与者都有上策，这些上策所构成的策略组合必然会受到所有参与者的欢迎，我们称这样的策略组合为该博弈的一个均衡点，这种均衡被称为占优战略均衡。

例如，囚徒困境中的“坦白”策略，对于亚当选择“坦白”，无论杰克选择“抵赖”还是“坦白”，自己的收益都不会少于自己任何其他选择（“抵赖”策略）带来的收益。所以，“坦白”是一个“上策”，对于杰克来说，也是如此，“坦白”是一个“上策”，因此，（坦白，坦白）是囚徒困境这一博弈局面的均衡点，是一种占优战略均衡。

在博弈 $G=\{S_1,S_2,\cdots,S_n;\ u_1,u_2,\cdots,u_n\}$ 中，如果对所有的参与人 I，s_i^* 是它的占优战略，那么所有参与人选择的战略组合（$s_1^*,s_2^*,\cdots,s_n^*$）成为该博弈的占优战略均衡。

对于占优战略均衡，其均衡分析是基本的博弈分析方法，占优战略均衡非常稳定，根据上策均衡可以做出最肯定的预测，因为它反映了参与者对策略的绝对偏好。占优战略均衡不是普遍存在的，无论其他参与者选择何种策略，某一个参与者的某种策略给他带来的得益总能严格高于其他任何可选策略，我们称这样的策略为该参与者的一个“上策”。

2. 重复剔除的占优战略均衡

先来看另一个经典的博弈——智猪博弈。智猪博弈的局面是这样的：猪圈中有一头大猪和一头小猪，在猪圈的一端设有一个按钮，每按一下，位于猪圈另一端的食槽中就会有 10 单位的猪食进槽，但每按一下按钮会耗去相当于 2 单位猪食的成本。如果大猪先到食槽，则大猪吃到 9 单位猪食，小猪仅能吃到 1 单位猪食；如果两头猪同时到食槽，则大猪吃 7 单位猪食，小猪吃 3 单位猪食；如果小猪先到食槽，那么大猪吃 6 单位猪食而小猪吃 4 单位猪食。图 7-12 所示为智猪博弈的博弈局面 1。

		大猪：按	大猪：等待
小猪	按	（1，5）	（−1，9）
	等待	（4，4）	（0，0）

图 7-12　智猪博弈的博弈局面 1

由于对大猪来说，小猪选择“按”，它就选择“等待”，小猪选择“等待”，它就选择“按”，因此，对于大猪，没有严格的上策。很显然，智猪博弈的局面不是占优战略均衡。

既然不是所有博弈中都存在备受欢迎的“上策”，那么让我们换个思维方式，看看是否存在没人喜欢的“下策”。比如，囚徒困境，无论对手的策略如何，“抵赖”都不如“坦白”，此时称“抵赖”是相对于“坦白”的“严格下策”。

推而广之，如果一个参与者的某个策略给他带来的收益总是比另一种策略所带来的收益少，该策略对于该参与者来说就是“严格下策”，无论在什么时候，参与者都不会选择该策略。因此，可以将包含该策略的所有策略组合消去，这样就可以简化博弈局面，一直循环往复，不断消去“严格下策”，直到只剩一个策略组合为止，这个策略组合就是该博弈局面的均衡点，这种均衡被称为重复剔除的占优战略均衡，也被称为严格下策反复消去占优战略均衡。

可以使用这样重复剔除严格下策的方法来寻找智猪博弈的均衡点。通过以上分析可以看出，对于大猪来说，没有严格的上策，当然它也没有严格的下策，因此，我们只能寻找小猪的下策。对于小猪来说，大猪选择“按”，它就选择“等待”，大猪选择“等待”，它就选择“等待”，因此，对于小猪来说，“按”是它的严格下策，无论大猪怎样决策，它都不会选择去按，因此，可以将小猪的“按”策略所在的策略组合全部消去，如图 7-13 所示。这样的话，小猪只能选择等待。对于大猪来说，它选择“按”的收益要大于它选择“等待”的收益（4>0），因此，在消去了小猪的严格下策之后，“等待”是大猪的严格下策，需要将它消去，如图 7-14 所示。这样，智猪博弈的博弈局面就只剩下（等待，按）策略组合，该策略组合就是一个均衡点。

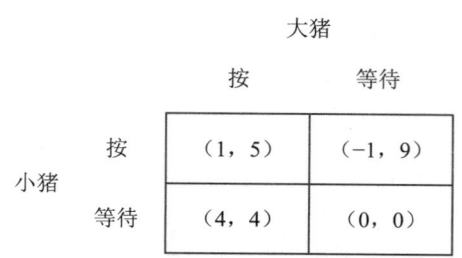

对智猪博弈的分析：这个博弈没有占优战略均衡，因为大猪没有下策，但是，小猪有一个下策即“按”，因为无论大猪做何选择，小猪选择“等待”比选择“按”更好一些。所以，如果小猪是理性的，小猪会剔除“按”，而选择“等待”；大猪知道小猪会选择“等待”，从而自己选择“按”，所以，可以预料博弈的结果是（等待，按）。这被称为重复剔除的占优战略均

衡，其中小猪的策略“等待”占优于策略“按”，而给小猪剔除了下策“按”后，大猪的策略“按”又占优于策略“等待”。其实这是力量为弱势的一个典型例子，大猪出力，小猪抢食。

		大猪：按	大猪：等待
小猪	按	~~（1，5）~~	~~（-1，9）~~
小猪	等待	（4，4）	（0，0）

图 7-13　智猪博弈的博弈局面 2

		大猪：按	大猪：等待
小猪	按	~~（1，5）~~	~~（-1，9）~~
小猪	等待	（4，4）	~~（0，0）~~

图 7-14　智猪博弈的博弈局面 3

根据智猪博弈的结论，在一个双方公平、公正、合理和共享的竞争环境下，有时占优势的一方最终得到的结果却有悖于其初始理性，因为占有更多资源者，必须承担更多的义务。

在寻找智猪博弈的均衡点时，可以将重复剔除严格下策的方法归纳如下。

（1）找出某一博弈参与者的严格下策，将它剔除，重新构造一个不包括已剔除策略的博弈。

（2）继续剔除这个新的博弈中某一参与者的严格下策。

（3）重复进行这一过程，直到剩下唯一的参与者策略组合为止。

智猪博弈可以被用来解释为什么中小企业不会花钱去开发新产品的现象。在技术创新市场中，大企业就好比大猪，他们投入大量资金进行技术创新，开发新产品，而中小企业就好比小猪，不会进行大规模技术创新，而是等待大企业的新产品形成新的市场后生产模仿大企业新产品的产品去销售。因此，在这种情况下，市场中会出现很多模仿大企业新产品的产品。

重复剔除的占优战略均衡也出现在军事的案例中，如俾斯麦海的海空对抗。1943 年 2 月，第二次世界大战中的日本，在太平洋战区已经处于劣势。为扭转局势，日本统帅山本五十六对其统率下的一支舰队策划了一次军事行动：由集结地——南太平洋的新不列颠群岛的蜡包尔出发，穿过俾斯麦海，开往新几内亚的莱城，支援困守在那里的日军。

当盟军获悉此情报后，盟军统帅麦克阿瑟命令太平洋战区空军司令肯尼将军组织空中打击。日本统帅山本五十六心里很明白，在日本舰队穿过俾斯麦海的三天航行中，不可能躲开盟军的空中打击，他要策划的是尽可能减少损失。日美双方的指挥官及参谋人员都进行了冷静的思考与全面的谋划。未来 3 天气象预报：北线阴雨，能见度差；南线晴好，能见度好。肯尼将军的轰炸机布置在南线机场，侦察机全天候进行侦察，但有一定的搜索半径。

经测算，双方均可得到如下估计。

局势 1：盟军的侦察机重点搜索北线，日本舰队也恰好走北线。由于气候恶劣，能见度差，盟军只能实施两天的轰炸。

局势 2：盟军的侦察机重点搜索北线，日本舰队走南线。由于发现晚，尽管盟军的轰炸机群在南线，但有效轰炸也只有两天。

局势 3：盟军的侦察机重点搜索南线，而日本舰队走北线。由于发现晚、盟军的轰炸机群在南线，以及北线气候恶劣，故有效轰炸只有一天。

局势 4：盟军的侦察机重点搜索南线，日本舰队也恰好走南线。此时日本舰队被迅速发现，盟军的轰炸机群所需航程很短，加上天气晴好，有效轰炸时间为三天。

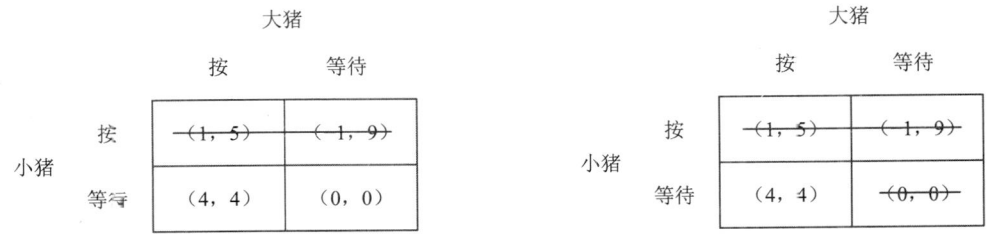

这场海空遭遇与对抗一定会发生，双方的统帅如何决策呢？历史的实际情况是局势 1 成为现实。肯尼将军命令盟军的侦察机重点搜索北线，而山本五十六命令日本舰队取道北线航行。由于气候恶劣，能见度差，盟军的侦察机在一天后发现了日本舰队，布置在南线的盟军轰炸机群远程航行，实施了两天的有效轰炸，重创了日本舰队，但未能全歼。

7.2.4 纯策略纳什均衡

1. 基本概念

此前提过，纯策略实际上是混合策略的一种特殊情况，这里先来分析纯策略的特殊情况，再将其推广到一般应用。

事实上，在 7.2.3 节中遇到的所有均衡都属于纯策略纳什均衡，图 7-15 所示为囚徒困境的博弈局面。

		亚当	
		坦白	抵赖
杰克	坦白	(−8，−8)	(0，−10)
	抵赖	(−10，0)	(−1，−1)

图 7-15 囚徒困境的博弈局面

被圈出的策略组合正是这个博弈的纯策略纳什均衡。对于纯策略纳什均衡，可以从最优反应的角度来理解：假如参与者达成了纳什均衡，他们各自的选择都会是针对其他人的策略的最优反应；即如果每个参与者都主动采取应对其他所有人的策略的最优反应，那么他们将会达成纳什均衡。

因此，可以这样定义纯策略纳什均衡：给定其他人的策略，如果每个参与者所采取的策略都是自己的最优反应，那么此时达成的策略组合构成一个纯策略纳什均衡。在纳什均衡处，所有参与者都是“你愿意，而且我愿意”的状态。若其他人的策略不变，则任何参与者都没有动机单方面偏离均衡，转而采取其他策略。纳什均衡的数学语言描述：在博弈 $G=\{S_1,S_2,\cdots,S_n;u_1,u_2,\cdots,u_n\}$ 中，如果由各个参与者各给出一个策略组成 $\left(s_1^*,s_2^*,\cdots,s_n^*\right)$，任一参与者 i 的策略 s_i^* 都是对其余参与者策略组合 $\left(s_1^*,s_2^*,\cdots,s_{i-1}^*,s_{i+1}^*,\cdots,s_n^*\right)$ 的最优对策，即对于任意 $s_{ij}\in S_i$，

$$u_i\left(s_1^*,s_2^*,\cdots,s_{i-1}^*,s_i^*,s_{i+1}^*,\cdots,s_n^*\right)\geqslant u_i\left(s_1^*,s_2^*,\cdots,s_{i-1}^*,s_{ij},s_{i+1}^*,\cdots,s_n^*\right) \tag{7-1}$$

都成立，那么称 $\left\{s_1^*,s_2^*,\cdots,s_n^*\right\}$ 为博弈 G 的一个纯策略纳什均衡，也称为弱纯策略纳什均衡，如果

$$u_i\left(s_1^*,s_2^*,\cdots,s_{i-1}^*,s_i^*,s_{i+1}^*,\cdots,s_n^*\right)>u_i\left(s_1^*,s_2^*,\cdots,s_{i-1}^*,s_{ij},s_{i+1}^*,\cdots,s_n^*\right) \tag{7-2}$$

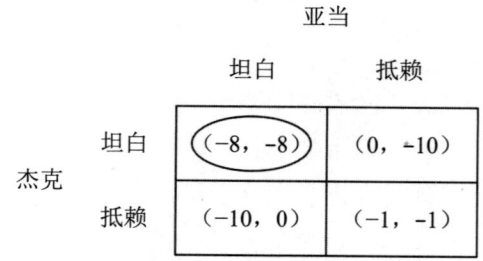

那么$\{s_1^*, s_2^*, \cdots, s_n^*\}$为博弈$G$的强纯策略纳什均衡。

2．无限策略的纯策略纳什均衡

前面定义了纯策略纳什均衡。对于常见的静态矩阵，画线法是一种求解纯策略纳什均衡的实用方法。但是对于另一类常见的博弈，它却无能为力。在这类博弈中，参与者的策略集合是无限的，支付则是对应于无限策略集合的连续函数。这类连续得益无限策略博弈常可利用导数知识来找到纳什均衡。接下来将通过两个模型来说明，并特别介绍所用到的一个概念：反应函数。

1）古诺双寡头模型

古诺（Cournot）双寡头模型也被称为古诺模型，该模型是博弈论中的经典例子，古诺首先提出了这一模型，他采用了分析厂商各自最优反应函数从而形成均衡的思路，描述的是厂商进行数量竞争的形式，以下是他的最简化版本。

生产同质产品的两个厂商（记为厂商 1 和厂商 2）同时选择各自的产量$q_i(i=1,2)$，单位成本均为常数c。市场需求决定价格$p=a-(q_1+q_2)$。为了求解其中的纳什均衡，需要求出每一个参与者对另一个参与者策略的最优反应。对于参与者 1 来说，他的利润为

$$b_1 = q_1[a-(q_1+q_2)-c] \tag{7-3}$$

b_1对q_1求导，可得利润b_1最大化的一阶条件为

$$q_1 = (a-c-q_2)/2 \tag{7-4}$$

这一函数决定了面对参与者厂商 2 的每种策略q_2时参与者厂商 1 的最优反应，称为参与者厂商 1 的最优反应函数。

类似地，可以得到厂商 2 利润最大化的一阶条件，即参与者厂商 2 的最优反应函数

$$q_2 = (a-c-q_1)/2 \tag{7-5}$$

联立式（7-4）和式（7-5），可以求得均衡解

$$q_1^* = q_2^* = (a-c)/3 \tag{7-6}$$

$$b_1^* = b_2^* = (a-c)^2/9 \tag{7-7}$$

$$p^* = c + (a-c)/3 \tag{7-8}$$

从以上计算可以得出，纳什均衡点为$((a-c)/3，(a-c)/3)$，此时厂商 1 和厂商 2 的利润各自为$(a-c)^2/9$，总利润为$2(a-c)^2/9$。

下面来简单计算一下，如果市场上只有一家厂商，可以拿垄断利润，那么他的最优产量为

$$q_1 = (a-c)/2 \tag{7-9}$$

利润最大为

$$b_1 = (a-c)^2/4 \tag{7-10}$$

这里两个厂商形成竞争，总的利润为$2(a-c)^2/9$，显然小于垄断的利润，因此对两个厂商来说，都有改进的可能。

事实上，如果两个厂商都把产量降到$(a-c)/4$，则每个参与者都可以得到更好的结局，平分垄断利润，各自得到$(a-c)^2/8$。

那么有一个问题：为什么他们都不降产量呢？

2）哈丁悲剧模型

1968年，哈丁（Hardin）在《科学》杂志中发表了文章“The Tragedy of Commons”。文中介绍英国曾经有这样一种土地制度——封建主在自己的领地中划出一片尚未耕种的土地作为牧场（他称之为“公地”），无偿向牧民开放。这本来是一件造福民众的事，但由于是无偿放牧，每个牧民都想尽可能多地养羊。随着羊数量无节制地增加，公地牧场最终因“超载”而成为不毛之地，牧民的羊也无从放养。其核心思想是，如果人们都只关注自己的个人福利，公共资源就会被过度使用。

这种悲剧背后的原因是什么呢?

假设总共有n个牧民来这里放羊，用g_i表示第i个牧民放养的羊数量，那么整个牧场中羊的总数量为$G = g_1 + g_2 + \cdots + g_n$。近似假设羊的数量是连续可分割的，那么村民的策略对应着放养的羊的数量g_i，因此，可将他的策略集写作$[0,\infty)$。

牧民的得益可以用羊的总价值减去总成本计算。购买和照看一头羊的成本为定值c，不随羊的数量而变化。当整个牧场中羊的总数量为G时，每头羊的价值为$v(G)$。由于每头羊都需要吃草，如果牧草生长的速度供不上羊的消耗，那么很快羊就会无草可吃。

简单起见，假设共有 3 个牧民来放羊，每头羊的价值为$v(G) = 100 - G = 100 - (g_1 + g_2 + g_3)$，成本为4，则3个牧民的得益函数分别为

$$u_1 = g_1\left[100 - (g_1 + g_2 + g_3)\right] - 4g_1 \tag{7-11}$$

$$u_2 = g_2\left[100 - (g_1 + g_2 + g_3)\right] - 4g_2 \tag{7-12}$$

$$u_3 = g_3\left[100 - (g_1 + g_2 + g_3)\right] - 4g_3 \tag{7-13}$$

仍假设羊的数量是连续可分割的，那么上述得益函数依然是连续函数。求 3 个牧民各自对其他两个牧民策略的反应函数，可得

$$g_1 = 48 - 0.5g_2 - 0.5g_3 \tag{7-14}$$

$$g_2 = 48 - 0.5g_1 - 0.5g_3 \tag{7-15}$$

$$g_3 = 48 - 0.5g_1 - 0.5g_2 \tag{7-16}$$

3 个反应函数的交点$\left(g_1^*, g_2^*, g_3^*\right)$就是该博弈的无限策略纳什均衡。具体就是，将

g_1^*、g_2^*、g_3^*代入 3 个反应函数，联立可以解得 $g_1^* = g_2^* = g_3^* = 24$。此时羊总数为 72。再将其代入得益函数，得 3 个牧民的得益 $u_1^* = u_2^* = u_3^* = 576$。这是 3 个牧民独立做出选择时，最大化自己利益的结果。

假如 3 个牧民可“结盟”，各自负责等量的羊群，情况会怎样呢？此时总利润将被均分给 3 个牧民，所以当总利润最大时，每个牧民的利润也最大。假设此时羊总数为 G^{**}，它应等于总得益 u 取得最大值时 G 的取值。

$$u = G(100 - G) - 4G = 96G - G^2 \tag{7-17}$$

利用 G 取得最大值的条件，可得

$$G^{**} = 48 \tag{7-18}$$

将其代入总得益函数，得 $u^{**} = 2304$，即

$$u_1^{**} = u_2^{**} = u_3^{**} = 768 > u_1^* = u_2^* = u_3^* = 576 \tag{7-19}$$

可见每个牧民独立做决定时，草地会被过度利用，造成资源浪费，损害集体和个人利益。

公地悲剧更准确的说法是无节制地、开放式地利用资源的灾难。比如环境污染，由于治污需要成本，私人必定千方百计把企业成本外部化。这就是赫尔曼・E・戴利所称的“看不见的脚”。“看不见的脚”导致私人出于自利不自觉地把公共利益踢成碎片。所以，我们必须清楚——公地悲剧源于公产的私人利用方式。其实，哈丁的本意也在于此。事实上，针对如何防止公地悲剧，哈丁提出的对策是共同赞同的相互强制，甚至政府强制，而不是私有化。但是，关于私有化是否一定会导致公地悲剧，目前还存在争议。同时，对于避免公地悲剧发生的制度创新仍在被不断探索中。

7.2.5 混合策略纳什均衡

先来看一下这样的博弈局面：职员和经理是公司的两种重要角色，在他们的博弈中，假设职员有两种策略{勤奋, 偷懒}，经理也有两种策略{检查,不检查}，职员和经理的博弈局面 1 如图 7-16 所示。

		经理：检查	经理：不检查
职员	勤奋	（10，80）	（8，100）
	偷懒	（6，90）	（10，60）

图 7-16　职员和经理的博弈局面 1

很显然，使用画线法或者箭头法都没有办法寻找以上博弈局面的纯策略纳什均衡点，该博弈局面存在混合策略纳什均衡。那么如何寻找呢？下面介绍两种方法。

先假设经理以 p 的概率选择检查，职员以 q 的概率选择勤奋。职员和经理的博弈局面 2 如

图 7-17 所示。

经理

		检查	不检查	
职员	勤奋	（10，80）	（8，100）	q
	偷懒	（6，90）	（10，60）	$1-q$
		p	$1-p$	

图 7-17　职员和经理的博弈局面 2

方法 1：基于让人猜不透的原则。经理选择 p 使得职员猜不透，也就是经理的策略让职员在勤奋和偷懒中无从选择。这时职员选择勤奋和偷懒的期望值是一样的，就有

$$10p+8(1-p)=6p+10(1-p) \tag{7-20}$$

求得 $p=1/3$。

同理，职员选择 q 使得经理猜不透，则

$$80q+90(1-q)=100q+60(1-q) \tag{7-21}$$

求得 $q=3/5$。

方法 2：职员选择 q 使得他的收益最大，经理选择 p 使得他的收益最大。职员的收益

$$u_1=q[10p+8(1-p)]+(1-q)[6p+10(1-p)] \tag{7-22}$$

经理的收益

$$u_2=p[80q+90(1-q)]+(1-p)[100q+60(1-q)] \tag{7-23}$$

u_1 对 q 求导，u_2 对 p 求导，也可以求得 $p=1/3$，$q=3/5$。

关于混合策略纳什均衡，还有一个经典的例子，就是小偷与守卫的博弈。这是泽尔滕（1994 年诺贝尔奖得主）1996 年在上海演讲时的举例，小偷与守卫的博弈局面如图 7-18 所示。

守卫

		睡	不睡
小偷	偷	（V，$-D$）	（$-P$，0）
	不偷	（0，S）	（0，0）

图 7-18　小偷与守卫的博弈局面

该博弈没有一个策略组合是双方同时愿意接受的，也就是该博弈没有纯策略纳什均衡，试用以上方法分析求解混合策略纳什均衡。

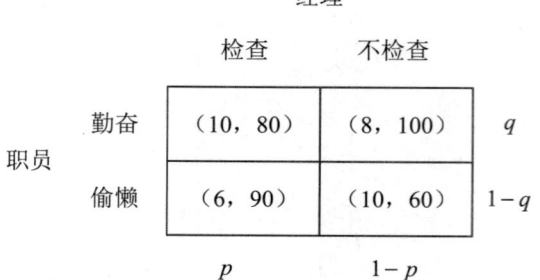

7.3　完全且完美信息动态博弈

7.3.1　基本概念

本节讨论动态博弈，动态博弈的根本特征是各参与者不是同时，而是先后依次进行选择或行动的，这是它与静态博弈的根本区别。动态博弈所研究的决策问题的参与者的行动有先后次序，但轮到行动的参与者也并不完全了解此前的全部博弈过程（其他参与者究竟是如何行动的）。一旦出现这样的情况，我们称这个参与者具有“不完美信息”；反之，称完全了解自己行动之前的博弈过程的参与者具有“完美信息”。如果一个动态博弈中的所有参与者都具有完美信息，且对各参与者的策略空间及得益有充分了解，则称该博弈为完全且完美信息动态博弈。

动态博弈有不同于静态博弈的特征，习惯用扩展式来描述和分析动态博弈。博弈的扩展式所扩展的主要是参与者的策略空间。静态博弈的策略表述简单地给出了可供参与者选择的策略；而动态博弈的扩展式表述会给出每个策略的动态描述：谁在什么时候行动，每次行动时有什么行为可供选择，这种描述对应于参与者的相机行动规则。动态博弈的扩展式表述除了标准式的 3 个基本组成要素，还包含另外 1 个主要要素：行动次序，即参与者参与行动的次序。

7.3.2　子博弈完美纳什均衡

先来看一个简单的例子：开金矿问题。甲在开采一个价值 4 千万元的金矿时缺 1 千万元资金，而乙正好有 1 千万元资金可以用于投资。甲希望乙能将 1 千万元资金借给自己用于开矿，并许诺在开采到金子后与乙对半分成。由于甲可能不信守诺言，所以假定乙在甲违约时可以打官司保护自己的利益。这个博弈表示为两个参与者之间的三阶段动态博弈，开金矿博弈如图 7-19 所示。

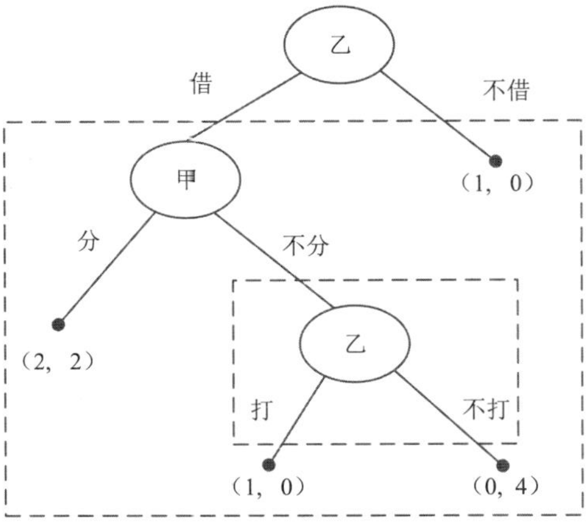

图 7-19　开金矿博弈

图 7-19 所示的 4 个终端（黑点）处的数组表示到达这些终端的路径所实现的各参与者的得益，其中第 1 个数字表示乙的得益，第 2 个数字表示甲的得益。图 7-19 所示的最上方椭圆

表示乙的选择信息集或选择节点，乙在该处有借与不借两种可能行为，若选择不借则博弈结束，乙保住自己的 1 千万元资金而甲得不到开矿的利益。若乙选择借则到达甲的选择信息集，甲也有两种可能行为：分与不分，分则皆大欢喜，甲得到 2 千万元的开矿利润，乙的 1 千万元本钱也增值成了 2 千万元。若甲选择不分则到达乙的另一个选择信息集，该处乙有打（官司）与不打（官司）两种行为，若乙不打官司则甲独吞 4 千万元，乙血本无归；若乙选择打官司则他能收回自己的 1 千万元而甲什么也得不到。乙选择打官司对甲来说是一种威胁，这个威胁符合乙方利益最大化，从而乙肯定会选择打官司，即这个威胁是可信的。因此，甲如果在第二阶段选择不分，那么甲的收益将是零；如果选择分那么收益是 2 千万元。甲选择分对乙而言是一种许诺，甲从自身利益最大化原则出发，肯定会选择分，即甲分的许诺是可信的。因此，乙在第一阶段选择借的收益是 2 千万元，高于不借的收益，权衡之下，乙应该选择借。根据上述分析，两个参与者所采取的策略表述如下：乙的策略是在第一阶段选择借，如果甲在第二阶段选择不分，则乙在第三阶段选择打官司；甲的策略是如果乙在第一阶段选择借，则甲在第二阶段选择分。在双方这组策略组合下，本博弈的路径是（借，分），双方的得益是（2,2），实现有效益的理想结果。

在介绍子博弈完美纳什均衡前，需要先引入子博弈的概念。由一个动态博弈某阶段开始的后续博弈阶段所构成的、有初始信息集和博弈所需的全部信息、能够自成一个博弈的原博弈的一部分，被称为原动态博弈的一个子博弈。

在上述开金矿博弈中，如果乙在第一阶段选择了借，动态博弈将进行到第二阶段，即甲做选择。这时甲面临的情况是，在乙已经借钱给他的前提下，自己选择是否分成，然后由乙选择是否打官司。这本身构成了一个两阶段的动态博弈，我们称之为原博弈的一个子博弈。当甲选择不分时，轮到乙选择打官司还是不打官司的第三阶段，这就是上述子博弈的子博弈，我们称后面的子博弈为原博弈的二级子博弈。图 7-19 所示的外、内两层虚线框分别表示原博弈的两级子博弈。

除了上述可以用扩展式表示的动态博弈有子博弈，事实上，无法用扩展式表示的无限多种策略动态博弈也有子博弈。例如，在无限多种策略的讨价还价博弈中，当一个参与者在第一阶段提出一个报价后，在第二阶段开始，另一个参与者选择是否接受报价或者提出反报价等，就构成原博弈的一个子博弈。

在子博弈概念的基础上，引入子博弈完美纳什均衡的概念。如果在一个完美信息动态博弈中，由各个参与者的策略所构成的一个策略组合满足在整个动态博弈及它的所有子博弈中都构成纳什均衡，那么这个策略组合被称为该动态博弈的一个子博弈完美纳什均衡。

子博弈完美纳什均衡与纳什均衡的根本不同之处就在于，子博弈完美纳什均衡能够排除均衡策略中不可信的威胁或承诺，因此具有稳定性。非子博弈完美纳什均衡虽然可以构成整个博弈的纳什均衡，但其中包含的不可信行动选择，至少在博弈的某些子博弈中不符合参与者自身的利益需求，因而不构成可信的纳什均衡；而要求在所有子博弈中都是纳什均衡的子博弈完美纳什均衡，排除了其中存在不可信行动选择的可能性，因而在动态博弈分析中具有真正的稳定性。

求解子博弈完美纳什均衡的基本方法是逆向归纳法。按照逆向归纳法的定义，从动态博弈的最后一级子博弈开始，逐步寻找参与者在各级子博弈中的最优选择，最终便可得到动态博弈的子博弈完美纳什均衡。

7.3.3 典型案例

1. 斯特克尔伯格竞争

斯特克尔伯格竞争是古诺竞争的一种变形，它引入了行动的先后次序，也是连续的扩展型博弈的经典案例。生产同质产品的两个厂商选择各自的产量 $q_i(i=1,2)$，单位成本均为常数 c，厂商的利润 $b_i = q_i(a-q_1-q_2-c)$，$i=1,2$，市场需求决定价格 $p=a-q_1-q_2$。现在假设参与者 1（厂商 1）先行动，参与者 2（厂商 2）观察到参与者 1 的产量后再决定自己的选择。为了求得子博弈完美纳什均衡，采用逆向归纳法，从参与者 1 选定任意一种产量后开始的子博弈中唯一的参与者是参与者 2，因此纳什均衡就退化为参与者 2 此时的最优选择，实际上就是指古诺竞争中参与者 2 的最优反应函数，即

$$q_2 = 0.5(a-c-q_1) \tag{7-24}$$

将这一结果倒推回去，得到参与者 1 需要考虑的是以下最大化问题

$$\max b_1 = q_1[a-q_1-0.5(a-c-q_1)-c] \tag{7-25}$$

此时最优策略显然是 $q_1^* = (a-c)/2$，由此得到参与者 2 的最优选择 $q_2^* = (a-c)/4$，这就是子博弈完美纳什均衡。相应的均衡支付（利润）为 $b_1^* = (a-c)^2/8$，$b_2^* = (a-c)^2/16$，参与者 1 获得了比古诺竞争中更高的利润，这完全是由先行动带来的好处，也就是先行优势。

要注意的是，这里古诺竞争结局 $q_1 = q_2 = (a-c)/3$ 仍然是一个纳什均衡，但不是子博弈完美纳什均衡。它有赖于参与者 2 的一种威胁：无论我观察到你选择何种产量，我都选择 $(a-c)/3$。面对这种威胁策略，参与者 1 的最优反应是古诺策略 $(a-c)/3$，在策略型博弈中这两种策略互为最优反应，是一个纳什均衡，但它却不是一个子博弈完美纳什均衡。当参与者 1 选择 $(a-c)/2$ 而不是 $(a-c)/3$ 成为既成事实摆在参与者 2 面前时，参与者 2 的最优反应是 $(a-c)/4$，坚持自己的 $(a-c)/3$ 威胁对他自己不利，因此这就是典型的空洞威胁。从此例可看出，子博弈完美纳什均衡是比纳什均衡更稳定的均衡。

值得说明的是，逆向归纳法只适用于完美信息下的博弈，它能稍微扩展到更广泛的多阶段博弈。在一个多阶段博弈中，如果所有参与者在最后一个阶段都有一个优势策略，则可以用该优势策略代替其最终阶段的策略，然后对前一个阶段应用同样的推导方法，依次递推下去。

2. 双寡头策略投资模型

企业 1 和企业 2 当前的单位成本都是 2。企业 1 可以装备一种新的技术，从而使得其单位成本为 0，装备这一技术需要花费 f。企业 2 可以观察到企业 1 是否投资这一项新技术。一旦新技术的投资被观察到，这两个企业就会与在古诺竞争中一样同时选择它们的产出水平 q_1 和 q_2。因此，这是一个两阶段不完美信息博弈。

为了定义收益函数，假设价格为 $p(q) = 14 - q$，并且每一个企业的目标都是使扣除成本之后的净收入最大化。企业 1 如果不投资，那么它的收益是 $[12-(q_1+q_2)]q$，若它投资新技术，则它的收益为 $[14-(q_1+q_2)]q_1 - f$；企业 2 的收益是 $[12-(q_1+q_2)]q_2$。

为解出子博弈完美纳什均衡，应用逆向归纳法由后往前推算。如果企业 1 不投资新技术，

那么两个企业的单位成本都是 2，从而它们的反应函数为$q_1=6-q_2/2$，$q_2=6-q_1/2$。反应函数相交于点(4,4)，每一个参与者的收益都是 16。若企业 1 投资新技术，则它的反应函数变为$q_1=7-q_2/2$。在第二阶段的均衡则为(16/3,10/3)，企业 1 的总收益是$256/9-f$，企业 2 的总收益是100/9。因此，如果$256/9-f>16$，即$f<112/9$，则企业 1 就会进行新技术投资。

习题

1. 试分析占优战略均衡、重复剔除的占优战略均衡、纯策略纳什均衡及混合策略纳什均衡四种均衡之间的区别和联系。

2. 竞争型决策局面如图 7-20 所示，请分别使用画线法和箭头法寻找其均衡点。

		乙 左	乙 中	乙 右
甲	上	（4，3）	（5，1）	（6，2）
甲	中	（2，1）	（8，4）	（3，6）
甲	下	（3，0）	（9，6）	（2，8）

图 7-20　竞争型决策局面

3. 请简述什么是子博弈完美纳什均衡。

4. 参与者 1 和参与者 2 就如何分配 10000 元进行讨价还价。假设确定了以下规则：双方同时提出要求的数额s_1和s_2，$0\leqslant s_1,s_2\leqslant 10000$。如果$s_1+s_2\leqslant 10000$，那么两个参与者的要求都得到满足，即分别为$s_1$和$s_2$；如果$s_1+s_2>10000$，那么该笔钱就被没收。问该博弈的纯策略纳什均衡是什么？如果你是其中的一个参与者，你会选择什么数额，为什么？

5. 若有人拍卖价值 100 万元的金币，拍卖规则如下：无底价，竞拍者可无限制地轮流叫价，每次加价幅度为 1 万元以上，最后出价最高者获得金币，但出价次高者也要交出自己所报的金额且什么都得不到。这种拍卖规则是苏比克（Subik）设计的。如果你参加了这样的拍卖，那么你会怎样叫价？这种拍卖问题有什么理论意义和现实意义呢？

附录 A　课程实验一 贝叶斯决策的 MATLAB 仿真

一、实验目的

1. 掌握贝叶斯决策的基本原理。
2. 结合案例，用 MATLAB 仿真实现贝叶斯决策。

二、实验原理

1. 贝叶斯公式

考察一个随机实验，设有 n 个互不相容的事件 $A_1, A_2, \cdots, A_n$，对于每次实验，事件 $A_1, A_2, \cdots, A_n$ 中必有一个且仅有一个发生，用 $P(A_i)$ 表示 A_i 的概率，则有

$$\sum_{i=1}^{n} P(A_i) = 1 \qquad \text{（A-1）}$$

设 B 为与事件 $A_1, A_2, \cdots, A_n$ 相关联的一个特征事件，根据条件概率的定义及全概率公式，有

$$P(A_i \mid B) = \frac{P(B \mid A_i)P(A_i)}{\sum_{j=1}^{n} P(B \mid A_j)P(A_j)}, \quad i = 1, 2, \cdots, n \qquad \text{（A-2）}$$

式（A-2）就是贝叶斯公式。

贝叶斯公式的实质是在已知先验概率的基础上，通过观察新的输入信息，对先验概率进行修正，获得后验概率。

2. 贝叶斯决策

贝叶斯决策的定义是，通过科学实验、调查、统计等方法获得准确的情报信息，以修正各种状态的先验概率产生后验概率，并据以确定各方案的益损期望值，协助决策者做出正确选择。也就是说，需要通过贝叶斯公式得到的后验概率计算每种备选方案的期望值，通过比较备选方案期望值的优劣来进行决策。每种备选方案 S_i 的期望值的计算方法为

$$E(S_i \mid B)=\sum_{j=1}^{m}\left[P(A_i \mid B)\times T_{i,j}\right] \quad (\text{A-3})$$

式中，$T_{i,j}$ 是指备选方案 S_i 在第 j 种自然状态下的损失（或者收益）值；m 表示一共有 m 种自然状态。

三、实验内容

我部抢滩登陆作战受敌方防御状态的影响，敌方存在三种防御状态：严密（θ_1）、一般（θ_2）、薄弱（θ_3），这些防御状态发生的先验概率分别为 0.5、0.3、0.2，我部制定的三种进攻方案 $S_i(i=1,2,3)$ 在不同防御状态下相应的损失情况如表 A-1 所示。

表 A-1　不同防御状态下相应的损失情况

方案	θ_1	θ_2	θ_3
S_1	160	100	10
S_2	150	120	30
S_3	180	80	40

战前我部对敌方进行了周密的侦察，对敌方防御状态进行了预测，预测为一般状态（用 B 表示）。预测为一般状态对应的条件概率：$P(B\mid\theta_1)=0.2$，$P(B\mid\theta_2)=0.6$，$P(B\mid\theta_3)=0.3$，利用贝叶斯决策确定最优方案。

四、实验步骤

（1）确定输入参数。

（2）应用贝叶斯公式求解后验概率。

（3）应用期望值决策方法求解每种备选方案的期望值，进行决策。

（4）输出最终结果。

五、MATLAB 代码示例

```
clc;
clear;
%%%输入已知信息
A=[160 100 10;
   150 120 30;
   180 80 40]; %益损值
P_Pri=[0.5 0.3 0.2]; %先验概率
P_Con=[0.2 0.6 0.3]; %条件概率
%%%计算后验概率
 P_Pos=( P_Pri.* P_Con)/( P_Pri * P_Con');
%%%计算备选方案期望值
```

```
E=A* P_Pos';
%%%最小期望值和对应的备选方案编号
E_min=min(E);
for i=1:size(A,2)
    if(E_min==E(i,1))
        index=i;
        break;
    end
end
E_min
index
```

附录 B　课程实验二 不确定型决策的 MATLAB 仿真

一、实验目的

1. 掌握不确定型决策问题的 5 种决策准则。
2. 结合案例，用 MATLAB 仿真实现不确定型决策问题的求解。

二、实验原理

不确定型决策就是决策者无法明确指出在未来将会出现何种自然状态，只了解有可能出现的几种自然状态，但各种自然状态出现的概率无法被估计，而通过一定的评价准则进行的决策，包括如下评价准则。

如果有一个不确定型决策问题，备选方案为 $S_i(i=1,2,\cdots,m)$，外界条件为 $A_j(j=1,2,\cdots,n)$，决策矩阵为 $\boldsymbol{M}=(m_{ij})_{m\times n}$（假设该决策矩阵为收益矩阵）。

1．乐观决策准则

基本思路：先找出各种方案的最大收益值，然后选择这些最大收益值中最大者所在的方案作为最优方案，即大中取大。

$$M\_s=\max_i\left(\max_j(\boldsymbol{M})\right) \tag{B-1}$$

益损值 M_s 所在的方案就是决策方案。

2．悲观决策准则

基本思路：先找出各种方案的最小收益值，然后选择这些最小收益值中最大者所在的方案作为最优方案，即小中取大。

$$M\_s=\max_i\left(\min_j(\boldsymbol{M})\right) \tag{B-2}$$

益损值 M_s 所在的方案就是决策方案。

3．折中决策准则

基本思路：通过乐观系数（0～1，记为α）综合各种方案的最大收益值和最小收益值，计算每种方案的折中值，折中值最大者所在的方案就是最优方案。

$$M\_c=\max_i\left(\alpha\max_j(\boldsymbol{M})+(1-\alpha)\min_j(\boldsymbol{M})\right) \tag{B-3}$$

折中值 M_c 所在的方案就是决策方案。

4．后悔值决策准则

基本思路：假设各种方案总是出现后悔值最大的情况，从各种方案的最大后悔值中选择最小者所在的方案作为最优方案。

需要先求出后悔值矩阵，记为 $\boldsymbol{R}_{ij}=(r_{ij})_{m\times n}$

$$r_{ij}=\max_i \boldsymbol{M}-m_{ij} \tag{B-4}$$

再用后悔值矩阵进行决策

$$R\_s=\min_i\left(\max_j(\boldsymbol{R})\right) \tag{B-5}$$

后悔值 R_s 所在的方案就是决策方案。

5．等概率决策准则

基本思路：按相等的概率求出各种方案的期望收益值，最大期望收益值对应的方案即最优决策方案。

$$E\_s=\max_i\left(\frac{1}{n}\sum_{j=1}^{n}\boldsymbol{M}\right) \tag{B-6}$$

期望值 E_s 所在的方案就是决策方案。

三、实验内容

在下列不确定型决策中，该矩阵为收益矩阵，试使用以上 5 种不确定型决策准则（假设乐观系数α=0.5）进行决策。

$$\begin{array}{c} \\ S_1 \\ S_2 \\ S_3 \\ S_4 \end{array}\begin{array}{c} \begin{matrix} A_1 & A_2 & A_3 & A_4 \end{matrix} \\ \begin{bmatrix} 10 & 0 & 5 & 5 \\ 1 & 10 & 9 & 8 \\ 7 & 9 & 9 & 0 \\ 5 & 8 & 10 & 5 \end{bmatrix} \end{array}$$

四、实验步骤

（1）熟悉 MATLAB 中有关矩阵运算的基本函数和运算符。

（2）重点查询 max 函数和 min 函数的使用方法，具体可在 MATLAB 帮助文件中查找。

（3）按照不同评价准则的原理步骤编写相应程序。

（4）在使用后悔值决策准则过程中，请不要使用 MATLAB 自带的 max 函数和 min 函数，自己编程实现（以下代码采用了 max 函数和 min 函数）。

五、MATLAB 代码示例

```
clc;
clear;
%%%输入已知信息
%已知条件
M=[10 0 5 5;
   1 10 9 8;
   7 9 9 0;
   5 8 10 5];
a=0.5;%乐观系数
%乐观决策准则
Value_Op=max(max(M'));
index_Op=zeros(size(M,1),1);%最优方案的标识，可能有多种最优方案
index=0;
tmp_Op=max(M');
for i=1:size(M,1)
    if(tmp_Op(1,i)==Value_Op)
        index=index+1;
        index_Op(index,1)=i;
    end
end
Value_Op
index_Op
%悲观决策准则
Value_Pe=max(min(M'));
index_Pe=zeros(size(M,1),1);% 最优方案的标识，可能有多种最优方案
index=0;
tmp_Pe=min(M')
for i=1:size(M,1)
    if(tmp_ Pe (1,i)==Value_Pe)
        index=index+1;
        index_Pe(index,1)=i;
    end
```

```
end
Value_Pe
index_Pe
%折中决策准则
Value_Com=max(a*max(M')+(1-a)*min(M'));
index_Com=zeros(size(M,1),1);%最优方案的标识，可能有多种最优方案
index=0;
tmp_Com=a*max(M')+(1-a)*min(M');
for i=1:size(M,1)
    if(tmp_Com(1,i)==Value_Com)
        index=index+1;
        index_Com(index,1)=i;
    end
end
Value_Com
index_Com
%后悔值决策准则
Value_ideal=max(M);
M_r=zeros(size(M,1),size(M,2));
for i=1:size(M,1)
    for j=1:size(M,2)
        M_r(i,j)=Value_ideal(1,j)-M(i,j);
    end
end
Value_Re=min(max(M_r'));
index_Re=zeros(size(M,1),1);%最优方案的标识，可能有多种最优方案
index=0;
tmp_Re=max(M_r');
for i=1:size(M,1)
    if(tmp_Re(1,i)==Value_Re)
        index=index+1;
        index_Re(index,1)=i;
    end
end
Value_Re
index_Re
%等概率决策准则
P=1/size(M,2);
Value_Eq=max(sum((M*P)'));
index_Eq=zeros(size(M,1),1);%最优方案的标识，可能有多种最优方案
index=0;
```

```
tmp_Eq=sum((M*P)');
for i=1:size(M,1)
    if(tmp_Eq(1,i)==Value_Eq)
        index=index+1;
        index_Eq(index,1)=i;
    end
end
Value_Eq
index_Eq
```

附录 C　课程实验三 TOPSIS 方法的 MATLAB 仿真

一、实验目的

1. 掌握多目标决策中多属性决策的 TOPSIS 方法。
2. 结合案例，用 MATLAB 仿真实现 TOPSIS 方法对多目标决策问题的求解。

二、实验原理

TOPSIS 方法通过检测各种方案与最优解、最劣解的距离来进行排序，若某种方案最靠近最优解同时最远离最劣解，则为最好，否则为最差。其中，正理想点为各属性值都达到最满意的解；负理想点为各属性值都达到最不满意的解。

设一个多属性评估问题有 m 种备选方案，记为 $S=\{S_1,S_2,\cdots,S_m\}$， n 个评估方案优劣的属性集，记为 $V=\{V_1,V_2,\cdots,V_n\}$，属性 v_j 的对应权重记为 w_j，评估矩阵记为 $\boldsymbol{Y}=(y_{ij})_{m\times n}$，基本步骤如下。

1．求规范矩阵

可用向量规范法（按列规范，对不同方案同一属性进行规范）求得规范矩阵。

$$z_{ij}=y_{ij}\Big/\sqrt{\sum_{i=1}^{m}y_{ij}^2} \tag{C-1}$$

2．构建加权规范矩阵

$$x_{ij}=w_j z_{ij} \tag{C-2}$$

3．确定理想点

对效益型属性：

$$\begin{cases}\text{正理想点}\quad x_j^+=\max\limits_i x_{ij}\\ \text{负理想点}\quad x_j^-=\min\limits_i x_{ij}\end{cases} \tag{C-3}$$

对成本型属性：

$$\begin{cases} 正理想点 \quad x_j^+ = \min\limits_i x_{ij} \\ 负理想点 \quad x_j^- = \max\limits_i x_{ij} \end{cases} \tag{C-4}$$

4. 计算距离

计算方案点与正理想点和负理想点的欧几里得距离。

与正理想点的欧几里得距离为

$$d_i^+ = \sqrt{\sum_{j=1}^{n}(x_{ij} - x_j^+)^2} \tag{C-5}$$

与负理想点的欧几里得距离为

$$d_i^- = \sqrt{\sum_{j=1}^{n}(x_{ij} - x_j^-)^2} \tag{C-6}$$

5. 计算接近程度

计算各种方案与理想解的接近程度：

$$C_i = d_i^- / (d_i^- + d_i^+) \tag{C-7}$$

6. 方案的优劣排序

按 C_i 值由大到小的顺序，对方案的优劣进行排序。

三、实验内容

某型武器装备研发方案的评价与优选。武器装备研发方案的评价与优选对于提高武器装备的效能与性能、降低武器装备的研发成本具有重要意义。已知某型武器装备研发有 5 种方案 $S_i(i=1,2,3,4,5)$，某型武器装备研发过程考虑 3 个属性：使用寿命（年）、200m 杀伤面积（m^2）、研发成本（万元），研发方案的属性情况如表 C-1 所示，各个属性之间的权重为 $\boldsymbol{\omega} = (0.2, 0.3, 0.5)$。

表 C-1　研发方案的属性情况

方案	f_1（使用寿命）/年	f_2（200m 杀伤面积）/m^2	f_3（研发成本）/万元
S_1	31.5	1.65	268
S_2	29.5	2.05	250
S_3	25.2	1.55	225
S_4	18.4	1,85	240
S_5	25.7	1.51	230

四、实验步骤

（1）熟悉 MATLAB 中有关运算的基本函数和运算符。

（2）按照 TOPSIS 方法的每个步骤编写相关程序。

五、MATLAB 代码示例

```
clc;
clear;
%输入已知信息
A_Ma=[31.5  1.65   268;
      29.5  2.05   250;
      25.2  1.55   225;
      18.4  1.85   240;
      25.7  1.51   230];
Weight=[0.2 0.3 0.5];
%表示各个属性的成本或者效益类型
%1表示效益型
%-1表示成本型
Type=[1 1 -1];
%%计算规范矩阵
W_S=zeros(1,size(A_Ma,2));
for i=1:size(A_Ma,2)
   for j=1:size(A_Ma,1)
      W_S(1,i)=W_S(1,i)+A_Ma(j,i)^2;
   end
   W_S(1,i)=sqrt(W_S(1,i));
end
%规范矩阵
R_Ma=zeros(size(A_Ma,1),size(A_Ma,2));
for i=1:size(A_Ma,1)
   for j=1:size(A_Ma,2)
      R_Ma(i,j)=A_Ma(i,j)/W_S(1,j);
   end
end
%加权
W_R_Ma=zeros(size(A_Ma,1),size(A_Ma,2));
for i=1:size(A_Ma,1)
   for j=1:size(A_Ma,2)
      W_R_Ma(i,j)=R_Ma(i,j)*Weight(1,j);
   end
end
```

```
W_R_Ma
%% 求正、负理想点
Plus_Point=zeros(1,size(A_Ma,2));
Minus_Point=zeros(1,size(A_Ma,2));
for i=1:size(A_Ma,2)
    if(Type(1,i)==1)      % 属性为效益型
        Plus_Point(1,i)=max(W_R_Ma(:,i));
        Minus_Point(1,i)=min(W_R_Ma(:,i));
    else                  %属性为成本型
        Plus_Point(1,i)=min(W_R_Ma(:,i));
        Minus_Point(1,i)=max(W_R_Ma(:,i));
    end
end
Plus_Point
Minus_Point
% 求每种方案点距离正、负理想点的欧几里得距离
Plus_Dis=zeros(1,size(A_Ma,1));
Minus_Dis=zeros(1,size(A_Ma,1));
for i=1:size(A_Ma,1)
    Plus_Dis(1,i)=sqrt(sum((W_R_Ma(i,:)-Plus_Point(1,:)).^2));
    Minus_Dis(1,i)=sqrt(sum((W_R_Ma(i,:)-Minus_Point(1,:)).^2));
end
Plus_Dis
Minus_Dis
%求与理想解的接近程度
ideal=zeros(1,size(A_Ma,1));
for i=1:size(A_Ma,1)
    ideal(1,i)=Minus_Dis(1,i)/(Plus_Dis(1,i)+Minus_Dis(1,i));
end
ideal
```

附录 D　课程实验四 模糊综合评价法的 MATLAB 仿真

一、实验目的

1. 掌握模糊综合评价法的基本原理和步骤。
2. 结合案例，用 MATLAB 仿真实现模糊综合评价法对决策问题的求解。

二、实验原理

模糊综合评价法是以模糊数学为基础，应用模糊关系合成原理，对受到多个因素制约的事物或对象，将一些边界不清、不易定量的因素定量化，按多项模糊的准则参数对备选方案进行综合评价，再根据综合评价的结果对各种备选方案进行比较排序，选出最好方案的一种方法。其主要步骤如下。

（1）根据评价目的，筛选出反映评价对象的主要因素，用相应指标进行度量，确定评价因素集合：

$$V=\{v_1,v_2,\cdots,v_m\} \tag{D-1}$$

（2）对于每个因素，给予若干个等级或者若干个评语，确定评语集合或评价等级集合：

$$U=\{u_1,u_2,\cdots,u_n\} \tag{D-2}$$

（3）对于评价因素集合中的每个因素 $v_i(i=1,2,\cdots,m)$，分析其对于评语集合 $u_j(j=1,2,\cdots,n)$ 的隶属度 r_{ij}，得出第 i 个单因素评价结果 $\tilde{\boldsymbol{R}}_i=(r_{i1},r_{i2},\cdots,r_{in})(i=1,2,\cdots,m)$，形成隶属度矩阵：

$$\tilde{\boldsymbol{R}}=(\tilde{\boldsymbol{R}}_1,\tilde{\boldsymbol{R}}_2,\cdots,\tilde{\boldsymbol{R}}_n)^{\mathrm{T}}=(r_{ij})_{m\times n} \tag{D-3}$$

（4）确定评价指标的权重。按照因素的重要性给予相应的权重分配。根据人为因素的干预情况，分为主观赋权法和客观赋权法：

$$\tilde{\boldsymbol{W}}=(w_1,w_2,\cdots,w_m),\quad w_i\geqslant 0\text{ 且}\sum_i w_i=1 \tag{D-4}$$

（5）由隶属度矩阵 $\tilde{\boldsymbol{R}}$ 和权重向量 $\tilde{\boldsymbol{W}}$，计算模糊综合评价结果 $\tilde{\boldsymbol{B}}=\tilde{\boldsymbol{W}}\circ\tilde{\boldsymbol{R}}$：

$$\tilde{\boldsymbol{B}}=(w_1,w_2,\cdots,w_m)\circ\begin{bmatrix} r_{11} & r_{12} & \cdots & r_{1n} \\ r_{21} & r_{22} & \cdots & r_{2n} \\ \vdots & \vdots & & \vdots \\ r_{m1} & r_{m2} & \cdots & r_{mn} \end{bmatrix}=(b_1,b_2,\cdots,b_n) \tag{D-5}$$

三、实验内容

飞机空战能力指标评价问题。飞机的空战能力是飞机作战效能的重要组成部分，在不少场合甚至可以直接作为飞机作战效能的代名词，它是评估敌我双方空战实力的重要指标。分析和研究作战飞机的空战能力，是研究作战飞机作战使用问题的前提和依据。采用模糊综合评价法对其进行分析。

四、实验步骤

（1）确定评价因素集合。

飞机空战能力指标评价因素如图 D-1 所示。

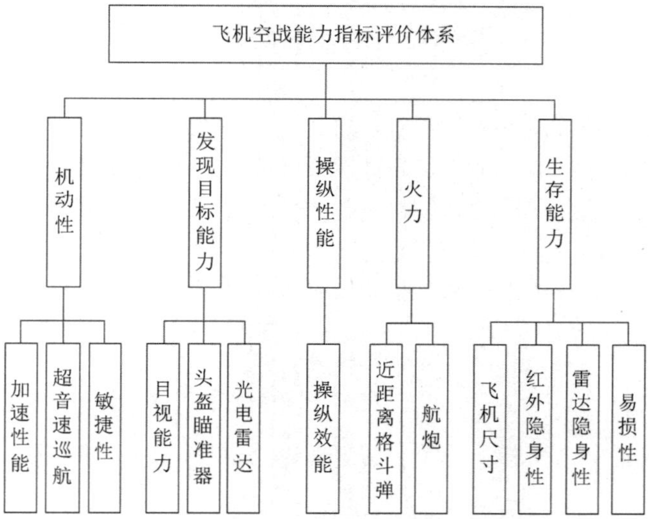

图 D-1　飞机空战能力指标评价因素

（2）确定评语集合。

评语集合为{很好,较好,一般,较差,差}。

（3）确定隶属度矩阵。

飞机空战能力指标评价等级测度值如表 D-1 所示。

表 D-1　飞机空战能力指标评价等级测度值

一级指标	二级指标	很好	较好	一般	较差	差
机动性	加速性能	0.1	0.5	0.2	0.1	0.1
	超音速巡航	0.2	0.5	0.2	0.1	0
	敏捷性	0.2	0.4	0.3	0.1	0

续表

一级指标	二级指标	很好	较好	一般	较差	差
发现目标能力	目视能力	0.1	0.6	0.2	0.1	0
	头盔瞄准器	0	0.7	0	0.2	0.1
	光电雷达	0.1	0.4	0.2	0.2	0.1
操纵性能	操纵效能	0.2	0.4	0.3	0.1	0
火力	近距离格斗弹	0.2	0.3	0.2	0.2	0.1
	航炮	0.2	0.4	0.3	0.1	0
生存能力	飞机尺寸	0.3	0.4	0.1	0.1	0.1
	红外隐身性	0.2	0.6	0.1	0.1	0
	雷达隐身性	0.3	0.4	0.2	0.1	0
	易损性	0.3	0.3	0.3	0.1	0

（4）确定评价指标的权重。

$$\boldsymbol{w}=(0.16,0.35,0.11,0.33,0.05)$$
$$\boldsymbol{w}_1=(0.35,0.25,0.4)$$
$$\boldsymbol{w}_2=(0.3,0.35,0.35)$$
$$w_3=1$$
$$\boldsymbol{w}_4=(0.8,0.2)$$
$$\boldsymbol{w}_5=(0.15,0.33,0.33,0.19)$$

（5）确定模糊综合评价结果。

五、MATLAB 代码示例

```
clc;
clear all;
%输入已知信息
R1=[ 0.1  0.5  0.2  0.1  0.1;
     0.2  0.5  0.2  0.1  0;
     0.2  0.4  0.3  0.1  0];
R2=[ 0.1  0.6  0.2  0.1  0;
     0   0.7   0   0.2  0.1;
     0.1  0.4  0.2  0.2  0.1];
R3=[0.2  0.4  0.3  0.1  0];
R4=[0.2  0.3  0.2  0.2  0.1;
    0.2  0.4  0.3  0.1  0];
R5=[ 0.3  0.4  0.1  0.1  0.1;
     0.2  0.6  0.1  0.1  0;
```

```
    0.3  0.4  0.2  0.1  0;
    0.3  0.3  0.3  0.1  0];
W=[0.16  0.35  0.11  0.33  0.05];
W1=[0.35  0.25  0.4];
W2=[0.3  0.35  0.35];
W3=1;
W4=[0.8  0.2];
W5=[0.15  0.33  0.33  0.19];
%单层综合评判
B1=fuzzy_zhpj(W1,R1);
B2=fuzzy_zhpj(W2,R2);
B3=fuzzy_zhpj(W3,R3);
B4=fuzzy_zhpj(W4,R4);
B5=fuzzy_zhpj(W5,R5);
%多层综合评判
B=[B1;B2;B3;B4;B5];
RESULT=fuzzy_zhpj(W,B);
fprintf('final result')
RESULT
%模糊矩阵合成运算
function[B]=fuzzy_zhpj(A,R)
B=[ ];
[m,s1]=size(A);
[s2,n]=size(R);
       for(i=1:m)
          for(j=1:n)
             B(i,j)=0;
             for(k=1:s1)
                x=0;
                if(A(i,k)<R(k,j))
                   x=A(i,k);
                else
                   x=R(k,j);
                end
                if(B(i,j)<x)
                  B(i,j)=x;
               end
            end
         end
     end
end
```

参考文献

[1] 李华, 胡奇英. 预测与决策教程[M]. 北京: 机械工业出版社, 2019.

[2] 张强. 决策理论与方法[M]. 大连: 东北财经大学出版社, 2009.

[3] 《运筹学》教材编写组. 运筹学[M]. 3 版. 北京: 清华大学出版社, 2005.

[4] 《运筹学》教材编写组. 运筹学: 本科版[M]. 5 版. 北京: 清华大学出版社, 2022.

[5] 胡运权, 郭耀煌. 运筹学教程[M]. 5 版. 北京: 清华大学出版社, 2018.

[6] 运筹学教程编写组. 运筹学教程[M]. 2 版. 北京: 国防工业出版社, 2014.

[7] 杨露菁, 陈志刚, 李煜. 作战辅助决策理论及应用[M]. 北京: 国防工业出版社, 2016.

[8] 吴祈宗, 侯福均. 运筹学与最优化方法[M]. 北京: 机械工业出版社, 2015.

[9] Frederick S. Hillier, Gerald J. Lieberman. Introduction to Operation Research[M]. 10 版. 北京: 清华大学出版社, 2018.

[10] Ronald L. Rardin. Optimization in Operations Research[M]. 北京: 电子工业出版社, 2007.

[11] 郭文强, 孙世勋, 郭立夫. 决策理论与方法[M]. 3 版. 北京: 高等教育出版社, 2020.

[12] 陶长琪. 决策理论与方法[M]. 北京: 中国人民大学出版社, 2019.

[13] 许瑞明. 简明军事运筹学教程[M]. 北京: 军事科学出版社, 2013.

[14] 余滨, 张耀鸿, 余博超. 军事运筹学方法与应用[M]. 北京: 国防科技大学出版社, 2018.

[15] 王晖, 潘高田, 孙俊峰, 等. 军事运筹学基础[M]. 北京: 国防工业出版社, 2015.

[16] 商长安, 徐海龙, 郭蓬松, 等. 军事运筹学[M]. 北京: 兵器工业出版社, 2021.

[17] 马亚龙, 邵秋峰, 孙明, 等. 评估理论和方法及其军事应用[M]. 北京: 国防工业出版社, 2013.

[18] 孙宏才, 田平, 王莲芬. 网络层次分析法与决策科学[M]. 北京: 国防工业出版社, 2011.

[19] 邱东. 多指标综合评价方法的系统分析[M]. 北京: 中国统计出版社, 1992.

[20] 汪应洛. 系统工程[M]. 5 版. 北京: 机械工业出版社, 2016.

[21] 谭跃进, 陈英武, 易进先. 系统工程原理[M]. 长沙: 国防科技大学出版社, 1999.

[22] 李希灿. 模糊数学方法及应用[M]. 北京: 化学工业出版社, 2017.

[23] 阎少宏, 王宏. 模糊数学基础及应用[M]. 北京: 化学工业出版社, 2018.

[24] 姬东朝, 宋笔锋, 喻天翔. 基于模糊层次分析法的决策方法及其应用[J]. 火力与指挥控制, 2007, 32(11): 38-41.

[25] 邢文训, 谢金星. 现代优化计算方法[M]. 北京: 清华大学出版社, 1999.

[26] 袁亚湘, 孙文瑜. 最优化理论与方法[M]. 北京: 科学出版社, 2001.

[27] 张文宇, 薛惠锋, 薛昱, 等. 知识发现与智能决策[M]. 北京: 科学出版社, 2015.

[28] 周雷, 赵俭. 军校教学质量评估理论与技术研究[M]. 北京: 国防大学出版社, 2015.
[29] 张良华, 李颖. 人工智能及其军事应用[M]. 北京: 国防大学出版社, 2010.
[30] 凌海风, 郑宇军, 萧毅鸿. 装备保障智能优化决策方法与应用[M]. 北京: 国防工业出版社, 2015.
[31] 王玫, 朱云龙, 何小贤. 群体智能研究综述[J]. 计算机工程, 2005, 31(22): 194-196.
[32] 曹杰, 朱莉, 刘明, 等. 应急协同决策理论与方法[M]. 北京: 科学出版社, 2015.
[33] HOLLAND J H, REITMAN J S. Cognitive Systems Based on Adaptive Algorithm[M]. New York: Academic Press, 1978.
[34] 周明, 孙树栋. 遗传算法原理及应用[M]. 北京: 国防工业出版社, 1999.
[35] 王小平, 曹立明. 遗传算法: 理论、应用与软件事项[M]. 西安: 西安交通大学出版社, 2002.
[36] HOLLAND J H. Adaptation in Nature and Artificial System[M]. Cambridge: MIT Press, 1992.
[37] GOLDBERG D E. Genetic Algorithm in Search, Optimization and Machine Learning[M]. Boston: Addison-Wesley, 1989.
[38] 万路军. 基于任务的航空兵火力突击兵力需求决策计算[D]. 西安: 中国人民解放军空军工程大学, 2009.
[39] 熊和金, 彭文菁, 陈德军. 智能信息处理[M]. 北京: 国防工业出版社, 2012.
[40] 张丽平. 粒子群优化算法的理论及实践[D]. 杭州: 浙江大学, 2005.
[41] 张勇, 巩敦卫. 先进多目标粒子群优化理论及其应用[M]. 北京: 科学出版社, 2016.
[42] KENNEDY J, EBERHART R C. Particle swarm optimization[C]. Proceedings of IEEE International Conference on Neural Networks, 1995: 1942-1948.
[43] EBERHART R, KENNEDY J. A new optimizer using particle swarm theory[C]. Proceedings of the Sixth International Symposium on Micro Machine and Human Science, 1995: 39-43.
[44] EBERHART R C, SIMPSON P K, DOBBINS R W. Computational Intelligence PC Tools[M]. Boston: Academic Press Professional, 1996.
[45] EBERHART R C, SHI Y. Guest editorial special issue on particle swarm optimization[J]. IEEE Transaction on Evolutionary Computation, 2004, 8(3): 201-203.
[46] SHI Y, EBERHART R C. Empirical study of particle swarm optimization[C]. Proceedings of the World Multiconference on Systemics, Cybernetics and Informatics, 2000: 1945-1950.
[47] 刘开丽. 粒子群优化算法的研究与应用[D]. 合肥: 安徽大学, 2013.
[48] 唐苏妍. 网络化防空导弹体系动态拦截联盟形成机制与方法研究[D]. 长沙: 中国人民解放军国防科学技术大学, 2011.
[49] 葛泽慧, 于艾琳, 赵瑞, 等. 博弈论入门[M]. 北京: 清华大学出版社, 2018.
[50] 罗云峰. 博弈论教程[M]. 2 版. 北京: 清华大学出版社, 2020.
[51] 约翰·冯·诺依曼. 博弈论[M]. 刘霞, 译. 沈阳: 沈阳出版社, 2020.
[52] 常金华, 陈梅. 博弈论通识十八讲[M]. 北京: 北京大学出版社, 2017.
[53] 范如国. 博弈论[M]. 武汉: 武汉大学出版社, 2019.
[54] 朱·弗登博格, 让·梯若尔. 博弈论[M]. 北京: 中国人民大学出版社, 2015.

反侵权盗版声明

电子工业出版社依法对本作品享有专有出版权。任何未经权利人书面许可，复制、销售或通过信息网络传播本作品的行为；歪曲、篡改、剽窃本作品的行为，均违反《中华人民共和国著作权法》，其行为人应承担相应的民事责任和行政责任，构成犯罪的，将被依法追究刑事责任。

为了维护市场秩序，保护权利人的合法权益，我社将依法查处和打击侵权盗版的单位和个人。欢迎社会各界人士积极举报侵权盗版行为，本社将奖励举报有功人员，并保证举报人的信息不被泄露。

举报电话：（010）88254396；（010）88258888
传　　真：（010）88254397
E-mail：dbqq@phei.com.cn
通信地址：北京市万寿路173信箱
电子工业出版社总编办公室
邮　　编：100036